교리문답과 종교교육 사이에서

19세기까지 독일 종교교육 흐름과 논쟁

교리문답과 종교교육 사이에서

19세기까지 독일 종교교육 흐름과 논쟁

초판 1쇄 인쇄 | 2025년 11월 25일
초판 1쇄 발행 | 2025년 11월 30일

지은이 안정도
펴낸이 박경수
펴낸곳 장로회신학대학교 출판부

등록 제1979-2호
주소 (우)04965 서울시 광진구 광장로5길 25-1(광장동)
전화 02-450-0795
팩스 02-450-0797
이메일 ptpress@puts.ac.kr
홈페이지 http://www.puts.ac.kr

값 16,000원
ISBN 978-89-7369-507-2 93230

교리문답과 종교교육 사이에서

19세기까지 독일 종교교육 흐름과 논쟁

안정도 지음

장로회신학대학교출판부

서문

기독교교육은 내게 이론이기 이전에 삶의 경험이었다. 장로회신학대학교에서 처음 접한 기독교교육은, 단순한 학문 개념이 아니라 나 자신을 설명해주는 언어와도 같았다. 신학을 배운다는 것은 하나님을 알아가는 일이었고, 교육을 배운다는 것은 사람을 깊이 이해하는 일이었다.

내가 자란 교회, 나를 가르쳐주신 목사님들과 선생님들 — 그 한 분 한 분의 존재가 곧 '살아 있는 교육'이었다. 그분들의 말과 태도, 삶의 방식은 교과서 이상의 가르침이었고, 지금 돌이켜보면 나의 인생 속 경험들이 곧 기독교교육의 역사였다고 말할 수 있다.

독일 튀빙겐대학교 유학 시절, 스승 프리드리히 슈바이처 Friedrich Schweitzer 교수님 아래서 배운 시간은 내 교육 이해에 결정적인 전환을 가져왔다. 경건주의와 계몽주의의 긴장 속에서 형성된 독일 기독교교육의 전통을 배우며, 신학과 교육학, 실천과 사유가 어떻게 조화를 이루어야 하는지를 고민하게 되었다. 슈바이처 교수님의 강의실은 단순히 지식을 나누는 공간이 아니라, 신앙과 배움이 부딪히고 정제되는 실험의 장이었다. 그 안에서 나는 질문하고, 흔들리고, 다시 길을 찾으며, 교육이 곧 삶의 태도임을 배워갔다.

이 책은 교리문답 중심의 신앙교육에서 과학적 종교교육으로 발전하는 흐름을 따라, 특히 초대교회에서 시작된 교리문답이 19세기 독일 경건주의와 계몽주의 사이의 중재와 긴장을 어떻게 통과해 왔는지를 추적한다. 당시의 교육적 전환과 종교적 고민은 오늘날 우리가 교회와 학교에서 마주하는 문제와 놀라울 만큼 닮아 있다. 성서교육은 과거의 이야기가 아니다. 그것은 오늘을 살아가는 우리의 질문이며, 교회교육의 정체성과 미래를 가늠하게 하는 실천의 지표다.

기독교교육의 역사를 되짚는 일은 단순한 과거 정리가 아니라, 교육이 무엇이며, 우리는 무엇을 어떻게 다음 세대에 전하고자 하는지 묻는 성찰의 행위다. 이 책이 그 성찰의 대화에 작은 기여가 되기를, 그리고 누군가에게는 신앙과 교육을 이어가는 길 위에서 다시 걸음을 내딛게 하는 작은 이정표가 되기를 바란다.

2025년 11월

장로회신학대학교 기독교교육연구원에서

안 정 도

목 차

들어가는 글

기독교교육의 출발점, 성서

기독교교육의 출발점이자 중심은 단연 성서다. 성서는 단순히 수많은 학문적 접근 중 하나가 아닌, 기독교교육 전체를 관통하는 본질적 토대이며, 그 의미와 방향을 결정짓는 궁극적 기준이다. 기독교교육은 '기독교'와 '교육'이라는 두 세계가 만나는 지점에서 이루어진다. 한편에는 신앙의 고백과 전통이 있고, 다른 한편에는 인간 형성을 위한 교육학적 이론과 방법론이 있다. 이 두 영역의 만남은 언제나 긴장을 내포하며, 때로는 보완적으로, 때로는 비판적으로 서로를 조명한다. 이러한 만남 속에서 우리는 다양한 학문적 자료들과 교육적 접근들을 참조하게 되지만, 그 어떤 이론도 성서 자체를 대체할 수는 없다.

성서는 기독교교육의 가장 본질적인 원천이다. 단순한 고대 문헌이나 과거 종교 사유의 산물로 치부될 수 없는, 오늘날에도 여전히 살아 역사하는 말씀이다. 성서를 고정된 종교 체계 속에 가두거나, 고대인의 종교적 사고를 담은 기록물로만 해석하려는 시도는 성서가 지닌 살아 있는 힘을 무디게 만든다. 그런 시선으로 성서를 읽을 경우, 성서는 점차 현실과 단절된 '박물관 속 유물'로 전락하고 만다.

성서는 단순히 정보를 제공하는 책이 아닌, 인간이 자신을 성찰하고, 세상을 이해하며, 하나님과의 관계를 새롭게 형성해가는 살아 있는 배움의 장場이다. 성서는 독자에게 명령하거나 정답을 일방적으로 제시하기보다, 스스로 질문하고 함께 고민하도록 이끈다. 신비를 감추기보다 드러내며, 삶의 여정에 동행하는 친구처럼 우리 곁에 머물며 속삭인다.

하나님의 말씀이 인간의 언어로 기록된 이 책은 오늘날에도 여전히 사람을 일깨우고, 흔들며, 변화시키는 힘을 지니고 있다. 그 안에는 인간 존재에 대한 가장 깊은 물음과, 하나님으로부터 오는 가장 분명한 응답이 함께 호흡하고 있다. 그러므로 성서는 백과사전처럼 필요할 때만 꺼내보는 참고서가 아니라, 일상의 삶 속에서 함께 살아가며 끊임없이 해석되고 되새겨져야 할 여정의 동반자다.

기독교교육은 단순히 '성서를 어떻게 가르칠 것인가'의 문제가 아닌, 그보다 먼저, '성서와 어떻게 함께 살아갈 것인가'를 묻는다. 성서는 교실이나 강단에서만 가르쳐지는 대상이 아니라, 삶의 모든 순간에 인간을 교육하는 지속적이고 살아 있는 주체다. 믿음과 이해가 함께 호흡하는 그 자리에서, 성서교육은 성서와 삶을 깊이 있게 이어주는 중요한 교육적 실천으로 자리매김한다.

격랑 속의 나침반: 성서 중심 기독교교육의 절박한 요청

오늘날 한국 교회와 기독교교육은 전례 없는 변화를 경험하고 있다. 교회학교의 급격한 축소, 세대 간 신앙 전수의 단절, 급변하는 사회·문화 환경 속에서 성서의 권위와 의미마저 흔들리는 상황이 나타나고 있다. 특히 디지털 미디어와 다원주의 문화가 일상화된 시대에, 신앙의 토대가 성서임을 자명하게 받아들이는 것은 더 이상 '당연한 전제'가 아니라, 새롭게 확인하고 재정립해야 할 과제가 되었다.

이러한 현실 속에서 성서 중심의 기독교교육은 단순한 보수적 주장이나 전통 회귀가 아니라, 변화의 격랑 속에서도 신앙과 교육의 본질을 붙드는 생존 전략이 된다. 다시 말해, 성서는 교육 내용의 '일부'가 아니라, 교육의 '전체 방향'을 결정짓는 살아 있는 기준이어야 한다. 성서와의 지속적이고 해석적인 만남이 없다면, 기독교교육은 세속 교육과의 차별성을 잃게 되며 신앙은 쉽게 개인 취향이나 윤리적 선택 수준으로 축소된다.

또한 현대 한국 교회는 성서를 단순히 '배우는 지식'이나 '암기하는 교리'로만 제시하는 경향을 넘어, 성서가 삶 속에서 '함께 살아가는 말씀'이 되도록 교육의 장을 재구성해야 한다. 이 과정에서 성서는 신앙적 형성과 비판적 성찰을 동시에 가능하게 하는, 유일무이한 배움의 장이 된다.

무엇보다 이러한 논의는 전혀 새로운 것이 아니다. 기독교 교육 전통 전반에 걸쳐, 신앙교육·성서교육·교리문답의 역사에서 성서를 교육의 출발점이자 중심으로 삼으려는 노력이 일관되게 이어져 왔다. 초대교회의 세례 후보자 교육에서부터, 종교개혁기의 소교리문답, 경건주의와 계몽주의 시대의 다양한 성서교육 운동, 그리고 현대의 성서해석학적 접근까지 — 성서는 언제나 교육과 신앙 형성의 근원적 토대였다. 오늘의 성서 중심 교육 논의는 그 오래된 전통을 재발견하고, 지금의 시대적 상황 속에서 새롭게 구현하려는 시도일 뿐이다.

결국 성서 중심의 기독교교육 논의는 한국 교회가 직면한 위기를 넘어, 미래 세대에게 믿음과 삶이 통전적으로 이어지는 신앙교육을 회복하기 위한 필수적 토대라고 할 수 있다.

믿음과 이해의 순환: 이분법을 넘어서

중세의 신학자 안셀름Anselm of Canterbury, 1033-1109은 "나는 이해하기 위해 믿는다Credo ut intelligam"고 선언했다.[1] 기독교교육의 관점에서 볼 때 이 말은 단순한 신학적 고백을 넘어서, 신앙과 학습이 분리될 수 없는 관계임을 일깨워주는 통찰이다. 안셀름은 이탈리아 출신이며, 캔터베리 대주교이자 스콜라 철학의 선구자로, '존재론적 신 증명'으로 알려진 중세 신학자이다. 아우구스티누스Aurelius Augustinus의 고백, "믿어야 이해할 수 있다Crede ut intelligas"라는 신학 명제를 물려받으면서도, 자신의 대표 저작 『프로슬로기온』*Proslogion*에서는 "나는 이해하기 위해 믿는다"는 역진술을 통해 신앙과 이성의 상호보완 관계를 강조했다.[2]

우리는 흔히 믿음과 이해를 서로 다른 영역으로 구분하곤 한다. 보통 믿음은 종교적인 것, 이해는 이성적인 것이라 생각하기 때문이다. 하지만 안셀름의 관점은 이런 이분법을 넘어선다. 안셀름은 믿음을 단

1 Anselm of Canterbury, *Proslogion*, 공성철 역, 『프로슬로기온』(서울: 한들출판사, 2005); 라틴어 원문, *Proslogion*, https://www.thelatinlibrary.com/anselmproslogion.html, [2025. 8. 11 접속].

2 Ronald H. Nash, *Faith and reason: searching for a rational faith* (Grand Rapids, MI: Zondervan, 1988), 88.

순한 맹신이나 비이성적 태도로 보지 않았다. 오히려 믿음은 더 깊이 이해하려는 여정의 출발점이며, 그 여정을 통해 얻게 되는 이해는 다시 믿음을 더 풍성하고 성숙하게 만들어준다고 보았다. 믿음과 이해는 서로를 향해 순환하며, 함께 자라나는 관계인 것이다.

이러한 통찰은 중세를 넘어 현대에 이르기까지 기독교교육의 중요한 신학적·철학적 기반이 되어왔다. 20세기 기독교 철학자 알빈 플랜팅가Alvin Plantinga 역시 신앙과 이성의 관계를 깊이 탐구하며, 신앙이 단지 주관적 감정이 아니라 인간의 인식과 이해를 가능하게 하는 하나의 인식 구조임을 주장하였다. 그는 하나님에 대한 믿음이 철학적 논증이나 외적 증거 없이도 정당할 수 있음을 강조하며, 이를 '정당한 기본 신념properly basic belief'이라는 개념으로 설명한다.

예를 들어, 어떤 10대 청소년이 하나님에 대한 체계적인 설명이나 논리를 듣지 못했더라도, 부모나 교사로부터의 증언testimony, 신앙 공동체의 경험, 그리고 일상의 신비와 만남을 통해 자연스럽게 하나님을 믿게 되었다면, 그 신앙은 철학적으로도 정당한 것으로 간주될 수 있다. 그리고 시간이 흐르면서 그 청소년은 더 분명하고 성숙한 믿음으로 나아갈 수 있다.

플랜팅가는 이러한 주장을 통해 현대 인식론의 주요 흐름 중 하나인 '협의의 기초주의narrow foundationalism'를 비판한다. 협의의 기초주의는 특히 '정당한 기본 신념'을 자명한self-evident 명제나 수정 불가능한incorrigible 확신으로만 제한하려는 경향이 있다. 일부 인식론자들은 여기에 더해, 감각적으로 명백한 것evident to the senses만을 정당한 기본 신념으로 간주해야 한다고 주장한다. 그러나 플랜팅가는 이러한 기준이 지나치게 협소하다고 지적한다. 플랜팅가의 관점에 따르면, 하나님에 대한 신앙은 철학적 논증이나 감각적 증거 없이도 인식론적으로 정당할 수 있으며, 이는 인간의 기본적인 인식 구조 안에서 자연스럽게 자리잡을 수 있는 믿음이다.

이처럼 신앙과 이해는 일방적인 관계가 아니라, 서로를 향해 나아가는 순환 구조를 이룬다. 신뢰에서 출발한 배움은 더 깊은 이해로 이어지고, 그 이해는 다시 신뢰를 강화한다. 이러한 살아 있는 순환의 흐름은 기독교교육의 본질이며, 그 중심에는 언제나 성서와 함께하는 신앙의 배움이 자리하고 있다.

오늘날 성서교육의 도전

오늘날 우리의 교육 현장을 돌아보면, 성서교육이 지닌 본래의 모습이 점점 흐려지고 있는 것을 알 수 있다. 성서가 시험지나 정보 전달용 자료로만 다뤄지며, 배움은 신앙과 단절되고 신앙은 현실과 동떨어진 추상적 언어가 되고 있다. 가르치는 이와 배우는 이 모두 말씀 앞에서 함께 울고 웃기보다는, 형식과 분량, 평가와 효율이라는 기준 안에서 방향을 잃고 있는 것이 오늘의 현실이다.

이러한 상황은 단지 교육 방식의 문제가 아니라, 성서교육의 본질을 어떻게 이해하고 있는가에 대한 질문으로 이어진다. 성서교육은 결코 성서 지식을 전달하는 기술에 그쳐서는 안 된다. 그것은 말씀을 배우고, 이해하며, 다시 그 말씀을 통해 믿음을 형성해 가는 깊고도 살아 있는 여정이다. 배움과 신앙은 별개의 길이 아니라, 서로를 이끌며 함께 나아가는 동행의 길이다. 성서교육은 바로 그 동행이 이루어지는 자리, 곧 삶과 진리가 맞닿는 지점에서 이루어져야 한다.

이러한 맥락에서 성서는 더 이상 신학자들만의 해석 대상에 머물지 않는다. 성서는 오늘을 살아가는 이들의 구체적인 삶 속에서 다시 읽혀야 할, 살아 있는 말씀이다. 그 안에는 인간의 질문과 갈등, 기쁨과 두려움이 담겨 있으며, 그에 응답하는 하나님의 뜻이 호흡하고 있다. 그러나 말씀이 더 이상 삶을 흔들지 못하고, 신앙이 현실과 단절된 종교적 언어로만 남게 된다면, 그 교육은 누구를 위한 것인가.

따라서 성서교육은, 단순히 '앎'을 전달하는 것을 넘어, 삶을 해석하는 능력을 기르고, 진리를 삶 안에서 발견하도록 돕는 일에 그 사명이 있다. 말씀을 통해 자기를 성찰하고, 삶의 방향을 새롭게 세우며, 신앙이 구체적 현실 속에서 살아 움직이게 하는 것 — 이것이야말로 성서교육의 핵심이다. 그리고 이 사명은 지금 우리의 교육 현장에서 다시 회복되어야 한다. 결국 성서교육은 지식을 쌓는 과정이 아니라, 존재를 변화시키는 과정이다. 그것은 신학과 교육학 사이를 잇는 다리이자, 신앙과 삶을 연결하는 거룩한 통로다. 성서를 '알게 되는 것'에서 멈추지 않고, 성서와 '함께 살아가게 되는 것' — 바로 이것이 성서교육이 지향해야 할 궁극적인 목표다.

성서교육을 이끄는 세 가지 핵심 질문

성서교육은 세 가지 핵심적인 질문을 중심으로 이루어진다. 이 질문들은 단순한 교수법의 기술을 넘어서, 믿음과 삶이 성서를 통해 어떻게 연결되고 깊어질 수 있는가를 묻는 근본적인 물음이다. 각 질문은 성서교육이 단지 지식의 전달이 아니라, 신앙의 형성과 인격의 변화를 지향하는 총체적 배움의 여정임을 보여준다.

첫째는 신앙의 내용에 대한 질문이다.

성서는 오늘 우리에게 어떤 본질적인 메시지를 전하고 있는가?

이 질문은 단지 본문의 의미를 해석하는 데 그치지 않는다. 하나님의 말씀으로서 성서는 인간, 하나님, 공동체에 대해 어떤 진리와 통찰을 제공하는지를 묻는다. 이는 성서를 과거에 머물러 있는 문헌적 진술이 아니라, 오늘 우리 삶 속에서 여전히 말을 걸어오는 살아 있는 메시지로 읽게 하는 접근이다

둘째는 학습자와의 관계에 대한 질문이다.

성서의 메시지는 학습자의 삶 속에서 어떻게 받아들여지고 해석되는가?

학습자는 각기 다른 이야기, 경험, 감정, 신앙의 여정을 살아가는 존재이며, 따라서 동일한 본문도 서로 다르게 받아들일 수 있다. 이로 인해 학습자는 단순한 수용자가 아니라, 말씀을 자신의 삶의 언어로 해석하고 응답하는 능동적 주체가 된다. 성서교육은 이 주체적인 만남과 해석의 공간을 소중히 여기며, 개별적 삶의 문맥 안에서 말씀이 살아 움직일 수 있도록 돕는 교육이어야 한다.

셋째는 학습의 방법에 대한 질문이다.

성서를 보다 깊이 이해하고 자신의 삶과 연결할 수 있도록 돕기 위해, 어떠한 배움의 환경과 구조가 필요한가?

이 물음은 단순히 '어떻게 가르칠 것인가'를 넘어, 말씀과 삶이 실제로 만날 수 있도록 설계된 교육의 틀을 요구한다. 성서가 진리라면, 그 진리가 학습자의 마음과 일상에 자연스럽게 스며들 수 있도록 안내하는 것이 교육자의 중요한 사명이다.

이 세 가지 질문은 성서를 단순히 '가르치는 책'으로 보는 시각을 넘어서게 한다. 성서는 믿음과 배움이 서로를 이끄는 살아 있는 말씀으로 경험되어야 하며, 성서교육은 그 말씀 속에서 학습자가 자신이 누구인지, 어디로 나아가야 하는지를 발견하도록 이끄는 신앙적 배움의 여정이 되어야 한다.

이 책을 통하여 성서교육의 역사를 살펴보고자 한다. 성서교육의 역사를 이해하는 것이 기독교교육 사상을 이해하는 데 중요한 일이기 때문이다. 이는 성서교육이 신학적 성찰과 실천적 배움의 교차점에 있으며, 성서를 단지 오래된 교리의 모음으로만 이해할 때, 신앙이 어떻게 삶 속에서 형성되고 자라나는지를 놓칠 수 있기 때문이다.

그러나 성서를 '배움의 책'으로 바라보는 순간, 우리는 그 안에서 신앙과 학습이 맞닿는 지점을 발견하게 된다. 성서를 배운다는 것은 단지 내용을 아는 것을 넘어, 그 말씀을 통해 자신을 다시 읽고, 삶을 재해석하며, 신앙의 눈으로 세계를 새롭게 바라보는 여정에 참여하는 일이다. 이러한 관점에서 성서교육의 역사를 탐구한다는 것은 단순히 옛 이야기를 회상하는 것을 넘어, 기독교교육이 품고 있는 중심 사상과, 인간의 배움에 대한 깊은 통찰을 함께 되짚는 의미 있는 여정이다.

신앙과 배움은 서로를 밀어내는 적대적 관계가 아니라, 오랜 시간 함께 호흡해 온 친구 같은 존재였다. 그리고 성서는 지금도 그 둘 사이를 이어주는 살아 있는 다리로써 우리 앞에 놓여 있다. 특히 이 책은 교리문답에서 출발한 기독교 신앙교육이, 어떻게 오늘날의 과학적 종교교육으로 발전해 왔는지를 추적하려 한다.

비록 이 책은 주로 독일을 중심으로 전개된 성서교육Bibeldidaktik의 역사와 사상을 다루고 있지만, 그 이해의 뿌리를 확인하기 위해서는 먼저 초대교회의 신앙교육, 특히 세례 후보자 교육인 카테쿠메나테Katechumenat를 살펴볼 필요가 있다. 초대교회에서 시작된 교리문답은 단순한 암기 훈련이 아니라, 공동체 안에서 함께 배우고, 질문하며, 세례와 성찬을 준비하는 신앙의 여정이었다.

이 여정은 중세를 거쳐 종교개혁기의 변화를 통과했고, 경건주의와 계몽주의가 충돌하던 19세기의 격변기까지 이어졌다. 경건주의는 어린이와 개인의 내면을 향한 따뜻한 신앙 형성을 강조했고, 계몽주의는 이성과 학문, 그리고 체계적인 교육을 중시했다. 두 흐름은 단순히 대립하는 것에 그치지 않았으며, 그 사이에서 조화를 모색하고 중재하려는 시도가 계속되었다. 이러한 노력은 '교리문답에서 과학적 종교교육으로'라는 긴장 속에서 이루어졌고, 그 과정 속에서 성서교육과 기독교교육은 새로운 방향을 탐색하며 깊이를 더해 갔다.

이 역사의 흐름 속 이야기들은 결코 낯선 이야기가 아니다. 오히려 오늘날 교회 교육이 안고 있는 고민과 깊이 닮아 있음을 발견하게 된다. 가정에서의 신앙교육, 교회학교에서의 교리교육, 청소년들이 신앙을 이해하고 이어받는 방식까지 — 이는 결국 각 시대가 직면한 질문을, 자신들의 언어와 방법으로 풀어내려는 시도의 연속이었다.

따라서 성서교육의 발전 역사는 단순히 지나간 기록이 아니라, 오늘의 교회와 신앙을 위한 살아 있는 자료다. 이 책은 그 여정을 함께 나누고자 한다. 신앙과 배움이 서로를 부르고, 또한 우리를 부르고 있는 이 시대에, 우리는 다시 말씀 앞에서 그 길을 물으며 나아가고자 한다.

1장

세례로 열리는 신앙 교육
— 초대교회의 세례후보자 교육[1]

초대교회에서 세례를 받기 위해 준비하던 사람들, 즉 '세례 후보자'들을 위한 교육은 오늘날 일반적으로 '카테쿠메나테'라고 불린다. 이 과정은 단순한 교리 전달이나 지식 교육이 아니라, 신앙을 받아들이고 삶으로 살아내는 데 필요한 깊은 준비 과정이었다.

카테쿠메나테는 오늘날 우리가 떠올리는 성서교육Bibeldidaktik, 곧 교회학교나 성서공부식 학습과는 결이 조금 달랐다. 그럼에도 카테쿠메나테를 오늘날 성서교육의 뿌리로 볼 수 있는 것은, 이는 이 교육이 단

1 비록 본 연구의 주된 범위는 독일 종교교육의 흐름과 사상에 있으나, 그 이해의 기초를 형성한 신앙 교육의 원형은 초대교회의 세례 후보자 교육(Katechumenat)에까지 거슬러 올라간다. 교리문답 전통은 단절적으로 등장한 것이 아니라, 세례와 성찬을 준비하는 공동체적·예전적 신앙 형성 과정에서 비롯되어, 중세를 거쳐 종교개혁기와 근대 독일 종교교육의 발전 속에서 계승·변화해 왔다. 독일 종교교육 연구에서도 교리문답의 기원을 카테쿠메나테에서 찾는 견해가 일반적이며, 이를 이해하지 않고서는 근대 종교교육 논쟁의 맥락을 온전히 파악하기 어렵다. 이러한 이유로 본서의 첫 장은 초대교회의 세례 후보자 교육을 다루는 것으로 시작한다.

순한 교리 암기나 지식 전달이 아니라, 신앙의 핵심과 그 실천을 가르치는 데 목적을 두었기 때문이다.

이를 예시를 통해 살펴보면 더욱 명확해진다. 초대교회에서 '하나님은 사랑이시다'라는 진술은 단순히 암기할 문장이 아니었다. 이 사랑이 개인의 삶에 어떤 의미를 지니는지, 그리고 그 믿음에 맞게 살아간다는 것이 무엇인지를 공동체 안에서 함께 질문하고, 배우며, 실천했다. 즉, 이는 공동체적 배움의 과정이었다. 오늘날의 교재에 밑줄 긋기나 문제 풀이 같은 형식적 학습과는 달랐다. 성서교육의 본질은 오히려 일상에서 신앙을 자연스럽게 익히고 내면화하며 공동체와 함께 나아가는 과정에 있었다.

'카테쿠메나테'라는 단어는 그리스어 동사 "카테케인 κατηχεῖν, katēcheín"에서 유래하였다. 이 단어는 본래 "중요한 메시지를 말로 전하다" 또는 "공적으로 알린다"라는 의미를 가지고 있다.[2] 신약성서에서는 주로 사도 바울의 서신서들에서 자주 사용된다. 바울에게 이 단어는 단순히 정보를 전달하는 행위가 아니라, 복음을 선포하고, 믿음을 세우며, 삶을 새롭게 하는 전인적 교육의 의미로 발전하였다. 다시 말해, 초기에는 단순히 '알림' 혹은 '설명'에 가까웠던 단어의 의미가, 사도적 맥락 속에서 점차 '가르치다', '신앙을 교육하다', '신앙을 형성하다'라는 방향으로 전환된 것이다.[3] 이러한 의미의 확장은 초대교회의 신앙교육의 성격을 이해하는 데 핵심적인 실마리를 제공한다. 즉, 카테쿠메나테는 단순한 교리의 주입이나 지식 전달의 과정이 아니라, 신앙 메시지를 공동체 안에서 듣고, 되새기며, 삶으로 실천하는 체화 교육과정이었다.

2 Wolfgang Bienert, "Katechese / Katechetik," in *Religion in Geschichte und Gegenwart* (RGG), 4. Aufl. (Tübingen: Mohr Siebeck, 2004), 854.

3 Eugen Paul, *Geschichte der christlichen Erziehung.: 1. Antike und Mittelalter* (Freiburg / Basel / Wien: Herder, 1995), 40-41.

이러한 배경 속에서 초대교회의 성서교육은 오늘날의 책과 문자에 의존한 지식 중심 학습과는 분명히 달랐다. 그것은 오히려 입에서 입으로 전해지는 이야기, 삶 속에서의 실천, 그리고 공동체 안에서 함께 살아가며 배우는 신앙 훈련의 과정이었다. 달리 말해, 초대교회 신자들은 성서를 '공부'했다기보다 성서를 함께 '살아내는' 훈련을 받았다고 보는 것이 더 적절하다.

이러한 신앙 교육은 개인의 정체성을 형성하고, 그 사람이 속한 공동체 안에서 이 정체성을 실천할 수 있도록 돕는 과정이었다. 오늘날 교회교육이 때로는 지식 전달과 효율적 학습방법에만 치중한다는 비판을 받는 현실과 비교하면, 초대교회의 성서교육은 그보다 더 근본적인 차원을 추구했다. 그것은 곧 신앙과 삶을 자연스럽게 통합하는 교육, 즉 하나님 안에서 자신의 존재 의미를 발견하고 그에 합당하게 살아가는 법을 배우는 깊은 신앙의 여정이었다.

복음 정체성

카테쿠메나테는 지역에 따라 구체적인 모습이나 운영 방식에서 차이를 보이기도 했지만, 공통적으로 모든 지역 교회가 이 과정을 매우 소중히 여겼다. 그 중심에는 교회의 지도자들, 곧 교부敎父들이 있었다. 이들은 성서와 신앙 전통을 바탕으로, 새신자들이 복음의 핵심을 바르게 이해하고 마음으로 받아들일 수 있도록 깊이 고민하며 방향을 이끌었다. 대표적인 교부로는 다음과 같은 인물들이 있다:[4]

4 Monika Scheidler, "Katechese / Katechetik," in *Wissenschaftlich-Religionspädagogische Lexikon* (WiReLex), https://www.bibelwissenschaft.de/stichwort/100103/ [게시 2015.1], 3.

- 키릴로스 Cyril of Jerusalem; 313-386 는 예루살렘에서 활동하며 『세례 후보자들을 위한 교리 강의』 *Catechetical Lectures* 를 남겼다. 신앙고백 사도신경, 삼위일체 교리, 성례와 성찬, 기독교 윤리와 실천을 주로 다루는 그의 강론은 신앙의 핵심을 체계적으로 전달하면서도 목회적 배려가 돋보이는 교육 자료로 평가받는다.[5]

- 오리게네스 Origen; 185-254 는 알렉산드리아에서 활동하다가 카이사레아 팔레스타인 로 이주하여 신학 학교와 도서관을 세우고, 시리아·팔레스타인 지역에서 기독교교육의 중심 역할을 했다. 그는 삼중적 해석 문자적, 도덕적, 영적 을 통해 성서의 표면을 넘어 신앙의 깊은 의미를 탐구하였고, 『원리론 』 *De Principiis* 에서 삼위일체, 영혼, 종말 등에 관한 철학적·신학적 사유를 전개하며 신앙과 이성을 통합하려 했다. 오리게네스의 해석학은 성서의 권위를 바탕으로 한 주해, 철학적 사유, 실천적 윤리를 아우르는 교육 모델로 평가받는다.[6]

- 클레멘트 Clement of Alexandria; 생몰년 미상 는 이집트 알렉산드리아에서 활동한 초기 기독교 교사로, 헬레니즘 철학과 기독교 신앙을 연결하여 지성 중심의 신앙 교육을 추구했다. 그는 플라톤과 스토아 철학을 기독교 해석에 적극 활용하며, 지성인들에게 복음을 설득력 있게 전하려 했다. 대표 저작 『이교인들에게 대한 권고』, 『교육자』 *Paidagogos*, 『양탄자』 *Stromateis* 에서 그는 단순한 신앙을 넘어 철학적 탐구와 윤리적 실천이 결합된 성숙한 신앙을 제시했으며, 알렉산드리아 학파와 교부 신학

5 두란노아카데미 편집부, 『후기 교부들의 기독론』, 염창선 외 역 (서울: 두란노아카데미, 2011).

6 Origen, *Principiis*, 하성수 외 역, 『원리론』(서울: 아카넷, 2014); 곽계일, 『오리게네스 성경해석학 서사기』(서울: 다함, 2023); Origen, *De oratione*, 이두희 역, 『오리게네스 기도론』(서울: 새물결플러스, 2018); 김병수, "오리게네스," 『인물로 읽는 교회사』(서울: 두란노, 2011).

형성에 지대한 영향을 끼쳤다.[7]

- 요한 크리소스토모스 John Chrysostom; 349-407 은 안티오키아에서 12년간 설교자와 사제로 섬기며, 성서 강해와 도덕적 삶을 강조하는 설교로 큰 영향력을 끼쳤다. 398년 콘스탄티노플 대주교로 임명된 후에는 교회 개혁과 신자들의 윤리 실천을 강조했지만, 황실과의 갈등으로 유배되었고 결국 그곳에서 생을 마감했다. '황금의 입'이라는 별명처럼 그는 탁월한 설교자로 평가받았으며, 그의 설교는 성서 본문을 실제 삶에 적용하려는 실천적 목표가 분명했다. 오늘날까지도 그의 저술과 설교는 기독교 윤리와 말씀 사역의 모범으로 존중받으며, 로마 가톨릭, 동방 정교회, 성공회 모두에서 성인으로 추대되었다.[8]

- 암브로시우스 Ambrose of Milan; 340?-397 는 북이탈리아 밀라노의 주교로서, 아리우스주의에 맞서 정통 신앙을 수호하고 성서와 교리를 깊이 있게 가르친 교부이다. 로마 귀족 출신의 행정관이었으나 주교로 선출되며 급히 세례를 받고 사제로 임명되었고, 이후 황제들과의 관계 속에서도 교회의 자율성과 도덕적 권위를 확립하는 데 중요한 역할을 했다. 『성직자의 의무』 *De officiis ministrorum* , 『동정녀에 대하여』 *De virginibus* 등의 저작을 통해 기독교 윤리와 성직 생활을 다루었으며, 찬송가 작사와

7 Clement of Alexandria의 *Paidagogos (The Instructor)*는 현재 한글 완역본이 없으며, 영어 번역본은 William Wilson 역으로 New Advent 웹사이트에서 제공되고, 독일어 원문은 프라이부르크 대학교의 온라인 교부도서관(Bibliothek der Kirchenväter)에서 확인할 수 있다. Clement of Alexandria, "The Instructor (Paedagogus)," trans. William Wilson, in *The Fathers of the Church*, New Advent, https://www.newadvent.org/fathers/02091.htm, [2025.7.10 접속]; Clemens von Alexandria, "Paidagogos," in *Bibliothek der Kirchenväter*, Universität Freiburg, https://bkv.unifr.ch/de/works/cpg-1376/versions/paidagogos-bkv, [2025.7.10 접속].

8 John Chrysostom, *On Wealth and Poverty*, 조계광 역, 『부자 - "황금의 입" 요한 크리소스톰』(서울: 규장, 2009); *Homilies on Ephesians*, 송영의 역, 『크리소스톰의 에베소서 강해』(서울: 지평서원, 2013); *Homilies on Romans*, 송종섭 역, 『크리소스톰 로마서 강해』(서울: 지평서원, 2012) 참조.

교회 음악 발전에도 기여했다. 그의 설교와 가르침은 아우구스티누스의 회심에 결정적인 영향을 주었으며, 오늘날까지 로마 가톨릭과 성공회 모두에서 성인으로 기려진다.

- 테오도르Theodore of Mopsuestia; 약 350-428는 시리아 몹수에스티아의 주교로, 안티오키아 학파를 대표하는 성서 해석자이다. 그는 성서 본문의 역사적 의미와 문맥을 중시하는 역사-문법적 해석을 강조하며, 알레고리 중심의 알렉산드리아 학파와는 뚜렷이 구분되는 입장을 취했다. 성서 각 권의 저자, 시대적 배경, 문체와 문맥을 면밀히 분석하여, 본문이 의도한 바를 정확히 해석하고자 했으며, 이러한 접근은 신자들이 성서를 바르게 이해하고 삶에 적용하도록 돕는 실천적 목적과도 연결되었다. 시편과 바울서신에 대한 주석 등 그의 저작은 동방교회뿐 아니라 후대 개신교 성서 해석에도 중요한 영향을 미쳤으며, 그는 안티오키아 해석 전통을 집대성한 인물로 평가된다.

- 아우구스티누스Augustine; 354-430와 히폴리투스Hippolytus of Rome; 약 170-235는 로마 제국 시대 서방 교회의 대표적 교부로, 신앙의 내적 형성과 더불어 교회 공동체 안에서의 삶과 실천을 아우르는 전인격적 교육을 강조했다. 아우구스티누스는 북아프리카 히포와 이탈리아에서 활동하며, 신앙과 이성의 통합, 은총과 자유의지, 삼위일체론, 성례전 교리를 체계화하였고, 『고백록』과 『신국론』을 통해 신앙이 인간의 전 삶을 변화시켜야 함을 강조했다. 히폴리투스는 로마 교회의 주교이자 신학자로서, 『사도전승』*Apostolic Tradition*에서 예배, 윤리, 공동체 질서를 구체적으로 다루며 신앙의 실천적 구현을 강조했다. 두 인물 모두 지성과 영성, 윤리와 공동체성을 아우르는 교회 교육의 통합적 방향을 제시하며, 서

방 교회 전통에 깊은 영향을 미쳤다.[9]

앞서 살펴본 교부들은 단지 성서를 해설하거나 이론을 체계화하는 데 그치지 않았다. 그들은 모두 성서를 올바로 해석하는 일이 곧 참된 교리의 수호이자 실천적 신앙의 기초라고 보았다. 각기 다른 지역과 시대에 살았지만, 이들 교부의 교육과 설교에는 공통적으로 신앙과 삶을 분리하지 않는 성서 해석의 전통이 자리하고 있었다. 성서는 그들에게 단지 가르침의 자료가 아니라, 존재를 변화시키는 말씀이었고, 성서교육은 곧 신자들이 삶 속에서 복음을 살아내도록 이끄는 과정이었다.

초대교회에서 기독교 신앙을 배운다는 것은 단지 '무엇을 믿는가'를 이해하는 데 머무르지 않았다. 믿음은 반드시 삶의 변화와 연결되어야 했으며, 신앙은 행동과 일상의 전 영역을 새롭게 조명하는 기준이었다. 다시 말해, 참된 신앙은 존재의 방향을 바꾸는 힘으로 여겨졌고, 그 변화는 곧 실천으로 이어져야했다.

이와 관련해 교부 터툴리안Tertullian의 유명한 말이 자주 인용된다. 그는 이렇게 말했다.

"그리스도인은 태어나는 것이 아니라 되어가는 것이다"fiunt, non nascuntur christiani.[10] 터툴리안의 이 표현에서 특히 주목할 부분은 "된다"라는 의미를 가진 라틴어 fiunt이다. 이 단어는 동사 fieri의 현재형으로, "되어간다", "형성된다"는 뜻을 담고 있다. 단순히 어떤 상태가 주어진다는 의미가 아니라, 과정을 통해 형성되는 변화를 나타낸다. 다시 말해,

9 Hippolytus of Rome, *Traditio Apostolica*, 이형우 역, 『사도 전승』(서울: 분도출판사, 1992) 참조.

10 Tertullian, *Apologeticum: Verteidigung des Christentums*, 18,4, ed., Carl Becker (München: Kösel, 1952).

그리스도인은 어느 날 갑자기 자동으로 '완성된 신앙인'으로 등장하는 것이 아니라, 회심과 배우고 실천하는 여정 속에서 '되어가는 존재'라는 뜻이다. 이 말은 누구나 자동으로, 혹은 문화적으로 그리스도인이 되는 것이 아니라, 회심과 변화의 과정을 통해 진정한 그리스도인이 되어가야 한다는 사실을 강조한다.

이러한 생각은 초대교회에서 성인 세례 후보자들을 위한 교육, 즉 카테쿠메나테의 정신에 깊이 뿌리내리고 있다. 단지 지식을 배우는 것을 넘어, 삶 전체의 방향이 새롭게 전환되는 것을 목표로 한 교육이었다. 믿는다는 것은 새로운 윤리를 받아들이는 일이었고, 그 윤리는 개인의 내면만이 아니라, 기독교 공동체 전체 안에서 함께 살아가는 방식까지 포함하는 것이었다.

초대교회에서 신앙은 철저히 공동체 속에서 형성되고 유지되는 삶의 방식이었다. 회심conversio은 분명 개인의 내면에서 일어난 깊은 변화였지만, 그 회심이 실제로 '믿음pistis'으로 자리 잡기 위해서는 공동체 안에서 실천되고 검증되는 과정이 필요했다. 다시 말해, 믿음은 단순한 결단이나 감정의 고백이 아니라 삶의 자리에서 증명되어야 할 정체성이었다.

그렇기에 초대교회에서 말씀은 개인이 고립된 채 읽는 책이 아니라, 함께 살아내는 이야기였다. 예배당의 강단보다 식탁과 골목에서 더 자주 나누어진 말씀, 회당의 율법 낭독보다 서로의 삶 속에 새겨진 이야기가 더 진하게 다가왔다. 신앙은 누군가의 결심이 아니라, 공동체의 삶 속에서 함께 빚어가는 존재의 형태였다.

이러한 맥락에서 초대교회의 성서교육은 단순한 학습이 아니었다. 말씀을 '배운다'는 것은 새로운 규칙이나 지식을 습득하는 일이 아니라, 공동체 안에서 새로운 존재로 살아가는 법을 익히는 과정이었다.

가르침은 단지 문답이 아니라 삶의 모양으로 전해졌고, 배움은 예배의 공동체와 일상의 식탁, 섬김과 나눔의 실천을 통해 이뤄졌다. 말씀을 이해한다는 것은 결국, 그 말씀을 따라 사는 이들과 같이 살아간다는 의미였다.

이처럼 초대교회의 성서교육은 공동체에 참여하고, 그 안에서 변화되며, 공동체의 가치를 자신의 삶으로 수용하는 교육이었다. 성도들은 서로의 믿음을 지켜주는 '살아 있는 증인'이었고, 공동체는 곧 살아 있는 교과서였다. 그 안에서 사람들은 단지 '그리스도인이 되는 법'을 배우는 것이 아니라, '그리스도인이 되어가는 삶'을 함께 걸었다. 마치 한 사람이 길을 걷는 것이 아니라, 함께 길이 되어주는 이들과 걷는 여정이었던 것이다.

결국 초대교회의 성서교육은 공동체 속에서, 말씀의 이야기가 삶의 이야기가 되고, 삶의 이야기가 다시 신앙의 고백이 되는 거룩한 순환이었다.

사도전승에 나타난 세례후보자교육: 단계적, 점진적, 전인적 교육

초대교회 로마의 교부 히폴리투스가 남긴 중요한 문헌인 『사도전승』은, 초대교회에서 세례를 준비하던 이들 — 곧 세례 지원자들에게 어떤 교육이 이루어졌는지를 구체적으로 전해주는 귀중한 자료이다. 이 문헌을 통해 우리는 지금까지 논의해 온 카테쿠메나테, 즉 세례 준비 교육 공동체가 어떤 모습이었는지를 보다 생생하게 확인할 수 있다.

요점을 간추려 살펴보면 다음과 같다. 당시에는 세례를 받고 싶다고 말하는 것만으로 곧바로 교인이 되는 일이 없었다. 먼저 교회는 지원자의 삶을 면밀히 살폈다. 단순히 신앙 고백만을 듣는 것이 아니라, 왜 세례를 받으려 하는지, 또 그의 삶의 방식이 과연 복음에 합당한지를 꼼꼼히 점검하였다. 다시 말해, 신앙은 말이 아니라 삶으로 증명되어야 하는 것이었다.

이러한 심사를 통과한 사람만이 '세례 후보자catechumeni'로 받아들여졌으며, 이후 최소 3년간 '말씀을 듣는 자ad audiendum verbum'로서 교회 안에서 살아가야 했다. 이 시기는 단지 수업을 듣는 기간이 아니라, 말씀과 공동체 속에서 새 삶을 연습하는 형성의 시간이었다.

이처럼 『사도전승』은 초대교회의 성서교육이 단순한 지식 전달이나 절차적 통과가 아니라, 삶의 전환과 공동체 안에서의 형성을 목표로 했음을 보여준다. 교회는 단순히 회심을 확인하는 것이 아니라, 그 회심이 실제로 열매 맺을 수 있는 '삶의 터전'을 제공하는 공동체였던 것이다.[11]

이 시기는 단순히 세례를 기다리는 수동적인 시간이 아니었다. '말씀을 듣는 자'로서, 세례 후보자들은 공동체 안에서 훈련을 받고, 자신의 삶이 실제로 복음에 따라 변화되고 있는지를 증명해야 하는 시기였다. 단지 배우는 것이 아니라, 사는 방식 자체가 달라지는지를 보여주어야 했던 것이다.

이들은 일반 신자들과는 구별된 자리에서 교육을 받았다separati a fidelibus. 공동체 예배에는 일정 부분만 참여할 수 있었고, 따로 모여 신앙과 삶에 관한 깊이 있는 가르침instructionem을 선생들로부터 받았다. 이 교육의 핵심은 단순한 지식 암기에 있지 않았다. 말씀을 듣고 묵상하

11 Hippolytus von Rom, "Traditio Apostolica," in *Didache / Traditio Apostolica. Zwölf-Apostel-Lehre / Apostolische Überlieferung: Griechisch - Lateinisch - Deutsch*, ed. Georg Schöllgen (Freiburg: Herder, 1991), 244-45.

며, 기도하고, 자신의 삶을 돌이켜보고, 말씀대로 살아가기 위한 구체적 실천을 훈련하는 과정이었다. 다시 말해, 성서교육은 곧 삶의 재형성과 훈련의 장이었다.

흥미로운 점은, 이러한 훈련의 결과를 단순히 개인의 평가로만 끝내지 않았다는 것이다. 세례 직전, 교회는 다시 한 번 세례 후보자의 삶 전체를 검토하는 과정을 진행하였다. 이들은 공동체 안에서 함께 살아온 이들의 증언을 통해, "이 사람이 실제로 말씀대로 살아가고 있다"고 인정받아야 했다. 그렇게 해서야 비로소, '복음을 듣는 단계audiant evangelium', 즉 세례의 마지막 준비 단계로 넘어갈 수 있었다.[12] 이처럼 초대교회의 성서교육은 삶의 변화를 통한 공동체적 인정을 중시하였다. 말씀은 책 속에만 머무는 진리가 아니라, 공동체 안에서 구체적으로 구현되고 살아 움직이는 이야기였다. 그리고 그 이야기 속에 들어가기 위해선, 반드시 변화된 존재로서의 삶의 증거가 필요했던 것이다.

신앙은 단숨에 완성되는 것이 아니라, 점진적으로 이해되고, 삶 속에서 훈련되며, 공동체 안에서 형성되어 가는 여정으로 여겨졌다. 이러한 인식 속에서 초대교회는 세례를 준비하는 이들에게 단일한 교육을 일괄적으로 적용하지 않았다. 오히려, 점진적 형성이라는 원리에 따라 신앙의 단계를 나누어 교육하였다.

가령, 『사도전승』에 따르면 세례 후보자는 처음에 '말씀을 듣는 자audient verbum'로 시작하여, 일정 기간 공동체 속에서 말씀을 배우고 삶의 변화를 보여야 했다. 이후, 공동체의 증언과 검증을 거쳐야만 비로소 '복음을 듣는 자audient evangelium'라는 다음 단계로 나아갈 수 있었다. 이처럼 '말씀verbum'과 '복음evangelium'을 구분하여 사용하는 것은 단순한

12 Hippolytus of Rome, *Traditio Apostolica*, 251.

표현상의 차이가 아니라, 교육 내용의 심화와 교과 목적의 분화를 전제로 한 의도적 단계 설정이었다.

이러한 구조는 오늘날 교육학의 핵심 개념 중 하나인 '단계 학습 stufenweises Lernen' 원리와 놀랍도록 맞닿아 있다. 『사도전승』에 드러난 초대교회의 교육 방식은 단지 신앙을 전수하는 실천적 훈련을 넘어서, 명확한 교육 철학과 구조를 바탕으로 한 체계적 학습 모델이었다. 그들은 "무엇을 언제, 어떻게 가르쳐야 할 것인가?"라는 질문에 신중하게 접근하며, 학습자의 준비도와 수용 능력에 따라 내용을 조정하고, 단계적으로 인도하는 교육 전략을 구사하였다. 이는 단순한 신학적 판단이 아니라, 교육적 배려의 표현이었다.

이미 당시의 여러 교부들 — 예컨대 알렉산드리아의 클레멘트, 터툴리안, 오리게네스 — 은 신앙의 성숙도에 따라 교육의 내용과 방식이 달라져야 한다고 주장하였다. 신앙의 초입에 있는 이에게는 단순하고 쉽게 소화할 수 있는 내용이, 신앙적으로 성숙한 이에게는 더 깊이 있는 신학적 교훈이 필요하다고 본 것이다. 다시 말해, 모든 학습자에게 동일한 내용을 동일한 방식으로 전하는 것은 오히려 교육적이지 않다는 인식이 이미 있었다.

기독교교육사학자 오이겐 파울 Eugen Paul 은 이러한 사상을 사도 바울의 가르침과 연결시키며 다음과 같이 설명한다. 그는 고린도전서 3장 2절에서 바울이 말한 "젖과 단단한 음식"의 구분을 "기독교교육의 단계 모델 Stufenmodell der Lehre"로 해석할 수 있다고 본다. 실제로 오리게네스는 자신의 저작 『켈수스 논박』 *Contra Celsum* 에서 이렇게 말한다:

> "믿음의 초보자들에게는 어린아이에게 젖을 주듯, 쉽고 단순한 신앙의 가르침을 먼저 전해야 한다. 성서의 선별된 부분들을 다루되,

모호하지 않고 도덕적 가르침에 적합한 것들을 다룬다. 예를 들어 에스더서, 유딧서, 토빗서, 지혜서지혜의 계명들와 같은 책들을 다루고, 레위기나 민수기와 같은 책들은 다루지 않는다. 그 다음에는 복음서나 사도 서신들 또는 시편이 이어져야 한다."[13]

이 말은 곧, 초대교회의 성서교육이 모두에게 동일한 내용을 일괄적으로 전달하는 방식이 아니었다는 점을 의미한다. 오히려 각 사람의 준비 정도, 이해 수준, 신앙의 성숙도를 신중히 고려하여, 교육 내용을 조정하고 단계화하는 교육적 배려가 분명히 존재했다.

다시 말해, 초대교회는 신앙을 단회적인 결단이나 단번에 이룰 수 있는 성취로 보지 않았다. 신앙은 배움과 성장, 그리고 삶을 통한 실천과 내면화를 통해 점진적으로 깊어지는 여정으로 이해되었고, 그에 따라 교육도 철저히 단계적 흐름을 따라 설계되었다.

이러한 교육 구조는 초대교회가 신앙을 단지 교리의 암기 대상이 아닌, 이해되고 살아내야 할 말씀으로 인식하였음을 잘 보여준다. 신앙은 머리에 담는 정답이 아니라, 삶으로 드러나는 응답이었다. 따라서 교육은 단순한 정보 전달이 아니라, 전인적 형성을 지향하는 훈련 과정이었으며, 이는 곧 이해와 실천, 지식과 삶을 통합하려는 의도된 과정이었다.

이러한 흐름은 오늘날의 기독교교육에 중요한 통찰을 제공한다. 우리는 여전히 교육을 '많이 가르치는 것'으로 착각하기 쉽지만, 초대교회는 교육의 본질을 '누구에게, 언제, 무엇을, 어떻게 가르칠 것인가'에 대한 깊은 성찰과 지혜로운 설계에서 출발하였다.

13 Eugen Paul, *Geschichte der christlichen Erziehung. Bd.1: Antike und Mittelalter*, 55.

삶을 위한 세례 교육: 고백과 윤리의 통합

초대교회의 세례 준비 교육은 단지 성서의 특정 본문을 암기하거나 교리적 지식을 습득하는 것에 그치지 않았다. 이 교육은 삶 전체를 새롭게 형성하는 배움의 자리였으며, 신앙을 단지 이해의 문제가 아니라 고백과 실천의 통합적 과정으로 받아들였다.

실제로, 세례 준비 과정에는 오늘날 예배 시간에 고백하는 사도신경의 원형, 즉 세례고백das Taufsymbol과 주기도문das Vaterunser, 그리고 예수님의 핵심 윤리인 이중 계명das Doppelgebot — "하나님을 사랑하고 이웃을 사랑하라"는 말씀 — 이 교육의 중심을 이루고 있었다. 다시 말해, 초대교회의 성서교육은 단순히 '무엇을 믿는가'를 배우는 데 그치지 않고, 그 믿음을 공동체 앞에서 고백하고, 나아가 윤리적 삶으로 구현하는 방식까지 포함된 훈련이었다.

신앙은 머리로만 받아들이는 것이 아니었다. 말씀을 입으로 고백하고, 손과 발로 살아내는 것까지 포함되어야 진정한 믿음으로 여겨졌다. 이러한 점에서 초대교회는 신앙을 '하나의 체계'가 아니라 '하나의 삶'으로 이해했고, 그 삶은 공동체 안에서 함께 배우고 함께 훈련하며 함께 살아가는 과정이었다.

이와 같은 전인적 교육은 단지 지식을 전달하는 교훈이 아니라, 정체성을 형성하는 여정이었다. 초대교회의 세례 준비 교육은 오늘날 기독교교육이 회복해야 할 핵심 교육 모델로 주목할 만하다.

이러한 교육 흐름을 잘 보여주는 인물 중 하나가 예루살렘의 교부 키릴로스이다. 그는 세례 준비자들에게 세례 신조와 주기도문을 중심으로 설교하며, 이 과정을 '카테키즘Katechismus', 곧 신앙 입문 교육이라 불렀다. 이는 단순히 신앙을 이해하고 해석하는 데 그치지 않고, 그것

을 고백하고 따르는 신앙의 행위 자체도 교육의 일부임을 강조한 것이었다.[14]

결국 초대교회의 성서교육은 단순히 '성서를 아는 것'을 넘어서, 믿음의 내용을 마음으로 믿고, 공동체 안에서 고백하며, 윤리적 삶을 통해 세상 속에 드러내는 통합적 신앙 형성의 교육이었다. 오늘날 기독교교육이 단지 정보 중심의 전달을 넘어서야 함을 시사하는 중요한 모델이기도 하다.

또한 초대교회의 교육은 단지 신앙을 아는 것에 그치지 않고, 그리스도인으로서 어떤 삶을 살아야 하는가에 대한 깊은 성찰로 이어졌다. 특히 절제되고 윤리적인 생활 방식은 세례 준비 교육에서 중요한 부분을 차지했다.

이러한 경향은 알렉산드리아의 클레멘트가 저술한 고전적 작품 『파이다고고스』*Paidagogos*에서 잘 드러난다. 이 책은 단지 이론적인 신앙 지식을 전달하는 것이 아니라, 하나님의 자녀로서 살아가는 데 필요한 일상의 태도와 자세를 실질적으로 안내한다. 특히 『파이다고고스』 제2권과 제3권에서는 매우 구체적이고 현실적인 주제들이 다뤄진다. 예를 들어, 무엇을 먹고 마실 것인가, 어떻게 옷을 입고 집을 꾸밀 것인가, 부와 재산은 어떻게 사용해야 하는가, 화장과 장신구는 어느 정도가 적절한가, 수면 습관은 어떠해야 하는가, 그리고 절제와 금욕은 어떤 의미를 갖는가 등, 오늘날에는 다소 사소해 보일 수도 있는 일상생활 전반에 걸친 내용을 신앙의 관점에서 성찰하고 안내한다.

클레멘트는 이러한 주제들을 단지 도덕적 권고가 아닌, 하나님을 따르는 삶의 실제적 표현으로 이해하였다. 그는 그리스도인이 된다는

14 Bertram Stubenrauch, "Katechismus," in *Lexikon für Theologie und Kirche* (Freiburg / Basel / Rom / Wien: Herder, 2009), 1312.

것은 단순히 믿음을 고백하는 차원을 넘어, 일상의 모든 영역에서 하나님의 자녀답게 살아가는 삶의 태도와 방식을 배우는 것임을 강조한다. 『파이다고고스』는 그런 점에서 초대교회의 교육이 교리의 습득을 넘어 삶의 형성을 지향했음을 잘 보여주는 고전이라 할 수 있다. 이제 이 가운데 몇 가지 예시를 살펴보자.

> "옷감에 색을 입히는 것 역시 피해야 한다. 그것은 인간에게 꼭 필요한 것도 아니며, 진실된 삶의 태도와도 어울리지 않는다. 오히려 사람의 마음가짐에 대해 좋지 않은 인상을 줄 수 있다. 염색된 옷은 입는 데 있어서 아무런 실제적인 이점을 주지 않는다. 예를 들어, 추위를 막아주는 기능도 없고, 다른 옷보다 더 나은 점도 없다. 오히려 남들의 비난을 살 수 있는 요소만 더해질 뿐이다. 또한 색깔의 화려함은 사람들의 눈길을 끌어, 이성적이지 못한 방식으로 시선을 유혹하고 헛된 욕망을 자극하게 만든다. 하지만 마음이 깨끗하고 속에 거짓이 없는 사람이라면, 흰색이면서도 꾸미지 않은 단순한 옷을 입는 것이 더 어울린다."[15]

이 얼마나 세세하고도 풍부한 이야기인가? 클레멘트의 『파이다고고스』도 『사도전승』과 마찬가지로, 초대교회 신앙교육이 얼마나 구체적이고 전인적인 형성을 지향했는지를 생생하게 보여주는 귀중한 문헌이다. 그의 교육적 비전은 단순히 교리를 전달하거나 도덕적 교훈을 나열하는 데 그치지 않았다. 클레멘트는 신앙이 삶 전체를 아우르는 총체적 방식이어야 한다고 보았으며, 그것은 곧 삶의 모든 순간에 신

15 Clemens von Alexandrien, "Paidagogos," zweites Buch, 108,1. in *Bibliothek der Kirchenväter* (BKV), https://bkv.unifr.ch/de/works/cpg-1376/versions/paidagogos-bkv/divisions/237.

앙이 스며들어야 함을 의미했다.

그가 다룬 주제들은 실로 놀라울 만큼 세밀하다. 신앙인의 개인적 생활 습관, 부부 관계에서의 친밀함, 식사와 의복, 장신구와 화장, 심지어 사회적 교류에서의 예의범절에 이르기까지, 클레멘트는 신앙의 관점에서 일상의 구체적 지침을 제시하였다. 이러한 가르침은 성서에 담긴 간결하고 지혜로운 격언들 — 특히 잠언과 예수님의 산상설교 같은 — 과 긴밀히 연결되며, 믿음과 실천의 조화라는 초대교회 교육의 이상을 드러낸다. 이러한 점에서 클레멘트의 신앙교육은 교리적 전달에 머무는 것이 아니라, 윤리적 통찰과 공동체적 훈련, 실천적 지혜를 함께 아우르는 형성적 도야Bildung의 과정이라 할 수 있다. 다시 말해, 클레멘트의 교육은 단지 무엇을 믿어야 하는가가 아니라, 어떻게 살아야 그 믿음이 참된 고백이 되는가를 끊임없이 묻는 여정이었다.

현대적 종교교육의 원형

초대교회의 카테쿠메나테 교육 역시 그러했다. 단순한 종교 수업이나 의례 준비가 아니라, 진정한 삶의 전환과 공동체적 형성을 위한 깊은 여정이었다. 이 교육은 추상적 관념이나 교리 암기에 머물지 않았다. 오히려, 교회 공동체가 실제로 당면하고 있던 현실적 도전들 — 로마 제국의 박해 속에서의 신앙 정체성, 이교 문화와의 경계 설정, 사회 속 그리스도인의 존재 방식 등 — 을 정면으로 다루었다.

종교교육자 엘리자베트 라일Elisabeth Reil의 통찰력 있는 분석에 따르면, 아우구스티누스의 『초신자를 위한 교리교육에 대하여』*De catechizandis rudibus*는 단순한 교리 설명서를 넘어, 하나의 "종교교육 개념religionspädagogisches Konzept"으로 이해될 수 있다. 라일은 이 저작이 고대의 신앙 입문 자료를 넘어서, 현대적인 교육 커리큘럼과 유사한 체계적인 구조와 교육 목적에 대한 명확한 인식을 포함하고 있다고 평가하였다.[16]

아우구스티누스는 신앙교육의 핵심을 단편적인 지식의 축적이 아니라, 의미의 발견Sinnfindung으로 이해하였다. 그의 눈에 진정한 교육이란, 단순히 정보를 전달하는 행위가 아니라, 성서의 영원한 진리와 현재의 삶을 연결하는 해석의 다리를 놓는 작업이었다. 다시 말해, 교육은 과거의 구원 사건을 오늘의 삶과 연결시켜 주는 해석학적 실천이었다.

따라서 아우구스티누스는 신입 신자들에게 단지 성서 구절을 암기시키는 것이 아니라, 구원의 역사 속에서 자신의 자리를 발견하도록 이끌었다. 그는 성서를 단일한 텍스트가 아니라, 하나님의 구원 서사 속에 담긴 생명의 이야기로 읽게 했으며, 이를 통해 신앙은 지식의 동의가 아니라 삶의 방향 전환으로 자리잡게 되었다.

이러한 통합적이고 실존적인 접근법을 통해, 초대교회는 단순히 머리로 아는 것을 넘어, 가슴으로 느끼고 손으로 실천하는 살아있는 신앙교육의 모델을 제시하였다. 그리고 아우구스티누스는 그 핵심에 '사랑의 질서ordo amoris'라는 존재론적 통찰을 더함으로써, 신앙교육을 존재 전체를 새롭게 빚는 길로 제시하였다.

이제, 『초신자를 위한 교리교육에 대하여』의 핵심 내용을 함께 살펴보며, 초대교회가 어떻게 교육을 통해 신앙을 형성했는지 구체적으로 조명해 보자.

16 Elisabeth Reil, *Aurelius Augustinus, De catechizandis rudibus: Ein Religionsdidaktisches Konzept* (St. Ottilien: EOS-Verlag, 1989), 294.

“이야기체의 강연은 청중에게 모든 것이 제시될 때 완전하다고 할 수 있다. 성서의 말씀 ‘태초에 하나님이 천지를 창조하시니라’로부터 시작하여 교회의 현재까지 이르는 내용이 포함되어야 한다. 그러나 이것이 모세오경 전체와 사사기, 열왕기, 에스라서, 모든 복음서와 사도행전을 일일이 암기하여 기억에서 되풀이하거나, 자신의 말로 이 책들의 모든 내용을 설명하고 해석해야 한다는 의미는 아니다. 그런 시도는 시간이 충분하지 않을 뿐 아니라, 그럴 필요성도 없다.

오히려 전체 내용을 큰 흐름 속에서 요약하여 제시해야 한다. 즉, 청중이 가장 듣고 싶어하는 주목할 만한 내용들과 시대적 상황에 맞는 것들만 선별하여 다루어야 한다. 그러나 이것을 단지 베일에 싸인 채 잠깐 보여주고 곧바로 시야에서 사라지게 해서는 안 된다. 오히려 충분한 여유를 가지고 자세히 설명하여 청중의 마음속에 펼쳐 보임으로써, 그들이 그것을 깊이 생각하고 경탄할 수 있게 해야 한다.

그 외의 [덜 중요한] 내용들은 빠르게 지나가면서 중간에 삽입하고 엮어 넣어야 한다. 이렇게 함으로써 부차적인 것들은 덜 부각되고, 우리가 주목하기를 원하는 내용은 더 강조된다. 그러면 우리의 강연이 감동을 주어야 할 사람이 이미 [지엽적인 내용으로] 지쳐있을 때 중요한 부분에 도달하지 않게 된다. 또한 우리의 가르침이 그를 교육하고자 할 때, 그의 기억이 단번에 넘쳐버리는 일도 없을 것이다.”[17]

17 Augustine of Hippo, “De catechizandis rudibus,” 3.5, in *Bibliothek der Kirchenväter* (BKV), https://bkv.unifr.ch/works/130/versions/148/divisions/80160.

이 글은 1600년이 넘은 고대 문헌, 아우구스티누스의 『초신자를 위한 교리교육에 대하여』의 일부분이지만, 놀랍게도 오늘날 현대 신앙 교육의 지침서처럼 읽힌다. 그의 교육 방법론은 고대의 틀을 넘어서, 오늘날의 교육학 원리와도 놀라울 정도로 일치하는 면모를 보여준다.

예컨대, 아우구스티누스는 교사에게 "중요한 내용을 선별하여 집중적으로 가르치라"고 조언한다. 이는 오늘날 교육과정 설계curriculum design에서 강조되는 핵심 개념 중심의 선택과 집중 원리와 정확히 맞닿아 있다. 그는 또 "청중이 가장 듣고 싶어하는 내용"을 고려해야 한다고 말하는데, 이는 현대 교육학에서 중시하는 학습자 중심 교육learner-centered education의 핵심 철학을 반영한 것이라 할 수 있다.

더 나아가 그는 "시대적 상황에 맞는 것을 선택하라"고 권면한다. 이 역시 오늘날 교육 내용이 학습자의 맥락context과 현실에 연결되어야 한다는 맥락화contextualization의 원리를 담고 있다.

특히 주목할 부분은, 아우구스티누스가 교육을 단순한 정보 전달로 보지 않았다는 점이다. 그는 "충분한 여유를 가지고 자세히 설명함으로써, 청중이 깊이 생각하고 경탄하게 하라"고 한다. 이는 오늘날 깊이 있는 학습deep learning, 비판적 사고critical thinking의 촉진과도 깊이 연결되는 조언이다. 그는 정보가 지나치게 많아져서 "기억이 단번에 넘쳐버리는 일"이 없도록 하라고도 말하는데, 이는 현대 인지부하 이론cognitive load theory과도 맥을 같이 한다.

또한 그는 개별적 사실에 몰입하기보다는, "전체 내용을 큰 흐름 속에서 이해시키는 접근"을 강조한다. 이는 현대 교육이 추구하는 총체적 이해holistic understanding, 구조화된 지식 체계 속의 학습과 본질적으로 닮아 있다.

결국 아우구스티누스는 단순한 교리 전달자가 아니었다. 그는 학습자의 이해와 참여를 중시하고, 구원의 메시지를 어떻게 하면 가장 깊이 있고 효과적으로 전달할 수 있을지를 고민한 교육 사상가였다. 그의 사상은 인간 학습의 본질이 시대를 초월해 일관된 원리를 지닌다는 점을 명확히 보여준다. 신앙교육이 단지 가르치는 기술이 아니라, 사람을 형성하는 예술임을 그는 이미 통찰하고 있었던 것이다.

결론: 지식을 넘어, 믿음의 삶

카테쿠메나테를 통해 살펴본 초대교회의 신앙교육은, 단순한 종교 지식의 전달을 넘어선 체계적이고 단계적인 형성의 여정이었다. 이는 기독교 신앙이 그저 정보의 습득이나 감정적 회심에 그치는 것이 아니라, 신중하게 계획된 교육적 구조와 공동체적 실천을 통해 점진적으로 형성되어야 한다는 사실을 웅변한다.

초대교회는 신앙을 단지 '믿는다'는 선언으로 보지 않았다. 그 믿음이 삶으로 드러나고, 공동체 안에서 검증되며, 가르침과 실천 속에서 빚어져야 진정한 믿음으로 여겼다. 이러한 교육 방식은 오늘날 우리가 기독교교육을 다시 성찰하게 만드는 중요한 단서가 된다. 초대교회가 신앙의 본질을 제대로 전수하기 위해 들인 노력은, 교육이 단지 부가적 활동이나 프로그램의 일부가 아니라, 기독교 공동체의 본질적 사명임을 증명해 준다.

무엇보다 카테쿠메나테가 오늘날 우리에게 주는 가장 큰 통찰은, 복음 교육의 통전적 성격이다. 초대교회에서 '복음을 배운다'는 것은 단지 교리 지식을 습득하는 데 그치지 않았다. 배우는 이의 삶의 정황, 공동체의 참여, 삶의 실천, 교리적 고백, 윤리적 전환이 모두 유기적으로 연결된 총체적 경험이었다.

이러한 통합적 접근은, 오늘날 기독교교육이 되찾아야 할 중심 원리다. 다시 말해, 지식과 실천, 개인과 공동체, 교리와 윤리가 분리되지 않고 서로 교차하며 통합되는 구조야말로 살아 있는 신앙교육의 본질이다. 초대교회의 카테쿠메나테는 이를 삶으로 증명한 교육적 모델이었으며, 오늘 우리 교회와 교육 현장이 다시금 배워야 할 귀중한 유산이다.

학 / 습 / 요 / 약 /

① 카테쿠메나테교리문답 교육과정는 성서와 기독교 신앙 형성을 위한 총체적 교육 체계였다.

② 초대교회가 유대교와 구별되고 이단으로부터 교회를 보호하기 위해, 기독교 전통과 교리의 핵심 내용을 보존하고 전달하는 것이 필수적이었다.

③ 이 교육은 위협적 환경 속에서도 그리스도인들이 자립적으로 살아갈 수 있는 능력을 기르는 데 중점을 두었다.

④ 성서적 내용은 단순한 지식 전달이 아니라 기독교적 삶의 방식과 실천에 직접 연결되었다.

⑤ 교육 내용은 교리문답 지원자들의 상황과 이해 수준에 맞춰 단계적으로 선별되고 제시되었다.

2장

신앙교육을 집으로 들이다
— 종교개혁과 루터의 소교리문답

“바울이 소아시아에서 유럽으로 건너간 것이 유럽 역사를 바꿨다면, 마틴 루터의 종교개혁은 유럽의 교육을 바꾼 것이라 말할 수 있을까?” 이 질문은 다소 과장되어 보일 수 있지만, 전혀 근거 없는 주장은 아니다. 역사학자 아널드 토인비 Arnold Joseph Toynbee 가 바울의 유럽 선교 여행이 서구 문명의 방향을 결정적으로 바꾸었다고 평가한 것처럼, 루터의 종교개혁 역시 유럽 교육의 흐름에 근본적인 전환을 가져왔다고 말할 수 있다.

종교개혁 시대의 교리문답 교육 Katechese 은 그 이전보다 더욱 체계적이고 목적 있는 신앙 교육의 형태로 발전하였다. 일부 역사가들은 종교개혁이 수도원 교육 체계를 약화시켰다는 이유로 이 시기를 ‘교육의 암흑기’라고 부르기도 한다. 그러나 이는 종교개혁이 기존의 교육 제도를 해체한 사실만을 강조할 뿐, 그 안에서 이루어진 교육 혁신의

본질을 놓치고 있는 평가라 할 수 있다.[1]

실제로 종교개혁은 교육을 후퇴시킨 사건이 아니라, 교육의 패러다임 자체를 바꿔놓은 역사적 전환점이었다. 종교개혁가들은 이전까지 수도원과 성직자 중심으로 제한되었던 교육을 해체하고, 모든 평신도들이 배움에 참여할 수 있는 열린 교육 체계를 지향했다. 특히 루터는 성서를 누구나 읽을 수 있는 모국어로 번역하고, 신자 개개인이 스스로 말씀을 읽고 이해하며 실천할 수 있도록 돕는 데 큰 노력을 기울였다.

루터를 비롯한 개혁자들에게 있어 성서는 신앙과 삶의 모든 기준이 되는 핵심이었다. 그들은 신자들이 성서를 바르게 이해하고, 그것을 삶 속에서 살아내도록 돕는 것이 교육의 가장 중요한 목표라고 보았다. 이러한 목적을 위해 교육 내용은 신중하게 선택되었고, 평범한 사람들이 이해할 수 있도록 간결하게 정리되었다.

이러한 교육 비전의 대표적인 결과물이 바로 루터의 『교리문답』 *Katechismus* 이다. 독일의 신학자 한스-위르겐 프라스 Hans-Jürgen Fraas 는 1529년을 "기독교 교리문답 교육의 전환점"이라고 평가했는데, 이 해에 루터는 대교리문답과 소교리문답을 출판했다. 이 책들은 단지 신학 지식을 전달하기 위한 교재가 아니라, 부모가 자녀에게 가정에서 신앙을 가르칠 수 있도록 만든 실용적이고 목회적인 교육 도구였다.[2]

교리문답 교육은 직접적인 성서 공부는 아니었지만, 철저히 성서에 기반하여 기독교 신앙의 핵심을 가르치는 데 목적이 있었다. 이는 종교개혁이 강조했던 "오직 성서 Sola Scriptura" 정신이 교육을 통해 구현

1 Friedrich Schweitzer, *Das Bildungserbe der Reformation: Bleibender Gehalt, Herausforderungen, Zukunftsperspektiven* (Gütersloh: Gütersloher Verlagshaus, 2017), 19.

2 Hans-Jürgen Fraas, "Katechismus / I. Protestantische Kirchen / 1. Historisch (bis 1945)," in *Theologische Realenzyklopädie*, vol. 17 (Berlin: Walter de Gruyter, 1988), 715.

된 사례라 할 수 있다.

더 나아가 종교개혁은 교회 교육을 넘어 세속 교육까지 변화시켰다. 루터가 강조한 '모든 사람을 위한 교육'과 학교 설립 장려는 단순히 종교적 목적을 넘어서, 문해력 향상과 시민 교육의 중요성을 부각시켰고, 이는 근대 유럽의 의무교육제도와 공교육 보편화로 이어지는 교육사적 전환점이 되었다.

교리문답: 신앙의 기초적 내용 요약

루터가 『대교리문답』*der Große Katechismus*과 『소교리문답』*der Kleine Katechismus*을 집필하게 된 데에는, 그가 독일 전역을 대상으로 시행한 교회 시찰의 결과가 결정적인 영향을 주었다. 시찰을 통해 확인된 현실은 루터에게 충격 그 자체였다. 보고서에 따르면 "일반 백성, 특히 시골 사람들 대부분은 기독교 교리에 대해 전혀 아는 바가 없으며, 많은 목회자들조차도 가르치는 데 능숙하지 못하고 무지하다"는 사실이 드러났다.[3] 이러한 상황은 루터에게 깊은 우려와 함께, 신앙의 기초를 체계적으로 가르쳐야 한다는 강한 동기를 불러일으켰다. 그는 단순히 교리를 전달하는 것을 넘어서, 교회와 가정 안에서 신앙이 올바르게 형성될 수 있는 길을 마련하고자 했다. 루터는 『대교리문답』의 서문에서 당시의 안타까운 현실을 고백하듯 이렇게 말한다.

> "안타깝게도 많은 설교자와 목사가 지식이 부족하거나, 게으르며,

3 Martin Luther, "Der große Katechismus," in *Die Bekenntnisschriften der evangelisch-lutherischen Kirche*, 7. Aufl. (Göttingen: Vandenhoeck & Ruprecht, 1976), 543-733.

오직 배를 채우는 데에만 관심이 있습니다. 이들은 자신들의 사명과 교리를 멸시하고 무시합니다."[4]

루터는 교리문답 교육이 단지 어린이들을 위한 입문 과정에 머무는 것이 아니라, 모든 신자가 평생 반복하며 익혀야 할 신앙의 훈련임을 분명히 강조한다. 그는 교리문답을 단순한 학습의 도구가 아니라, 신앙을 되새기고 새롭게 형성하는 영적 도야의 틀로 보았다. 그는 『대교리문답』 서문에서 이렇게 고백한다.

"나는 지금도 마치 갓 배운 아이처럼, 매일 아침 시간이 될 때마다 주기도문, 십계명, 신앙고백, 시편 등을 한 구절씩 읽고 외우며 공부합니다. 나는 여전히 교리문답의 제자이고, 그렇게 남아 있기를 기꺼이 원합니다."

이 고백은 루터에게 있어 교리문답이 단지 지식의 반복이 아닌, 신앙의 심화 과정임을 보여준다. 그에게 신앙교육은 일회적 사건이 아니라, 날마다 되새김으로 삶을 빚어가는 과정이었다. 결국 루터는 교리문답을 통해, 모든 그리스도인이 평생토록 배우고 형성되어야 할 신앙의 길을 제시하고자 했던 것이다. 게다가 이러한 고백은, 루터가 교리문답을 단순한 암기 과목이나 아동 교육에 한정된 것으로 보지 않았음을 분명히 보여준다. 그는 신앙의 핵심 진리를 누구나 이해할 수 있도록 간결하게 요약하고, 이를 반복적으로 훈련할 수 있는 실천적 도구로서 교리문답서를 제시하였다.

4 위의 책, 547-48.

특히 신학적 측면에서 루터의 『소교리문답』은 중세의 복잡하고 추상적인 신학 개념들을 단순화함으로써, 모든 신자들이 "내가 누구이며, 무엇을 믿는가"에 대해 스스로 이해하고 고백할 수 있도록 돕는 '신학의 민주화' 도구로 기능했다. 이러한 교육적 도구는 단지 신학 지식의 전달을 넘어서, 루터의 만인제사장 사상 — 모든 신자가 하나님 앞에서 직접 설 수 있으며, 신앙의 주체로서 성장해야 한다는 사상 — 을 실천적으로 뒷받침하는 핵심 교육 방법이었다. 루터는 다음을 핵심적으로 강조한다.

> "교리 교육은 교회 안에서만 이뤄지는 게 아닙니다. 일상 속에서, 특히 가정에서 이루어져야 하지요. 평신도, 그중에서도 아버지가 중심이 되어 자녀들과 함께 교리문답서를 반복해 공부해야 합니다."

이처럼 루터는 가정에서의 반복 훈련과 아버지의 교육적 책임을 강조하면서, 신앙이 가정과 일상 속에서 자연스럽게 살아 움직이도록 하기 위해 교리문답서를 설계하였다. 그는 교리의 내용을 간결하고 명료하게, 누구나 암기하고 되풀이할 수 있는 형식으로 구성함으로써, 신앙 교육이 특정 계층이나 전문가의 몫이 아니라 모든 신자의 삶에 깊이 스며드는 일상적 실천이 되기를 바랐다. 결국 루터는 "그리스도인으로서 반드시 알아야 할 핵심이 무엇인가"를 한눈에 볼 수 있도록 교리문답을 요약하고 정리하였다. 이로써 종교개혁의 신학은 추상적인 교리가 아닌, 일상에서 쉽게 이해하고 말할 수 있는 신앙의 언어로 변화했으며, 모든 신자들이 직접 배우고 실천할 수 있는 교육 형태로 발전하였다. 이것이 바로 루터가 교리문답서를 통해 이루고자 했던 신학의 교육적 개혁이었다.

교리문답의 형성과정

루터는 평신도들이 반드시 십계명, 사도신경, 주기도문, 그리고 성례전에 대해 알고 있어야 한다고 확신하였다. 그는 이 네 가지 주제를 신앙의 핵심으로 보고, 이를 중심으로 신자들의 신앙 형성에 필수적인 교육이 이루어져야 한다고 주장한다.

이러한 인식은 단순한 이론적 주장에 그치지 않고, 그의 설교 사역 전반에 반영되었다. 루터는 이미 1516년부터 십계명, 사도신경, 주기도문, 성례전을 주제로 반복적인 설교와 가르침을 이어갔으며, 이를 통해 신자들에게 신앙의 기초를 다지는 체계적인 교육을 실천하고자 하였다. 일례로, 그는 비텐베르크에서 십계명에 관해 설교하였고, 1517년 사순절에는 주기도문을 주제로 강론하였다.

특히 루터는 1523년부터 '교리문답 설교Katechismuspredigten'를 정기적으로 시작하였으며, 1526년부터는 사순절 설교의 주제를 교리문답 중심으로 일관되게 구성하였다. 그는 이 시기 동안 십계명으로 설교 시리즈를 시작하여, 사순절 마지막 주간인 고난주간Karwoche에 성례전 설교로 마무리하는 구조를 정례화하였다.

1528년, 루터는 교리문답 주제를 중심으로 한 설교를 세 차례에 걸쳐 집중적으로 진행하였다. 이는 단발성 설교가 아닌, 반복성과 집중성을 갖춘 의도적 교육 설계의 일환이었다.

첫 번째 시리즈는 5월 18일부터 30일까지, 두 번째는 9월 14일부터 25일까지, 마지막 세 번째는 11월 30일부터 12월 19일까지 진행되었으며, 각 시리즈는 매주 4일씩 열리는 정기적 강해 형식을 띠었다. 루터는 이러한 과정을 통해 교리의 내용을 단순히 전달하는 것이 아니라, 신자들이 체계적으로 익히고 내면화할 수 있도록 반복적으로 가르치는 교육적 틀을 마련하였다.

이처럼 반복적이고 집중적인 설교 시리즈는 단순한 설교 사역을 넘어, 후일 루터가 집필한 『소교리문답』의 직접적인 기초 자료이자 교육적 전 단계가 되었다. 곧, 이 설교들은 현장의 언어로 다듬어진 교육 내용이 교리문답서로 정착되는 과정이었으며, 루터의 교육 신학이 말씀, 설교, 교육, 책의 형태로 유기적으로 연결되어 있었음을 잘 보여준다.[5]

또한 루터는 1518년, 『십계명 간략 해설』*Kurze Auslegung der Zehn Gebote*이라는 고해 안내서Beichtanleitung를 발표하였다. 이 글에서 그는 중세 교회에서 고해 교육에 자주 사용되던 덕목virtutes과 악덕vitia의 목록 — 즉, 도덕적 카테고리에 기반한 해석 방식 — 을 과감히 배제하고, 대신 십계명 본문 자체에 훨씬 더 큰 비중을 두는 해석을 제시하였다.

이는 루터가 신앙 교육에 있어 본문 중심적 접근을 강조했다는 점에서 주목할 만하다. 그는 성서의 원문이야말로 신앙과 삶을 형성하는 가장 중요한 출발점이라고 보았고, 그것을 직접 이해하고 적용하도록 돕는 해설을 시도했다.

이어 1519년에는 주기도문 해설, 1520년에는 사도신경Credo 해설을 각각 집필하였으며, 이 세 가지 해설은 1522년에 출간된 『기도서』*Betbüchlein*의 서문에 함께 실리게 되었다.

이 통합된 자료는 단순한 개인 경건서가 아니라, 루터가 기획한 체계적인 신앙 교육 자료로 기능하였다. 『기도서』는 교리 교육과 개인 신앙 훈련, 가정 예배와 고해 준비 등을 모두 포괄하는 목회적·교육적 도구로 활용되었으며, 훗날 『소교리문답서』의 형성과 내용에도 직접

5 Martin Brecht, *Martin Luther: Zweiter Band. Ordnung und Abgrenzung der Reformation 1521-1532* (Stuttgart: Calwer Verlag, 1986), 267.

적인 영향을 끼친 기초 자료가 되었다.

결국 루터는 교리문답을 단지 어린이를 위한 교재로 만들기 이전부터, 십계명 – 주기도문 – 신앙고백이라는 삼중 구조를 중심으로 한 교육 원형을 이미 형성해가고 있었던 것이다.

이러한 모든 설교들과 소책자들은 루터의 교리문답 설교에서 파생된 결과물이었으며, 궁극적으로는 『소교리문답서』의 구조와 내용을 형성하는 데 중요한 기초가 되었다. 이 책은 처음에는 '벽에 붙일 수 있는 표 형식Wandtafel'으로 출간되었고, 이후에야 책자 형태로 정리되어 널리 배포되었다.

사실, 루터는 이 교리문답서를 통해 새로운 내용을 창작하려 했던 것이 아니었다. 오히려 그는 이미 교회 안에 전승되어 내려오던 신앙의 기본 진리들 — 십계명, 사도신경, 주기도문, 성례전 등 — 을 누구나 이해할 수 있는 방식으로 정리하고 설명하고자 했다. 그의 목표는 내용의 단순화가 아닌, 접근성의 극대화였다. 특히 간결하고 명확한 문장, 그리고 일상적인 언어로 풀어낸 표현들 덕분에 『소교리문답서』는 빠르게 사람들 사이에 퍼져나갔고, 광범위한 수용과 실천을 이끌어냈다. 이 책은 단지 교육용 자료에 머문 것이 아니라, 종교개혁기의 신앙교육이 대중에게 뿌리내릴 수 있도록 만든 대표적인 성과가 되었다. 결국 루터의 『소교리문답서』는 단순한 문서가 아닌, 평신도들이 스스로 신앙을 배우고, 이해하며, 고백할 수 있도록 이끈 교육적 걸작이었다. 오늘날 신앙교육의 고전이자 종교교육적 명작religionspädagogische Meisterleistung으로 평가받는 이 문서는, 종교개혁의 핵심 정신 — 신앙의 내면화, 공동체적 형성, 일상 속 훈련 — 을 가장 잘 구현한 실천적 유산이라 할 수 있다.

소교리문답에 담긴 내용

루터의 소교리문답는 다음과 같은 순서로 구성되어 있다:

서문, 십계명 Dekalog, 신조 Glaubensbekenntnis, 주기도 Vaterunser, 세례 Taufe, 참회 Beichte, 성만찬 Abendmahl, 아침기도와 저녁기도, 식사 전후 기도, 규범표 Haustafel, 세례 예식서 Taufordnung, 혼인 예식서 Trauordnung.

서문: 교육받지 못한 목사와 설교자를 위하여

루터는 『소교리문답』의 서문 Vorrede 에서, 1528년 교회 시찰을 통해 직접 확인한 당시 교회와 신앙 교육의 황폐한 현실을 고통스럽게 고백한다. 그는 신자들 대부분이 신앙의 기초적인 교리조차 알지 못하고, 심지어 목회자들조차 가르치는 데 무지하고 무능하다고 진단하였다. 그는 이 참담한 상황을 다음과 같이 격렬하고 직설적인 언어로 표현한다.

> "오, 사랑의 하나님, 제가 보았던 이 비탄의 상황을 보소서! [중략] 그리스도교의 가르침이 무엇인지 전혀 알지 못하는 이들이 여기저기 가득했고 [중략] 그들은 십계명, 신조, 주기도가 무엇인지 전혀 알지 못한 채 소나 돼지처럼 생각없이 살아 갈 뿐입니다 [중략] 아, 이런 행태를 일일이 열거하자니 목만 아픕니다"

루터는 이 모든 책임이 목회자들에게 있다고 단호하게 비판하며, 성직자들이 자신들의 사명을 등한시하고 있으며, 신자들의 영적 무지에 대해 책임을 회피하고 있다고 책망한다. 그에게 있어 신앙 교육의 부재는 단순한 무지가 아니라, 영혼의 파괴로 이어지는 심각한 위기였다.

이러한 현실 인식을 바탕으로 루터는, 교리 교육을 통일된 방식으로 정리하고, 반복적으로 암기하며 훈련할 수 있는 체계가 필요하다고 보았다. 가정과 교회, 설교와 일상에서 모두 활용될 수 있는 간결하고 명확한 교육 자료가 절실히 요구되었던 것이다. 그는 분명히 이렇게 썼다:

> "교부들이 했던 방법대로 단어와 구절을 단 한 글자도 바꾸지 말고, 매년 같은 방식으로 반복해 가르쳐야 합니다. 만일 원하는 교재 하나를 정했다면, 그것을 끝까지 고수하십시오."[6]

이 진술은 단순한 암기나 외형적 반복을 의미하는 것이 아니다. 루터는 신앙의 기초 진리는 그 자체로 변하지 않아야 하며, 반복을 통해 삶 속에 깊이 새겨져야 한다고 보았다. 언어의 형식, 표현의 리듬, 내용의 질서가 교육 효과에 결정적인 역할을 한다는 교육적 통찰이 담겨 있는 것이다. 이러한 반복 학습만이 사람들에게 신앙 내용을 정확히 각인시킬 수 있다는 것이 루터의 교육 원리였다.

또한 루터는 신앙 교육을 게을리하거나 거부하는 이들에 대해서도 매우 단호한 태도를 보였다. 그는 『소교리문답』 서문에서, 그러한 사람들에게는 성찬 참여를 금지하고, 세례의 대부나 대모증인 역할도 허락하지 말아야 한다고 주장한다. 나아가 그는 부모나 가장이 그들에게 밥

6 Martin Luther, "Der Kleine Katechismus," in *Die Bekenntnisschriften der evangelisch-lutherischen Kirche*, 7. Aufl. (Göttingen: Vandenhoeck & Ruprecht, 1976), 503.

과 물조차 주지 말고, 심지어 마을에서 쫓아내야 한다고까지 말한다.

이러한 극단적인 표현은 단순한 감정적 격분이 아니라, 신앙 교육이 공동체 전체의 생명과 직결되는 절대적 책무임을 강조하려는 의도였다. 루터에게 있어 신앙 교육의 태만은 단지 개인의 부족함이 아니라, 교회와 사회 전체를 병들게 하는 중대한 책임 회피였다.

루터는 서문의 마지막에서도 다시 한 번 『소교리문답』의 위치와 목적을 명확히 한다. 그는 이 책이 단순한 부교재나 선택적 학습서가 아니라, 모든 목회자와 설교자가 반드시 철저히 가르쳐야 할 핵심 교리 내용을 담은 필수 학습서임을 강조하며 일갈한다.

> **"제발 목사와 설교자들이여, 정신 차리십시오! 우리에게 맡겨진 직무는 교황 아래 있을 때와 다릅니다."[7]**

더욱 주목할 점은, 루터가 이 문답서를 교회만이 아니라 가정에서도 사용할 수 있도록 고안했다는 사실이다. 부모가 자녀에게 신앙을 가르치는 도구로서도 이 문답서는 설계되었으며, 이는 루터의 신학이 가정과 교회를 신앙교육의 공동 책임 공간으로 인식하고 있었음을 잘 보여준다.

오늘의 용어로 이해하자면, 『소교리문답』은 교회와 가정을 잇는 신앙교육의 다리이자, 신앙 형성의 일상적 실천을 위한 안내서였다. 이처럼 루터는 말씀을 배우고 가르치는 일을 단지 예배의 한 요소가 아니라, 신앙 공동체의 생존을 위한 토대로 보았고, 『소교리문답』은 그 실천을 위한 가장 구체적이고 강력한 도구로 사용되었다.

7 Martin Luther, *Der Kleine Katechismus*, 최주훈 역, 『소교리문답 해설』(서울: 복있는 사람, 2024), 37.

십계명 안에 숨은 루터의 가르침: 이해를 위한 재구성

루터에게 십계명Dekalog은 단지 율법 조항의 나열이 아니라, 기독교 신앙과 윤리적 삶 사이의 긴밀한 관계를 드러내는 근본적인 지침이었다. 그는 『소교리문답』에서 출애굽기 20장과 신명기 5장에 기록된 십계명의 성서 원문을 그대로 따르지 않고, 이를 보다 간결하고 쉽게 이해할 수 있는 문장으로 재구성하였다.

이는 단순한 번역의 문제가 아니라, 교육적 목적을 지닌 신학적 편집 행위였다. 루터는 일반 백성들 — 특히 문해력이 낮고 교육을 받지 못한 이들 — 이 십계명을 더 잘 이해하고 암기할 수 있도록 문장을 재정리한 것이다. 십계명의 교육적 내면화를 위해 내용의 핵심을 유지하면서도 표현을 간결하게 바꾸는 이 방식은, 그가 신앙 교육을 얼마나 현장 중심적이고 실천적인 과제로 이해했는지를 잘 보여준다.

그러나 루터의 의도는 단순히 이해의 효율성에만 있었던 것은 아니다. 그는 십계명의 문장을 다듬는 과정을 통해, 그것이 단지 고대 이스라엘 백성에게 주어진 민족적 율법이 아니라, 모든 인류를 향한 하나님의 보편적 뜻임을 강조하고자 했다. 다시 말해, 십계명은 교회를 위한 도덕의 토대이자, 신앙의 실천을 위한 공통 언어로 재구성되어야 했던 것이다.

이러한 신학적 의도는 제1계명과 제3계명에서 특히 두드러진다. 루터는 제1계명에서 "나는 너를 이집트 땅, 종살이하던 집에서 이끌어 낸 여호와다"라는 서문적 배경 문장을 과감히 생략하였다. 이는 십계명의 역사적 맥락을 축소한 것이 아니라, 그 명령의 보편성과 현재성을 부각시키기 위한 편집이었다.

또한 제3계명에서는 "안식일Sabbat"이라는 단어를 "주일Feiertag"로 바꾸어 표현하였다. 이는 율법적 규정으로서의 안식일 준수가 아니라, 하나님 앞에서 시간을 거룩히 구별하는 원칙을 현재의 교회 현실에 맞게 적용하려는 루터의 목회적 해석을 보여준다.[8]

문장 속 신학적 장치

십계명은 전통적으로 두 개의 돌판으로 구분되어 이해되어 왔다. 첫 번째 돌판은 처음 네 계명으로 구성되며, 인간과 하나님 사이의 관계를 다루는 계명들이다. 이 계명들을 통해 인간은 하나님 앞에서 어떻게 살아야 하는지를 배운다. 다시 말해, 하나님과의 올바른 관계와 태도, 곧 신앙의 방향성과 중심을 이 돌판에서 형성하게 된다.

반면, 나머지 여섯 계명은 두 번째 돌판에 해당하며, 이는 이웃과의 관계를 중심으로 한다. 인간이 다른 사람들과 어떤 관계를 맺고, 어떻게 행동하며 살아가야 하는지를 구체적으로 규정한다. 이처럼 십계명은 하나님 사랑과 이웃 사랑이라는 이중 계명의 구조를 계시 안에 내포하고 있으며, 신앙과 윤리, 관계와 실천을 통합하는 지혜의 교훈이라 할 수 있다.

루터는 『소교리문답』에서 십계명을 해설할 때, 모든 계명을 동일한 문장 구조로 시작한다. 바로 다음과 같은 표현이다:

"우리는 하나님을 경외하고 사랑해야 한다. 그래서 우리는 […] 하지 않는다."

8 Wilfried Härle, "Der Katechismus als Wegbeschreibung," in *Denkraum Katechismus: Festgabe für Oswald Bayer zum 70. Geburtstag,* ed., Johannes Lüpke and Edgar Thaidigsmann (Tübingen: Mohr Siebeck, 2009), 60.

이 서두 문장은 단순한 형식의 통일을 넘어서, 모든 계명이 제1계명에 근거하고 있음을 강조하려는 신학적 장치이다. 루터에게 모든 계명은 결국 "너는 나 외에는 다른 신들을 두지 말라"는 제1계명의 구체적 적용이며 확장이었다. 다시 말해, 십계명의 각 항목은 독립된 윤리 강령이 아니라, 하나님을 유일한 주로 고백하는 믿음이 어떻게 삶 속에서 실현되어야 하는지를 보여주는 실천적 지도였던 것이다. 사람이 진심으로 참된 하나님을 경외하고 신뢰하며 그분께 마음을 두고 살아간다면, 이웃을 향한 올바른 태도와 행동은 자연스럽게 뒤따르게 된다. 다시 말해, 하나님과의 관계가 바르게 세워질 때, 이웃과의 관계 또한 건강하게 형성되어야 한다는 점을 십계명의 구조와 흐름이 분명하게 보여준다.

부정을 덮는 긍정

루터는 대부분 부정적인 형태로 주어진 십계명들에 대해, 긍정적인 해석을 덧붙이는 방식으로 해설을 전개한다. 이는 단지 명령의 의미를 풀어주는 차원을 넘어, 신앙과 윤리를 적극적인 삶의 태도로 이끌려는 교육적·신학적 의도가 담긴 방식이다.

예를 들어, 제8계명은 "도둑질하지 말라"는 금지 명령으로 주어진다. 이에 대해 루터는 먼저 다음과 같이 해설한다:

> "우리는 하나님을 경외하고 사랑해야 하며, 그래서 우리는 이웃의 돈이나 재산을 훔치거나, 거짓된 거래로 그것을 취하지 않아야 한다."

여기까지는 계명의 부정적 측면, 즉 "하지 말라"는 내용을 정확히 풀어 설명하는 것이다. 그러나 루터는 여기서 멈추지 않고, 보다 적극적인 행동 지침을 덧붙인다:

> **"오히려 우리는 그가 재산과 생계를 더 잘 유지하고 보호할 수 있도록 도와야 한다."**

이러한 해석은 십계명의 정신을 단순히 "악을 피하라"는 소극적 윤리에 머무르게 하지 않고, "선을 행하라"는 적극적 윤리로 확장시킨다. 루터는 이를 통해, 신앙은 단지 이웃에게 해를 끼치지 않는 것에서 만족해서는 안 되며, 그들을 도우며 사랑으로 다가가는 삶의 태도를 포함해야 한다는 점을 강조한다.

그에게 있어 십계명은 단순한 금지의 목록이 아니라, 하나님 사랑과 이웃 사랑이라는 두 계명의 실천적 길을 구체화하는 도덕적 형성의 도구였다.

나아가 루터는 십계명을 단지 구약의 특정한 율법으로 보지 않았다. 그는 십계명을 인간의 마음에 새겨진 자연법Naturgesetz으로 이해하였다. 다시 말해, 십계명은 특정 민족이나 시대, 문화에 국한된 규범이 아니라, 모든 인간이 내면 깊은 곳에서 직관적으로 알고 있는 도덕적 기준이라는 것이다.

신약성서에서 예수께서 말씀하신 '하나님 사랑'과 '이웃 사랑'의 이중 계명은, 곧 십계명의 핵심 정신을 요약한 표현이라 할 수 있다. 다시 말해, 십계명의 두 돌판에 담긴 하나님과의 관계, 이웃과의 관계를 "마음을 다해 하나님을 사랑하라", 그리고 "네 이웃을 네 몸처럼 사랑하라"는 두 명제로 정리한 것이다.

그러나 루터는 이처럼 자연법적으로 인간의 마음에 새겨진 하나님의 뜻이 있다고 하더라도, 모든 이가 그것을 쉽게 깨닫고 실천할 수 있는 것은 아니라고 진단한다. 그 이유는 바로 타락한 인간의 본성Verdorbenheit der menschlichen Natur 때문이다. 사람은 본래 하나님의 형상대로 지음 받았지만, 죄로 인해 그 인식과 의지가 어두워져, 하나님의 뜻을 온전히 이해하거나 따라 사는 일이 결코 쉬운 일이 아니라는 것이다.

이러한 기준은 예수 그리스도를 통해서만 온전히 드러난다. 예수는 단지 계명의 내용을 가르친 교사가 아니라, 십계명의 정신을 자신의 삶으로 완성해 보이신 분이시다. 그분의 말과 행동, 특히 고난과 십자가, 그리고 부활에 이르는 여정은 율법의 참된 의미가 무엇인지, 하나님의 계명이 어떻게 사랑으로 성취되는지를 가장 분명하게 보여준다.

따라서 십계명은 억지로 따르는 강요된 의무Gesetz als Zwang가 아니라, 기꺼이, 즐거이 따를 수 있어야 하는 하나님의 뜻Wille Gottes aus Liebe이다. 그것을 지킨다고 해서 하나님의 사랑을 얻는 것이 아니며, 하나님의 사랑은 언제나 먼저, 은혜로 주어진다. 계명을 따르는 일은 그 사랑에 대한 자연스러운 응답이며, 하나님 앞에 사는 존재로서의 삶이 어떻게 형성되어야 하는지를 보여주는 여정이다.

또 한 가지 루터가 강조한 중요한 점은, 십계명보다 더 고차원적인 선행이나 경건한 행위가 있을 수 있다고 여겨서는 안 된다는 것이다. 그는 십계명이 이미 도덕적으로 완전하며, 신앙과 윤리의 기준으로 충분하다고 확신했다. 인간이 만든 다른 규칙이나 경건의 형식들이 오히려 하나님의 뜻을 가리는 위선이 될 수 있다는 경고였다.

따라서 루터는 새로운 계명이나 의식을 덧붙이려 하기보다, 이미 주어진 계명의 정신을 얼마나 삶 속에서 진실하게 실천하는가가 더욱 중요하다고 보았다. 그는 『대교리문답』에서 다음과 같이 십계명의 절대적 중심성을 말한다:

> "이제 우리는 십계명을 갖게 되었으니, 이는 하나님께서 주신 가르침의 정수요, 우리가 하나님을 기쁘시게 하기 위해 마땅히 행해야 할 삶의 모든 내용을 담고 있습니다. 이 계명들은 모든 선한 행위가 흘러나오고 다시 되돌아가야 할 샘이자 근원입니다. 그러므로 십계명 밖에서 행해지는 어떤 행위나 삶의 모습도, 비록 세상에서는 아무리 위대하고 아름답게 여겨진다 해도, 결코 선하거나 하나님께서 기뻐하시는 것이 될 수 없습니다."[9]

삼위일체 구조로 해석된 신앙고백

루터는 신앙고백der Glaube을 해설할 때, 그것을 삼위일체의 구조에 따라 세 개의 조항Artikel으로 구분하였다. 이 삼중 구조는 기독교 신앙이 성부, 성자, 성령이라는 세 인격 안에서 하나의 신앙 고백으로 통합된다는 신학적 전제를 따른다.

루터는 신앙고백의 세 조항을 각각 창조, 구속, 성화에 대한 고백으로 나누어 해설하였다.

첫 번째 조항은 "나는 전능하신 아버지 하나님, 하늘과 땅의 창조

9 Martin Luther, "Der große Katechismus," in *Die Bekenntnisschriften der evangelisch-lutherischen Kirche*, 7. Aufl. (Göttingen: Vandenhoeck & Ruprecht, 1976), 639.

주를 믿습니다"라는 고백에서 시작되며, 루터는 이 문장을 통해 하나님이 만물의 근원이자 창조자이심을 고백하도록 이끈다. 이 질문은 다음과 같이 이어진다:

"이것은 무엇을 의미하는가?"

두 번째 조항은 구원에 대한 고백이다.

"또한 나는 그의 외아들, 우리 주 예수 그리스도를 믿습니다. 그는 성령으로 잉태되어 동정녀 마리아에게서 나시고, 본디오 빌라도 아래서 고난을 받아 십자가에 못 박혀 죽으시고 장사되었으며, 음부에 내려가셨고, 사흘 만에 죽은 자 가운데서 다시 살아나셨으며, 하늘에 오르셨습니다."

이 고백은 예수 그리스도의 전 생애 — 성육신, 고난, 죽음, 부활, 승천 — 을 포함하며, 루터는 이 구절 전체가 담고 있는 구속 사건의 신학적 의미를 다음 질문으로 풀어낸다:

"이것은 무엇을 의미하는가?"

세 번째 조항은 성화와 관련된 고백이다.

"나는 성령을 믿으며, 거룩한 공교회와 성도의 교제, 죄의 용서, 몸의 부활, 영생을 믿습니다. 아멘."

여기서 루터는 성령의 사역, 곧 믿음의 시작과 유지, 교회의 일치, 죄 사함과 종말론적 소망까지를 포함하는 포괄적 내용을 "이것은 무엇을 의미하는가?"라는 질문으로 연결시킨다.

이와 같이 루터는 사도신경의 각 항목을 단순히 암송하거나 해석하는 데 그치지 않고, 삼위일체 하나님의 구원 사역 전체를 교육적으로 정리하여 신자들이 신앙의 핵심을 체계적으로 배우고 실천할 수 있도록 안내하였다. 이는 신앙고백이 곧 살아 있는 신학 교육의 자리이며, 교리문답을 통해 신학과 삶을 연결하는 통전적 배움의 구조였음을 보여준다.[10]

루터가 신앙고백을 삼위일체의 구조에 따라 세 개의 조항으로 나누어 설명한 것은 단순한 조직 방식이 아니라, 기독교 신앙의 중심이 바로 삼위일체 하나님에 대한 고백임을 분명히 하기 위한 교육적·신학적 의도였다. 그는 아버지, 아들, 성령의 사역을 각각 창조, 구속, 성화라는 구체적인 주제로 연결함으로써, "하나님을 믿는다"는 것이 무엇을 의미하는지를 실질적으로 풀어내고자 하였다.

첫 번째 조항은 창조주 하나님에 대한 고백이다. 이는 하나님을 단순히 세상을 만든 분으로서만이 아니라, 지금도 세상을 보존하시며 우리 삶을 매일 돌보시는 분으로 이해하게 만든다. 루터는 창조를 단지 과거의 사건으로 보지 않고, 하나님께서 지금도 나를 존재하게 하시는 끊임없는 역사로 해석하였다.

두 번째 조항은 예수 그리스도를 통한 구원의 고백이다. 여기서 그는 단지 예수의 생애나 십자가 사건을 요약하는 데 그치지 않고, 그리스도의 사역이 "나를 위한 것이었음"을 분명히 드러내고자 하였다. "그는 나를 구원하셨다"는 개인적인 고백이 가능하도록, 이 조항은 신학적 진술이 아니라 신앙의 응답으로 구성되었다. 루터는 이 구원 사건이 모든 인간의 죄와 죽음을 이기는 승리의 이야기임을 강조하며, 신앙고백이 단순한 지식 암기가 아니라 구원의 확신에서 우러난 삶의 고백이 되도록 하였다.

10 Albrecht Peters and Gottfried Seebaß, *Kommentar zu Luthers Katechismen*, 2. Bd. (Göttingen: Vandenhoeck & Ruprecht, 1991), 14.

세 번째 조항은 성령과 교회, 그리고 성도의 삶에 관한 고백이다. 이는 신자의 삶이 구원 이후에도 지속적인 성령의 인도와 공동체 안에서의 성화를 통해 계속 자라나야 함을 보여준다. 루터는 여기서 성령을 단지 은사나 능력의 근원이 아닌, 신자를 믿음으로 이끌고 교회 공동체에 참여하게 하며, 거룩하게 변화시키는 분으로 설명한다. 특히 교회의 역할과 공동체성, 용서와 회복, 영원한 생명에 대한 소망까지도 포함하는 이 조항은, 기독교 신앙의 현재적 실천과 미래적 완성을 함께 포괄한다.

결국 루터의 신앙고백 해석은 삼위일체 교리를 추상적인 신학 이론으로 머무르게 하지 않고, 신자가 삶 속에서 붙잡고 살아갈 수 있는 믿음의 구조로 구체화한 작업이었다. 그는 이 고백이 매일의 삶에서 반복적으로 묵상되며, 교회와 가정에서 아이들과 평신도들이 함께 나눌 수 있는 신앙 교육의 기초가 되기를 원하였다. 따라서 이 구조는 단지 정리의 편의성을 위한 것이 아니라, 신앙의 체계적 이해와 영적 훈련을 동시에 이끌어내는 교육적 도구였다고 볼 수 있다.

루터의 주기도 해석: 하나님 나라와 일상 사이

루터는 『소교리문답서』에서 주기도Das Vaterunser를 일곱 개의 간구로 나누어 해설한다. 그는 이를 세 개의 '당신Dein-간구'와 네 개의 '우리Unser-간구'로 구분하여 설명하는데, 이러한 구분은 기도의 방향과 중심이 하나님과 이웃, 하나님 나라와 일상 삶 사이의 균형을 어떻게 이루고 있는지를 분명하게 보여준다.

먼저, 세 개의 '당신-간구Dein-Bitten'는 모두 하나님을 향한 간구로 구성되어 있으며, 기도의 출발점이 인간의 필요가 아니라 하나님의 이름, 하나님의 나라, 하나님의 뜻을 구하는 데 있다는 사실을 강조한다. 이로써 루터는 기도가 자기중심적 요청이 아니라 하나님의 영광을 삶의 중심에 두는 실천임을 분명히 한다. 다음은 그 세 가지 간구이다:

① "아버지의 이름이 거룩히 여김을 받으시며"
② "아버지의 나라가 임하시며"
③ "아버지의 뜻이 하늘에서 이루어진 것 같이 땅에서도 이루어지이다."

이처럼 '당신-간구'는 신자의 기도가 먼저 하나님을 향해야 하며, 그분의 주권과 통치, 그리고 거룩함에 대한 감응으로부터 출발해야 함을 보여준다. 이는 루터가 말하는 참된 신앙의 자리, 곧 하나님의 뜻을 삶에서 받아들이고 순종하는 자리로 우리를 이끈다.

첫 번째 간구, "아버지의 이름이 거룩히 여김을 받으시오며"는 하나님의 이름이 세상 가운데 존귀하게 되고, 우리 삶을 통해 그 이름이 올바르게 증거되기를 바라는 기도이다. 루터는 이 간구를 단순한 예배적 표현이나 언어의 경배로만 보지 않았다. 오히려 하나님의 이름을 삶 속에서 어떻게 대하고 사용하는가라는 보다 포괄적인 태도 전체를 포함하는 것으로 이해하였다. 다시 말해, 신자의 언어, 행동, 삶 전체가 하나님의 이름을 높이도록 변화되기를 구하는 간구인 것이다.

두 번째 간구, "아버지의 나라가 임하시오며"는 하나님의 다스리심, 곧 하나님의 통치가 이 세상 속에서 실질적으로 드러나고 확장되기를 바라는 기도이다. 루터는 이 간구를 단지 종말론적 희망이나 미래의 사건으로만 국한하지 않고, 지금 여기, 우리의 일상과 공동체 안에서 하나님의 말씀이 선포되고, 성령의 인도하심이 이루어지는 현실적 사건으로 이해하였다. 다시 말해, 이 기도는 하나님의 나라가 이미 시작되었음을 고백하고, 그 나라에 능동적으로 참여하고자 하는 신앙의 자세를 드러낸다.

세 번째 간구, "아버지의 뜻이 하늘에서와 같이 땅에서도 이루어지이다"는 하나님의 뜻을 알아가고, 그 뜻에 우리의 생각과 삶을 맞추어 가겠다는 결단의 표현이다. 루터는 이 간구가 단순한 복종이나 강요된 순종이 아니라, 하나님의 선하신 계획에 대한 깊은 신뢰와 자발적 위탁에서 비롯되는 자기 부정과 순종의 영성을 담고 있다고 보았다. 하나님의 뜻이 이 땅에서도 온전히 이루어지기를 바라는 이 기도는, 곧 신자의 존재 전체가 하나님의 뜻에 응답하는 삶으로 세워지기를 구하는 실천적 요청이라 할 수 있다.

그 다음으로 루터는 주기도문의 후반부를 네 개의 '우리Unser-간구'로 구분하면서, 이 간구들이 우리의 필요와 연약함, 그리고 이웃과의 관계에 초점을 둔 기도임을 강조한다. 앞의 '당신-간구Dein-Bitten'가 하나님의 이름과 나라와 뜻을 중심으로 하나님과의 올바른 관계를 형성하고자 했다면, '우리-간구'는 신자의 삶의 현장 — 일용한 필요, 죄의 용서, 시련의 순간, 악의 현실 — 에서 하나님의 은혜를 구하는 기도로 자리매김된다. 다음은 네 개의 '우리Unser-간구'다:

① "오늘 우리에게 일용할 양식을 주시옵고"
② "우리가 우리에게 죄 지은 자를 사하여 준 것 같이 우리 죄를 사하여 주시옵고"
③ "우리를 시험에 들게 하지 마시옵고"

④ "다만 악에서 구하시옵소서"

첫 번째 간구, "오늘 우리에게 일용할 양식을 주시옵고"는 단순히 하루의 빵이나 음식만을 구하는 것이 아니다. 루터는 이 간구에 의식주, 직업, 건강, 선한 이웃, 정부, 평화로운 사회, 자연 환경 등 우리가 생존하고 살아가는 데 필요한 모든 요소가 포함되어 있다고 보았다. 다시 말해, 이 기도는 우리의 육체적 삶 전체가 하나님의 돌보심 안에 있음을 고백하며, 하나님의 일용하신 은혜에 대한 신뢰와 감사의 표현인 셈이다.

두 번째 간구, "우리가 우리에게 죄 지은 자를 사하여 준 것 같이 우리 죄를 사하여 주시옵고"는 용서를 구하는 동시에 용서를 실천하는 존재로 살아가야 함을 요청하는 기도이다. 루터는 이 간구를 통해, 하나님 앞에서의 은혜로운 용서와 더불어, 이웃과의 관계 안에서 화해와 자비를 실현해야 한다고 보았다. 즉, 용서받은 자로서 용서하는 삶을 살아가야 한다는 신앙과 윤리의 긴밀한 연결을 강조한 것이다.

세 번째 간구, "우리를 시험에 들게 하지 마시옵고"는 신자의 삶에서 피할 수 없는 유혹과 시련, 믿음을 흔드는 여러 상황에 대한 하나님의 도우심을 구하는 기도이다. 루터는 여기서 인간의 연약함을 솔직하게 인정하고, 죄와 악에 맞설 능력이 자기 안에 없다는 것을 고백하는 신앙적 겸손을 강조하였다. 이 간구는 하나님만이 시험 가운데서 우리를 붙들고 이끄실 수 있는 분임을 신뢰하는 표현이다.

네 번째 간구, "다만 악에서 구하시옵소서"는 단순한 도덕적 악이나 범죄만을 의미하지 않는다. 루터는 여기서 사탄의 공격, 죄의 권세, 죽음의 두려움, 불의한 구조, 질병과 재앙 등 인간이 직면한 모든 형태의 악을 포함하는 포괄적인 구원을 요청한다고 보았다. 이는 곧 이 세상과 내면의 악에서 우리를 지켜 달라는 간절한 기도이자, 하나님의 보호 안에서 살아가겠다는 다짐인 것이다.

이러한 해석을 통해 루터는 주기도문이 단순한 암송문이 아니라, 신자의 전 존재를 하나님 앞에 드리는 깊은 영적 훈련이라고 보았다. 하나님과의 올바른 관계에서 출발하여, 이웃과의 화해, 삶의 필요, 악의 실재에까지 이르는 이 기도는 신앙과 삶, 하나님과 공동체, 현재와 미래를 아우르는 통합적 기도이며, 신앙 교육의 살아 있는 교본으로 이해되었다.

소교리문답의 부록: 삶으로 드러나는 신앙

루터는 『소교리문답』을 통해 단지 십계명, 신앙고백, 주기도문, 성례 해설이라는 교리 교육에 그치지 않고, 신자의 일상 전체를 포괄하는 실천적 신앙 교육을 지향하고자 했다. 이러한 의도는 문답서 말미에 수록된 여러 부록 자료들을 통해 구체적으로 드러난다.

곧, 「세례 예식서」, 「아침과 저녁의 축복문」, 「식사 전후 기도문」, 「가정 규범표Haustafel」, 「혼인 예식서」 등은 신앙이 교회 안의 지식으로 머무르지 않고, 가정과 일상 속에서 어떻게 구체화되어야 하는지를 실천적으로 안내하는 자료들이다.

이러한 부록들은 단순한 형식적 추가물이 아니라, 루터가 신앙 교육을 "삶의 교육"으로 확장하려 했던 신학적·교육학적 시도로 이해할 수 있다. 다시 말해, 『소교리문답』은 교회의 교리 교재이자, 동시에 일상의 신앙 지침서로 기능하도록 구성된 것이다.

「세례 예식서」Taufbüchlein – 세례의 공동체적 책임

이 문서는 세례의 신학적 의미를 설명하는 동시에, 세례 집례의 실천 절차를 구체적으로 제시한다. 루터는 세례를 단순한 교회의 종교의식으로 이해하지 않았다. 오히려 그것은 가정과 교회 공동체 전체가 함께 참여하고 책임지는 신앙의 시작점이라고 보았다.

특히 그는 부모와 대부모Gevatter, 세례 부모의 역할을 강조하였다. 세례는 한 개인의 영적 출발을 의미할 뿐 아니라, 이후에 이어지는 신앙 교육과 도야의 책임이 함께 요청된다는 점에서 끝이 아닌 시작이었다. 이러한 점에서, 세례는 단순한 순간적 사건이 아니라 평생을 두고 지속되는 신앙 여정으로의 초대이며, 교회와 가정이 함께 감당해야 할 공동체적 책무로 자리매김된다.

「아침과 저녁 축복문」Morgen- und Abendsegen – 일상의 경건 훈련

루터에게 신앙은 교회 안에서만 머무는 사건이 아니었다. 그는 신자의 삶이 매일 아침과 저녁, 곧 일상의 시작과 끝에서 하나님 앞에 서는 실존적 훈련으로 이어져야 한다고 보았다.

이 축복문들은 기도가 성직자나 경건한 소수에게만 허락된 영적 행위가 아니라, 모든 신자의 일상에 깊이 스며들어야 할 기본 태도임을 일깨운다. 특히 루터가 제시한 기도문은 짧고 간결하다. 그러나 그 안에는 하나님과의 관계를 기억하게 하고, 하루를 신앙의 리듬 안에서 시작하고 마무리하도록 돕는 실천적 경건의 도구로서의 지향이 담겨 있다. 결국 이 기도문들은 기도의 형식을 가르치는 것을 넘어, 신자의 전 존재가 시간 속에서 하나님과 동행하는 삶으로 빚어지기를 바라는 루터의 교육적 의도를 보여준다.

「식사 기도문」Tischgebete – 감사와 절제의 신앙 실천

루터는 식사라는 가장 일상적이고 반복적인 행위 속에서도 신앙 교육이 이루어질 수 있다고 보았다. 그는 식사 전에 드리는 축복기도Benedicite와 식사 후의 감사기도Gratias를 단순한 형식적 예절로 여기지 않았다.

오히려 이 기도들은 모든 것이 하나님께로부터 왔음을 고백하는 신앙의 행위이며, 풍요 속에서도 절제와 감사의 태도를 배우게 하는 일상의 영적 훈련이었다.

루터에게 신앙은 단지 머리로 배우는 지식이 아니었다. 그는 하루 세 번, 반복되는 식사의 리듬 속에서 신앙이 몸과 마음에 새겨지기를 바랐다. 다시 말해, 신앙은 일상의 리듬 속에서 길러지는 실천적 감수성이었다. 이러한 점에서 식사 기도는 단지 식전에 눈을 감고 입을 모으는 행위가 아니라, 일상 속에서 하나님을 기억하고 감사하는 삶의 자세를 빚어가는 중요한 신앙 교육의 도구로 기능하였다.

「가정 규범표」Haustafel – 말씀에 기초한 사회적 삶의 윤리 지침

가정 규범표는 소교리문답서의 가장 독특한 구성 중 하나다. 루터는 신앙이 단지 개인적인 경건에 머물지 않고, 각자의 사회적 자리 — 가정, 교회, 직장, 사회 — 에서 말씀에 따라 살아가는 삶으로 이어져야 한다고 보았다. 이 표는 직분별로 성서 본문에 근거한 도덕적 지침을 정리하고 있으며, 목회자에서부터 평신도, 남편과 아내, 부모와 자녀, 주인과 종, 심지어 청년과 과부에 이르기까지 모든 사람이 신앙 안에서 자신이 서 있는 위치를 이해하고 그 역할을 감당하도록 이끈다. 이 규범표는 단지 도덕 강령이 아니라, 말씀을 중심으로 한 공동체 질서의 회복을 위한 교육 도구였다.

「혼인 예식서」Traubüchlein – 삶의 질서 안에서의 신앙

소교리문답서의 부록 마지막에는 혼인 예식서가 수록되어 있다. 이 문서는 총 세 부분으로 구성된다:

서문Vorrede, 두 번째 부분Zum Andern, 세 번째 부분Zum Dritten이다.

서문에서는 결혼에 대한 기본 설명과 함께, 당시 성직자들이 결혼을 성례Sakrament로 간주하며 지나치게 신성화하는 태도에 대한 비판이 담겨 있다. 루터는 결혼을 하나님께서 제정하신 창조 질서의 일부, 즉 세속적 제도Stand로 이해하였다. 결혼은 수도원이나 교회만의 일이 아니라, 일상 속에서 이루어지는 하나님의 창조적 질서이며, 이를 통해 공동체가 형성되고 유지된다고 본 것이다. 이 서문에는 실제 예식 진행에 필요한 구체적인 양식Formular도 함께 제시되어 있어, 목회자들이 이를 따라 사용할 수 있도록 하였다.

두 번째 부분은 결혼 생활의 현실을 강조하는 부분이다. 루터는 마태복음 16장 24절과 창세기 3장 16-19절을 인용하면서, 결혼이 단지 기쁨과 축복의 자리가 아니라, 자기부인과 인내가 요구되는 신앙의 훈련 장소임을 역설한다. 그는 결혼을 통해 인간이 자신을 낮추고, 서로를 위해 살아가는 법을 배워야 한다고 보았다. 이러한 점에서 결혼은 단순히 사회적 제도가 아니라, 신앙과 인격이 길러지는 영적 훈련의 장이라 할 수 있다.

세 번째 부분은 결혼한 이들을 위한 하나님의 축복 기도문으로 구성되어 있다. 이 기도문은 부부가 하나님의 뜻 안에서 서로를 존중하며, 가정 안에서 사랑과 책임의 삶을 살아가기를 바라는 간구로 채워져 있다. 결혼은 단지 개인적인 사랑의 완성이 아니라, 하나님 앞에서 이루어지는 공적인 서약이며, 공동체적 책무를 수반하는 신앙의 자리라는 사실을 상기시킨다.

특기할 만한 점은, 루터가 이 혼인 예식서Traubüchlein와 세례 예식서Taufbüchlein를 모두 독일어로만 작성했다는 사실이다. 이는 소교리문답서의 다른 핵심 문서들이 대개 독일어와 라틴어로 병기되었던 것과는 뚜렷한 대조를 이룬다. 루터는 결혼과 세례가 일반 대중의 삶에 깊이 연결된 주제임을 인식하고, 이를 누구나 읽고 이해할 수 있는 모국어로 제공해야 한다고 판단했다. 이러한 점에서 혼인 예식서는 루터의 언어적 선택을 통한 신앙의 일상화, 그리고 평신도 중심의 실천 신학을 잘 보여주는 사례라 할 수 있다.

소교리문답의 기독교교육적 의미: 신앙과 삶의 연결

루터가 교리문답을 통해 세우고자 했던 핵심 연결고리는 다음 세 가지 축을 중심으로 구성된다:

① 성서의 가르침Bibel

루터에게 신앙의 모든 내용은 오직 성서Sola Scriptura에 뿌리를 두고 있어야 했다. 십계명, 신앙고백, 주기도문, 성례 해설 등 모든 교리문답의 중심에는 성서 본문이 자리하며, 그것은 곧 하나님의 살아있는 말씀으로서 교육의 출발점이 된다.

② 교회의 삶Kirche

신앙은 개인적인 내면의 문제가 아니라, 공동체 안에서 배우고 실천되어야 할 삶의 형식이었다. 교리문답은 가정과 교회를 중심으로 세대 간에 함께 배우고 나누는 신앙 교육의 실천서로 기능했으며, 교회 예전과 가정 경건 훈련을 통합하는 지침서 역할을 감당했다.

③ 개인의 믿음Religion der Einzelnen

신앙은 단지 외적인 교육이나 지식의 축적에 머무르지 않고, 개인의 내면에 스며들어 삶의 전 영역을 변화시키는 사건이어야 했다. 루터는 교리문답을 통해 각자가 "나의 하나님", "나의 구세주", "우리의 아버지"로 고백하는 인격적 신앙의 형성을 추구했다.

이처럼 루터는 성서, 공동체, 개인이라는 세 요소를 교리문답 안에서 유기적으로 엮어냈다. 그 결과, 교리문답은 단순한 암기용 교재가 아니라, 하나님의 말씀을 배우고, 그것을 공동체 안에서 실천하며, 일상 속에서 살아내는 길을 안내하는 실천적 신앙 교육서가 되었다.

기독교교육학자 한스 베른하르트 카우프만Hans Bernhard Kaufmann은 루터의 소교리문답 구조를 가리켜, 오늘날 현대 기독교교육학에서 말하는 '요체화Elementarisierung'의 전범典範이라고 평가하였다.

요체화란, 복잡한 신학적 또는 교육적 내용을 핵심 요소로 단순화하고, 그것들을 상호 연결된 구조 안에서 학습자가 쉽게 이해하도록 돕는 교육 원리를 의미한다. 다시 말해, 이는 단순한 내용 축소가 아니라, 본질을 분별하고 구조적으로 전달하는 방법론이며, 특히 종교교육에서 신앙의 깊이와 실천을 동시에 가르치는 데 효과적인 접근 방식으로 주목받고 있다.[11]

이러한 점에서 루터의 교리문답은 성서 말씀하나님의 이야기과 인간의

11 Friedrich Schweitzer, *Mit Kindern die Welt des Glaubens entdecken*, 고원석·손성현 역, 『어린이와 함께 배우는 신앙의 세계』(서울: 대한기독교서회, 2013), 51-54.

삶, 그리고 일상 속의 구체적 실천을 하나로 엮어내는 교육적 구조를 보여준다. 신앙은 단지 머리로 배우는 지식이 아니라, 가슴으로 공감하고 손으로 실천하는 전인적 형성 과정이어야 한다는 점에서, 루터의 교리문답은 요체화의 정신을 교육 실천 속에 구현한 예라 할 수 있다.

카우프만은 이러한 교리문답의 구성 안에 담긴 신앙 교육의 핵심을 네 가지 관계적 구조로 분석하였다:

- '믿음과 행위'는 윤리적 실천 혹은 '믿음과 사랑'의 관계로 나타나며, 십계명Gebote의 교육 안에서 섬김과 책임의 신앙으로 드러난다.
- '믿음과 삼위일체적 현실 이해'는 신앙고백Der Glaube을 통해 하나님과의 인격적 관계와 구속사의 이해를 연결시킨다.
- '믿음을 배우고 삶을 배우는 일'은 주기도문Vaterunser 속에서 하나님과의 끊임없는 대화와 위탁의 영성으로 드러난다.
- '그리스도인으로 살아간다는 것'은 세례, 고해, 성찬을 통해 다른 신자들과의 관계 속에서 주어지고 실현되는 선물이며 동시에 책임이다.

그러나 루터는 이러한 '핵심 요소들'을 단순히 세 가지 관계 속에만 가두지 않는다. 그의 모든 가르침의 중심에는 '믿음을 통한 칭의Justificatio per fidem', 곧 의롭다 하심이라는 복음의 중심 진리가 놓여 있다. 이 신학적 기초 위에서 루터는 하나님께서 인간과 온 피조물에 대해 자비롭고 은혜롭게 행하신다는 사실을 거듭 강조한다.

결국 교리문답서에 담긴 모든 내용 — 십계명, 신앙고백, 주기도, 성례 해설 — 은 이 자비와 은혜의 행위에 근거하여 해석되어야 한다. 다시 말해, 각 항목은 서로 분리된 주제가 아니라, 루터가 예수 그리스도 안에서 경험한 하나님의 구원 사건을 중심으로 내적인 통일성과 신앙의 구조를 이루고 있는 것이다.

아버지로서 삶이 배어든 교리문답

루터의 교리문답은 단지 신앙의 핵심 내용을 '무엇을Was' 가르칠 것인가에만 머물지 않는다. 그는 '어떻게Wie' 가르칠 것인가 — 즉 전달 방식과 학습이 이루어지는 실제 맥락 — 를 깊이 성찰한 교육자였다. 신앙은 머리로 이해하는 지식 이전에, 삶의 자리에서 길러지는 태도이며 감응이기 때문이다. 이러한 점에서 루터는 신앙 교육이 가정, 학교, 교회 공동체, 그리고 사회라는 제도적 구조 안에서 실천적으로 이루어져야 한다는 명확한 교육관을 견지하였다.

이와 관련하여 미하엘 바세Michael Basse는 루터의 교리문답에 내재된 교육 원리가 그의 '아버지됨'의 경험과 깊이 맞닿아 있다고 해석한다. 루터는 1526년, 마흔두 살에 첫 자녀를 얻고 나서 그 일을 "하나님의 놀라운 은혜"라고 고백하였다. 특히 1542년, 딸 막달레나Magdalena가 13세의 나이로 세상을 떠났을 때, 그는 깊은 슬픔 속에서도 하나님께 대한 신뢰와 부활의 희망을 붙들었다.

그에게 자녀를 향한 부모의 사랑은 단순한 정서적 감정이 아니라, 하나님께서 인간에게 베푸시는 자비와 은혜의 '현현Epiphanie'이었다. 곧, 자녀를 돌보고 인도하는 아버지의 태도 안에, 루터는 하나님의 성품이 구체적으로 반영된다고 보았다. 이러한 관점은 곧 교리문답 교육 전체에 흐르는 사랑과 책임, 훈육과 돌봄의 윤리로 구체화되었다. 자녀를 향한 아버지의 조건 없는 사랑은, 하나님께서 우리를 향해 가지신 무한한 은혜의 거울이었으며, 그러한 관계 속에서 이루어지는 교리 교육은 단순한 지식 전달이 아닌 존재 형성Bildung의 과정으로 이해되어야 했다.[12]

매일 반복하는 교육 훈련: 일상 속 신앙 리듬

루터는 십계명, 신앙고백, 주기도문 등 교리문답의 핵심 내용을 가정에서 배우고 익히는 일을 매우 중요하게 여겼다. 그는 신앙 교육이 단지 교회라는 공적 공간에서만 이루어지는 것이 아니라, 가정이라는 일상적 공간 안에서 부모의 책임 아래 실천되어야 한다고 보았다.

1531년, 루터는 자신의 아들 한스Hans가 아직 네 살이 되기도 전에 교리문답 교육을 시작하였다. 두 해가 지난 후에는 매일 교리문답을 암송하였다고 전해진다. 이러한 사례는 루터가 신앙 교육의 시작 시기를 매우 빠르게 설정했으며, 어린 시절부터 교리문답을 반복적으로 익히는 것의 중요성을 강조했다는 점을 잘 보여준다.

그러나 루터의 교육은 단순한 암기에 머무르지 않았다. 그는 아이들이 정해진 기도문을 따라 말하는 것을 넘어, 점차 자기 자신의 언어로 기도를 구성하고 표현할 수 있어야 한다고 보았다. 이를 위해 그는 하루의 삶 안에 신앙의 리듬이 자연스럽게 스며들도록, 아침과 저녁의 기도 시간을 중심으로 종교적인 일상 구조를 마련할 것을 권장하였다. 그는 교리문답 교육에 대해 다음과 같이 설명한다:

12 Michael Basse, "Kindsein und Kinderglaube in der Perspektive reformatorischer Theologie," in *"Sehen kann man ihn ja, aber anfassen…?," Zugänge zur Christologie von Kindern, Jahrbuch für Kindertheologie* 7 (Stuttgart: Calwer Verlag, 2008), 10.

"교회 안에 별도의 공동체가 아직 형성되지 않은 곳에서는, 필요에 따라 교리문답이 강단에서 수시로, 혹은 매일 설교되어야 한다. 가정에서는 아침과 저녁마다 자녀들과 하인들에게 이 내용을 읽어 주거나 들려주어야 한다. 단순히 말을 외우고 반복하게 하는 것으로 끝내지 말고, 문장을 하나씩 나누어 질문하고, 아이들이 그 의미를 자기 말로 설명할 수 있도록 해야 한다. 그래야 비로소 진정한 이해가 생긴다."[13]

루터의 기독교 학교교육 비전

루터는 가정과 더불어 기독교 학교의 설립을 신앙교육의 핵심 과제로 보았다. 그는 1524년에 발표한 저술 『독일 지역의 모든 도시의 시의원들에게: 기독교 학교를 세우고 유지할 것을 촉구하는 글』*An die Ratsherren aller Städte deutschen Landes, dass sie christliche Schulen aufrichten und halten sollen*에서, 기독교적 학교교육의 필요성과 구체적 방안을 제시하였다.

루터가 제안한 교육과정에는 언어 교육과 고전 자유학예Trivium: 문법, 수사학, 논리학, 그리고 역사 등이 포함되었지만, 그중에서도 가장 핵심적인 교육 내용으로 제시한 것은 성서와 교리문답Katechismus이었다. 그는 이 두 가지를 중심으로 한 교육이야말로 진정한 기독교 학교교육의 중심이 되어야 한다고 보았다. 이러한 루터의 교육 구상은 훗날 교회와 학

13 Martin Luther, "Vorrede zu: Deutsche Messe und Ordnung Gottesdiensts," in *Ausgewählte Schriften*, ed. Karin Bornkamm and Gerhard Ebeling, 5. Bd.: Kirche, Gottesdienst, Schule, 2. Aufl. (Frankfurt am Main: Suhrkamp, 1983), 79.

교 안에서 체계적인 '종교수업Religionsunterricht'이 자리 잡게 되는 사상적 토대를 마련하였다고 평가할 수 있다.[14]

루터에게 있어 모든 남자아이와 여자아이들이 학교에서 복음을 들을 수 있어야 한다는 사실은 단순한 사회 제안이 아니라, 신학적이면서도 교육학적인 핵심 원칙이었다. 그는 복음이 단지 가정 안에서만 전달되는 것이 아니라, 공적 공간인 학교에서도 동일한 권위와 진지함으로 가르쳐지고 들려져야 한다고 확신하였다. 다시 말해, 복음은 사적 신앙의 영역에만 머무르는 것이 아니라, 공공 교육의 중심 내용이 되어야 하며, 모든 아이들이 그것을 접할 수 있어야 한다는 것이 루터의 확고한 교육 신념이었다.

이와 같은 루터의 교육적 비전은 그의 저작인 『독일 민족의 기독교 귀족에게 보내는 글』*An den christlichen Adel deutscher Nation*에서도 명확히 드러난다. 이 글에서 루터는 신앙 교육은 교회만의 책임이 아니라, 국가와 사회 전체가 함께 짊어져야 할 공동의 과제임을 강조하였다. 그는 모든 계층의 자녀들이 신앙을 배울 기회를 보장받아야 하며, 교육은 성직자 양성에만 국한되어서는 안 된다고 보았다.

루터에게 신앙 교육은 곧 평신도가 성서를 읽고 이해하며, 자기 신앙을 자립적으로 형성해 나가는 과정이어야 했다. 따라서 그는 성서와 교리문답을 중심으로 한 교육 시스템을 마련함으로써, 누구나 말씀을 접하고 신앙 안에서 자라날 수 있는 여건을 만들어야 한다고 역설하였다.

한스-위르겐 프라스Hans-Jürgen Fraas는 저서 『교리문답 전통: 교회와 학교 안에서 루터의 소교리문답』*Katechismustradition: Der Kleine Katechismus Martin*

14 Friedrich Hahn, *Die Evangelische Unterweisung in den Schulen des 16. Jahrhunderts* (Heidelberg: Quelle & Meyer, 1971), 32.

*Luthers in Kirche und Schule*에서, 루터의 소교리문답서 안에는 그의 전체적인 사유 구조, 특히 교육적 의도가 뚜렷하게 드러난다고 설명한다. 프라스는 이 문서의 핵심을 '대화적 성격dialogischer Charakter'에서 찾는다. 그는 이렇게 말한다:

> "『소교리문답』은 하나님의 말씀과의 끊임없는 대화 안에 서 있는 문서다. 그러므로 이는 단순히 성서 내용을 요약한 발췌집이 아니라, 선포된 말씀, 곧 살아 있는 복음의 음성viva vox evangelii과의 대화 자체라 할 수 있다. 교리문답서의 질문 구조는 하나님의 말씀이 지닌 대화적 성격과 깊이 연결되어 있으며, 이 말씀은 결코 일방적인 질문-응답의 틀 안에 갇힐 수 없는 살아 있는 관계의 언어이다."[15]

루터는 신앙 교육을 정적인 주입이나 설명으로 이해하지 않았다. 오히려 그는 그것을 살아 있는 말씀과의 '대화적 훈련dialogische Einübung'으로 보았으며, 이러한 관점은 교리문답서 전반에 깊이 스며 있다. 프라스는 이러한 점을 강조하면서, 루터의 교리문답서가 단순한 요약서나 교육지침을 넘어, 신앙과 존재 전체를 열어주는 '대화의 장'임을 지적한다.

요체화 초기모델로서 교리문답

한스 베른하르트 카우프만은 루터의 『소교리문답』에 담긴 신학적

15 Hans-Jürgen Fraas, *Katechismustradition: Luthers kleiner Katechismus in Kirche und Schule* (Göttingen: Vandenhoeck & Ruprecht, 1971), 323.

교육 정신을 '요체화Elementarisierung'의 관점에서 높이 평가하였다. 여기서 요체화란, 복잡한 신학적 내용을 학습자의 실존적 삶과 연결지을 수 있도록 핵심 요소로 정제하고 구조화하는 교육적 접근을 의미한다. 다시 말해, 단순화가 아니라 본질을 드러내는 '형성의 구조화'라고 할 수 있다.

카우프만에 따르면, 루터의 교리문답은 단지 교리의 요약이 아니라, 성서의 가르침과 신자의 실제 삶, 그리고 신앙의 내면적 성장이 긴밀하게 연결된 교육 모델이다. 그는 이 문서가 다음의 세 가지 핵심 차원을 동시에 고려하고 있다고 보았다.

첫째, 성서 전통Biblische Grundlage이 중심을 이룬다. 각 항목은 성서의 핵심 메시지를 바탕으로 구성되어 있으며, 믿음의 기준이 철저히 하나님의 말씀에 근거하고 있다는 점에서, 교리문답은 말씀을 '기억의 체계'로 전환시키는 역할을 수행한다.

둘째, 삶의 현실Lebenswelt이 강조된다. 이 교리문답은 교회 안에서만 사용되는 문서가 아니라, 가정과 학교라는 일상 공간에서 실천되고 반복되어야 할 '살아 있는 신앙 교육'으로 이해된다. 신앙은 제의적 공간에만 머무르지 않고, 일상 속에서 구현되어야 하는 삶의 태도인 것이다.

셋째, 개인의 믿음Glaubensweg의 성장 과정 역시 중요한 요소로 제시된다. 교리문답은 단순히 외워야 할 정답지가 아니라, 끊임없이 질문하고 응답하며 자기 삶 속에서 믿음을 형성해가는 신앙의 여정을 안내하는 도구로 작동한다.

카우프만은 이러한 세 차원이 하나의 교육 구조 속에서 통합되어 있다는 점에 주목한다. 곧, 하나님의 말씀, 신자의 실존, 그리고 신앙의 성숙이 분리되지 않고 함께 엮여 있을 때, 하나님의 자비로운 구원 행위 Gnadenhandeln Gottes가 교육을 통해 온전히 전달될 수 있다는 것이다.

그리고 바로 이러한 통합적 구조 안에서 루터의 『소교리문답』은 성서적-실천적-형성적 신앙 교육의 모범적 모델, 곧 성공적인 '요체화'의 구현으로 평가받는다.[16]

이해없는 신앙, 그것이 가능한가?

기독교교육학자이자 튀빙겐의 요체화 이론가 프리드리히 슈바이처는 종교개혁이 남긴 교육적 유산을 두 개의 응축된 명제로 요약한다.

"신앙 없는 교육은 없다Keine Bildung ohne Glauben"
"교육 없는 신앙도 없다Kein Glauben ohne Bildung".[17]

이러한 진술은 종교개혁이 단지 교회의 개혁에 그치지 않고, 인간 형성과 신앙 전수 사이의 내적 연관성을 깊이 성찰한 운동이었음을 시사한다. 다시 말해, 교육은 가치중립적 활동이 아니라 특정한 세계이해와 인간관, 곧 신앙의 고백적 기반 위에 서야 하며, 동시에 신앙 역시 교육적 성찰과 성장의 과정을 통해 지속적으로 형성되고 갱신되어야 한다는 이중의 원리를 내포하고 있다.

슈바이처는 이러한 관점에서 루터의 교리문답을 단순한 교리 요약

16 Hans Bernhard Kaufmann, "Martin Luther(1483-1546)," in *Klassiker der Religionspädagogik*, ed. Henning Schröer and Dietrich Zilleßen (Frankfurt am Main: Diesterweg, 1989), 13.

17 Friedrich Schweitzer, *Das Bildungserbe der Reformation: Bleibender Gehalt, Herausforderungen, Zukunftsperspektiven* (Gütersloh: Gütersloher, 2016), 46-53.

이 아닌, 신앙과 교육이 통합적으로 구성된 실천적 교육 문서로 이해한다. 그는 루터의 교육 사상이 종교개혁의 신학과 긴밀히 연결되어 있으며, 이를 통해 오늘날 기독교교육의 형성 원리와 교수학적 방향을 도출할 수 있다고 보았다.

첫 번째 문장, 곧 "신앙 없는 교육은 없다Keine Bildung ohne Glauben"는 루터의 전반적인 개혁 문서에 일관되게 흐르는 교육 사상의 중심 원리를 대표한다. 슈바이처에 따르면, 루터는 모든 교육의 중심에 신앙과 기독교 전통이 놓여야 한다고 보았다. 이는 단지 교회 교육의 영역에 국한된 주장이 아니라, 학교교육은 물론 일상과 사회 전반을 아우르는 교육관으로 제시되었다는 점에서 주목할 만하다.

루터에게 성서는 단순한 종교 문서가 아니었다. 그것은 학교와 가정, 그리고 인간 존재의 삶 전체를 형성하는 중심 교육 텍스트였다. 성서를 통해 개인의 삶이 변화하고, 교회가 새롭게 되며, 더 나아가 사회 전체가 복음의 빛 아래에서 개혁되어야 한다는 것이 루터의 교육 사상에 내재된 구조였다. 이러한 점에서, 루터의 교육은 단지 기능적 지식 전달이 아닌, 신앙을 통한 인간 형성을 지향하는 실존적 교육이었다고 이해할 수 있다.

두 번째 문장인 "교육 없는 신앙도 없다Kein Glauben ohne Bildung"는 슈바이처가 루터의 사상에서 도출한 비판적 신앙 형성의 원리를 함축한다. 그는 이 문장을 통해, 진정한 복음적 신앙은 모든 이에게 보편적인 교육 기회를 보장하는 토대 위에서만 가능하다고 보았다. 단순히 교리문답의 암기만으로는 충분하지 않으며, 신앙은 자율적 판단과 비판적 이해, 그리고 실천적 삶 속에서의 통합적 형성을 필요로 한다는 것이다.

이 두 문장은 함께, 신앙과 교육이 결코 분리될 수 없는 관계에 있음을 강조한다. 다시 말해, 루터의 교육 사상은 신앙을 단지 개인적인 내면의 고백이나 교회 안에서의 형식적 순종으로 환원하지 않았다. 그는 신앙이 이해되는 것verstehender Glaube이어야 하며, 모든 평신도가 성서를 읽고 그 뜻을 해석할 수 있는 책임 있는 주체가 되어야 한다고 보았다. 이것이 바로 루터가 강조한 이른바 '평신도의 성서Bibel der Laien'라는 개념의 출발점이었다. 프리드리히 슈바이처는 이러한 사상을 다음과 같이 요약한다.

> "자기 신앙에 책임을 지는 '성숙한 신자'와, 비판적으로 판단할 줄 아는 교회 공동체는 종교개혁 교육 정신이 오늘날에도 남긴 핵심 유산이라 할 수 있다."

결국 종교개혁은 하나님의 말씀을 통해 인간을 교육하고, 그를 자유롭게 하려는 운동이었다. 그 중심에는 성서와 일반 교육의 통합이라는 교육 비전이 놓여 있다. 이는 단지 성직자나 특권층을 위한 교육이 아니라, 모든 계층, 모든 사람을 위한 보편적 교육이며, 모든 사람은 기독교 신자이자, 동시에 책임 있는 시민으로서 교육을 받아야 할 존재로 이해되었다.

이러한 점에서 루터의 개혁은 단지 교리의 갱신에 머문 것이 아니라, 모든 삶을 위한 성서, 모든 사람을 위한 교육이라는 통전적 교육 사상을 내포하고 있었다고 할 수 있다. 그리고 오늘날의 기독교교육은, 바로 이 이해하는 신앙과 교육의 통합, 그리고 신앙의 공공성과 책임성이라는 개혁정신을 다시 회복해야 할 과제를 안고 있는 것이다.

결론

루터의 『소교리문답』은 단순한 교리 암송문을 넘어, 기독교 신앙의 핵심을 평신도와 가정의 언어로 풀어낸 교육 혁명이었다. 그는 신앙의 내용을 모든 신자가 이해하고 실천할 수 있도록 성서적 기초, 삼위일체 구조, 일상 속 경건, 사회적 윤리를 하나의 교육 흐름 안에 담아냈다. 이는 종교개혁이 단지 교회 구조의 변화에 그치지 않고, 신앙의 본질을 삶으로 살아내도록 하는 교육적 전환을 이끌었다는 것을 보여주는 대표적인 사례다.

특히 『소교리문답』은 성서, 교회, 개인이라는 세 축을 연결하고, 십계명, 신앙고백, 주기도문, 성례를 중심으로 신앙 지식과 실천, 공동체성과 영성 훈련을 하나로 묶는 통합적 기독교교육 모델을 제시했다. 이는 오늘날 기독교교육이 회복해야 할 신앙교육의 구조화, 실천성, 공동체 중심성의 중요한 방향을 제시해준다.

루터는 신앙을 이해하는 것에서 멈추지 않고, 가르치고 배우고 살아내는 일상이 바로 하나님 앞에서의 예배와 교육의 장이 되어야 한다고 보았다. 그러므로 『소교리문답』은 단지 역사적 유산이 아니라, 오늘날에도 살아있는 기독교교육의 원형이자 지침서로 평가받을 수 있다.

학 / 습 / 요 / 약 /

① 『소교리문답』은 모든 신자가 신앙을 이해하고 실천할 수 있도록 구성된 통합 교리교육서였다.

② 십계명-신앙고백-주기도문-성례 해설은 삼위일체 구조와 신자의 삶 전체를 포괄하는 교육 흐름이었다.

③ 교리 내용은 단지 지식이 아니라, 삶의 방식과 경건 실천, 공동체 윤리로 연결되었다.

④ 루터는 신앙 교육의 중심을 교회와 설교자뿐 아니라, 가정과 부모, 평신도의 책임까지 확장하였다.

⑤ 『소교리문답』은 오늘날에도 유효한 전인적·실천적·공동체적 기독교교육의 고전적 모델로 이해할 수 있다.

3장

가슴 뛰는 믿음, 손으로 행하는 신앙
— 슈페너와 프랑케의 경건주의 교육

종교개혁 이후 마틴 루터가 번역한 독일어 성서는 빠르게 보급되었고, 일반 신자들도 처음으로 자기 언어로 하나님의 말씀을 직접 읽고 들을 수 있게 되었다. 이는 "모든 신자는 하나님의 말씀 앞에 선다"는 종교개혁의 중심 정신을 구체화하는 획기적인 사건이었다. 말씀에 대한 접근이 성직자나 수도자만의 특권이 아닌, 모든 평신도의 권리이자 책임이 된 것이다.

그러나 이와 같은 변화가 곧바로 교육 현장의 근본적인 전환으로 이어지지는 않았다. 여전히 당시의 신앙 교육은 교회를 중심으로 한 해석과 전달의 구조에 머물러 있었고, 성서를 읽는 사람은 많아졌지만, 그 말씀을 자기 삶의 자리에서 스스로 묻고 해석하는 신앙의 훈련은 본격화되지 못했다.

이러한 점에서 종교개혁의 열정은 시간이 흐르며 점차 교조화Dogmatisierung되었다고도 볼 수 있다. 즉, 교회의 교리를 정확히 배우고 암기하는 것이 교육의 중심 과제가 되었고, 학습자는 질문하거나 토론하기보다는 주어진 교리문답을 충실히 암송하고 수용하는 데 집중하였다. 다시 말해, 성서를 듣는 귀는 열렸지만, 믿음을 묻는 입은 아직 자유롭지 못했던 시대였다. 이러한 교육 방식은 루터의 본래 교육 정신 — 곧 이해하는 신앙, 살아 있는 대화로서의 교리문답, 삶의 자리에서 길어 올리는 실천적 복음 — 과는 일정한 긴장을 형성하게 된다.

경건주의의 출현과 신앙교육의 전환

시대의 흐름 속에서 점차 변화의 조짐이 나타나기 시작하였다. 인쇄술의 발달은 성서의 대중적 보급을 가능하게 했고, 이는 일반 신자들에게도 성서를 직접 읽고 묵상할 수 있는 새로운 기회를 열어주었다. 성서는 더 이상 일부 성직자들만의 전유물이 아니었으며, 신앙의 진리를 개인이 직접 접하고 해석할 수 있는 자율적 해석의 문이 열리기 시작한 것이다.

이러한 변화는 단순한 정보 접근성의 확대에 머물지 않았다. 17세기와 18세기에 들어서면서, 개인 차원에서 성서를 읽고, 그것을 삶 속에서 실천하려는 자발적인 신앙의 움직임이 본격화되었다. 이 시기에 중요한 신학적·교육적 키워드로 부상한 것이 바로 '경건의 실천Praxis pietatis'이었다. 신앙은 더 이상 머리로만 이해하는 교리가 아니라, 가슴으로 느끼고, 손과 발로 살아내는 삶의 방식으로 새롭게 조명되기 시작했다.

이러한 흐름 속에서 등장한 것이 바로 경건주의Pietismus이다. 경건주의는 단순히 교리의 정확성과 정통성을 둘러싼 논쟁에 머무르지 않았다. 오히려 그것은 하나님을 향한 살아 있는 믿음, 그리고 그 믿음을 일상과 공동체 속에서 실천하려는 영적 운동이었다. 경건주의자들은 교회의 울타리를 넘어, 개인의 내면을 일깨우는 신앙의 변혁을 추구하였으며, 그러한 내면의 변화가 가정과 학교, 그리고 사회와 국가에까지 흘러가기를 바랐다.

경건주의는 종교개혁 이후 유럽 개신교 역사 속에서 가장 중요한 영적 갱신 운동 가운데 하나로 평가받는다. 이 운동은 제도 교회 안에서 출발하였으나, 그 목표는 단순히 교리를 '정확히 가르치는 것'에 머무르지 않았다. 오히려 그 중심에는 '경건한 주체das fromme Subjekt', 곧 한 사람 한 사람의 실존적이고 인격적인 신앙의 회복이 놓여 있었다. 다시 말해, 신앙은 단지 머리로 아는 지식이 아니라, 삶으로 드러나는 진실한 관계여야 한다는 확신이 경건주의의 토대였다.

이러한 관점은 신학과 교회의 흐름은 물론, 교육과 사회복지의 지형을 새롭게 바꾸는 데까지 영향을 미쳤다. 경건주의 운동은 수많은 학교와 자선기관의 설립으로 이어졌고, 특히 여성 교육의 문을 여는 획기적인 계기가 되었다. 이는 단지 제도적 확장에 머문 것이 아니라, 신앙이 배움Lernen, 돌봄Pflege, 나눔Teilen, 섬김Diakonie이라는 구체적 실천으로 뿌리내리는 것을 가능하게 하였다.

이러한 실천은 곧 신앙의 공간을 변화시켰다. 이제 신앙은 더 이상 강단 위에서만 들려지는 '말씀Logos'이 아니었다. 삶의 자리에서 살아 움직이는 '현장Ort gelebten Glaubens'이었다. 교회에서 배운 진리는 가정의 식탁에서의 대화로, 일상의 도덕적 선택으로, 이웃을 향한 구체적 손길로 변모되었고, 그리하여 신앙은 삶의 언어로 체현되는 교육적 실천이 되었다. 경건주의는 이처럼 '살아 있는 믿음lebendiger Glaube'의 중요성을 회복시켰고, 유럽 사회 속에서 신앙과 교육, 그리고 공동체의 새로운 통합 가능성을 보여주었다.

경건주의는 단순히 하나의 신학적 조류가 아니라, 종교개혁 이후 신앙의 내면성과 실천성을 회복하려는 구체적 운동이었다. 이 운동은 시대의 요청 속에서 신앙과 교육, 그리고 공동체 삶을 재조직하려는 깊은 열망에서 비롯되었으며, 특히 독일 루터교 전통 안에서 그 흐름이 뚜렷하게 형성되었다. 그 중심에 선 인물이 바로 필립 야콥 슈페너Philipp Jakob Spener, 1635-1705와 아우구스트 헤르만 프랑케August Hermann Francke, 1663-1727이다. 슈페너는 경건주의 운동의 신학적 비전과 영적 토대를 제시한 인물로, 『경건한 열망』*Pia Desideria*을 통해 그 사상의 중심을 명료하게 드러냈다. 반면 프랑케는 이러한 경건주의 신학을 교육과 사회복지 현장에서 구체적으로 구현해낸 실천가로 평가된다. 다시 말해, 슈페너가 신학의 방향을 제시하였다면, 프랑케는 그것을 제도화하고 일상화하는 데 기여한 인물이라 할 수 있다. 이제 우리는 먼저 슈페너의 사상을 살펴봄으로써, 경건주의가 지향한 신앙의 본질과 그 교육적 함의를 더욱 깊이 이해하고자 한다.

1. 필립 야콥 슈페너: 『경건한 열망』

경건한 개혁에 대한 요청

17세기 후반, 독일의 여러 지역에서는 교회와 사회의 전면적인 갱신에 대한 열망이 거세게 일어났다. 이러한 열망의 깊은 배경에는 바로 30년 전쟁1618–1648이 자리하고 있었다.[1] 이 전쟁은 유럽, 특히 독일 지역을 중심으로 벌어진 종교적 정치적 갈등의 결과였다. 개신교와 가톨릭 간의 긴장이 발단이었으나, 곧 유럽 각국이 얽히는 국제적 전쟁으로 확산되었고, 결국 수많은 생명과 문명을 삼켜버린 비극으로 귀결되었다. 전쟁은 막대한 인명 피해와 경제 붕괴, 그리고 깊은 신앙의 혼란을 초래하였다.

1648년의 베스트팔렌 평화조약은 비로소 이 전쟁에 마침표를 찍었고, 이후 유럽은 종교적 관용과 국가 주권이라는 새로운 질서를 받아들이기 시작했다. 그러나 이 평화는 단순한 정치적 타협이 아니라, 많은 사람들에게는 하나님께서 허락하신 새로운 시작으로 이해되었다. 무너진 교회, 파괴된 마을과 가정, 황폐해진 농경지와 경제, 굶주림과 전염병 — 이 모든 재난 속에서 사람들은 하나님의 뜻을 다시 묻고자 하였고, 진정한 신앙의 회복을 갈망하게 되었다.

이러한 인식 속에서 "이제는 달라져야 한다"는 영적 각성이 확산되었으며, 교회는 권력과 제도의 중심이 아니라, 경건한 삶과 믿음의

1 30년 전쟁(1618-1648)은 유럽, 특히 독일 지역을 중심으로 벌어진 종교적·정치적 전쟁이다. 개신교와 가톨릭 간의 갈등에서 시작되어 점차 여러 나라가 얽히는 국제 전쟁으로 확산되었으며, 막대한 인명 피해와 사회적 혼란을 초래하였다. 이 전쟁의 종결은 베스트팔렌 평화조약을 통해 이루어졌으며, 이후 유럽에서 종교적 관용과 국가 주권의 원칙이 자리 잡는 계기가 되었다.

실천으로 돌아가야 한다는 자성의 목소리가 커져갔다. 그리고 바로 이와 같은 시대적 요청과 신앙의 열망 속에서, 경건주의라는 새로운 신앙운동이 등장하게 되었다.

이 시기를 지나며, 기독교 내 종파 간의 격렬한 갈등은 점차 잦아들기 시작하였다. 1648년 베스트팔렌 평화조약은 루터교, 개혁교회, 가톨릭 간의 관계를 재정립하는 전환점이 되었고, 이 조약을 통해 세 교파는 각자의 신앙 전통을 국가적·제도적으로 인정받는 고백 교회 체제를 구축하게 되었다. 이는 신학적 배타주의보다는, 일정 수준의 고백적 다양성을 수용하는 공존의 길로 나아가는 출발점이 되었다.

외적인 평화와 제도적 안정은 자연스럽게 교회의 시선을 내부로 향하게 만들었다. 이제는 "어떤 교파가 옳은가?"라는 질문보다는, "우리 교회 안의 신앙은 참된가?", "신앙은 삶 속에서 어떻게 살아지고 있는가?"라는 근본적인 질문들이 제기되었다. 곧, 교회의 형식적 구조나 제도보다도, 신자의 내면과 실천, 그리고 삶과 말씀의 일치가 더욱 중요하게 여겨지기 시작한 것이다. 이러한 흐름 속에서 등장한 신앙운동이 바로 경건주의다.

이 경건주의 운동의 중심에는 필립 야콥 슈페너가 있었다. 그는 루터교 목사이자 신학자로서, 당시 교회가 안고 있던 여러 가지 문제들을 신학적 목회적으로 깊이 성찰하였다. 특히 형식화된 신앙, 성직자 중심의 위계 구조, 삶과 복음 사이의 단절을 비판하며, 교회가 깨어 있어야 할 영적 공동체로 다시 거듭나야 한다고 보았다.

슈페너는 1675년에 자신의 대표 저서인 『경건한 열망』을 출간하였다.[2] 원래 루터의 성서주석판에 부친 서문으로 작성된 글이었다. 그

2 Philipp Jakob Spener, *Pia Desideria: Deutsch-Lateinische Studienausgabe* (Gießen: Brunnen Verlag, 1996); Philipp Jakob Spener, *Pia Desideria*, 이성덕 역, 『경건한 열망』(서울: 선한청지기, 2021).

러나 이 짧은 글은 단순한 해설을 넘어, 당시 교회를 향한 깊은 애정과 동시에 뼈아픈 비판을 담고 있었다. 슈페너는 이 글을 통해 진정한 교회 개혁이란 무엇인가를 다시 묻는다. 그가 제시한 개혁의 방향은 명확하다.

“교회의 진정한 개혁은, 성직자들의 권위 회복이나 조직 개편이 아니라, 평신도 한 사람 한 사람의 신앙 실천에서부터 시작되어야 한다.”

이 말은 당시 교회 개혁 담론의 중심이 신학적 논쟁이나 제도 개편에 머물러 있던 것에 대한 날카로운 성찰이기도 하다. 슈페너는 교회를 새롭게 하는 길은 외적인 개혁이 아니라, 성서 말씀을 중심으로 한 경건한 삶의 회복이라고 보았다.

이러한 신앙 실천의 회복은 곧 말씀을 읽고 묵상하는 개인의 삶, 사랑과 섬김을 실천하는 공동체적 책임, 그리고 평신도의 신앙 주체성 회복이라는 세 가지 방향으로 구체화된다. 슈페너는 모든 신자가 스스로 성서를 읽고 이해하며, 그 말씀을 따라 살아가는 ‘살아 있는 신앙’을 추구해야 한다고 강조하였다. 이와 함께 그는 콜레기아 피에타티스collegia pietatis, 즉 말씀을 중심으로 한 소그룹 신앙 공동체의 필요성을 제안하였다. 이 공동체는 단지 지식 전달을 위한 모임이 아니라, 말씀과 삶을 함께 나누며 성장하는 영적 공간이었다.

『경건한 열망』은 발표되자마자 독일 전역에 큰 반향을 일으켰고, 신앙의 본질로 돌아가려는 새로운 흐름을 촉진하였다. 그 영향은 곧 스칸디나비아, 네덜란드, 그리고 북미 대륙에까지 확산되었으며, 교회는 물론 사회 전반에 걸쳐 신앙과 삶의 통합을 지향하는 경건주의 운동의 기폭제가 되었다.

심도있는 개인 성서 읽기 필요

경건주의 초기의 많은 신학자들은 참된 그리스도인이란 단지 교리에 대한 지식에 머무는 존재가 아니라, 성서를 깊이 알고 그 가르침에 따라 도덕적이고 성결한 삶을 살아가는 사람이라고 보았다. 이들에게 있어 성서 읽기는 단순한 개인 경건의 수단이 아니라, 삶의 방향을 형성하는 신앙 행위였다. 그들이 공유한 공통된 목표는 다음 세 가지로 요약될 수 있다. 첫째, 교회의 전반적인 삶을 지속적으로 갱신하고 유지하는 것, 둘째, 공동체의 일치를 보존하는 것, 셋째, 개개인의 신앙생활이 실제적이고 구체적인 삶 속에서 드러날 수 있도록 돕는 것이었다.[3]

이처럼 경건주의자들은 단순히 교회를 비판하거나 무너뜨리려는 태도를 취하지 않았다. 오히려 교회의 제도와 전통을 존중하면서도, 그 안에서 삶의 경건함과 신앙의 진정성을 회복하고자 하는 실천 중심의 개혁 운동을 전개하였다.

당시 교회의 개혁을 위해 힘쓴 많은 신학자들은 요한 아른트Johann Arndt의 대표적인 저작인 『참된 그리스도인의 네 권의 책』*vier Bücher vom wahren Christentumb*을 자주 언급하며, 신앙의 본질은 삶으로 드러나는 경건한 실천임을 강조하였다. 이 저작은 경건주의 운동의 영적·신학적 기반으로 널리 읽히며, 형식적인 신앙을 넘어 실제적인 회심과 성화의 삶을 촉구하는 데 깊은 영향을 미쳤다.[4] 해당 저작은 1605년에서 1610년에 걸쳐 출간되었으며, 신앙의 갱신과 경건한 삶의 회복을 강하게 촉구했다. 아른트의 『참된 그리스도인의 네 권의 책』은 이후 필립 야

3 Erich Beyreuther, *Geschichte des Pietismus* (Stuttgart: Kreuz Verlag, 1978), 14.

4 Johann Arndt, *Vier Bücher vom wahren Christentumb* (Lüneburg: n.p., 1676).

콥 슈페너를 비롯한 경건주의 전반의 사상 형성에 깊은 영향을 미쳤으며, 경건주의 신학과 실천의 기초 문헌으로 자리 잡게 되었다. 경건주의자들이 비판한 당시 교회의 분위기를 오늘날의 언어로 바꾸어 표현하자면 다음과 같다.

> "그러나 16세기에서 17세기로 넘어가는 전환기에 뚜렷이 드러난 것은, 종교개혁의 정신이 점점 일상에 익숙해지고, 시민적 안정 속에 무뎌지고 있다는 경고의 신호들이었다. […] 종교개혁의 역동성은 점차 사라졌다. 믿음과 도덕이 뒤섞이기 시작했고, 사람들은 어느새 '값싼 은혜'에 익숙해져 버렸다. 정통신앙에 대한 확신은 너무 자주, 그리스도인답지 못한 삶을 가리기 위한 가면Maske이 되고 말았다."[5]

이러한 시대적 배경 속에서 등장한 경건주의는 단순히 특정 인물의 사상이나, 특정 지역에서 돌연히 시작된 하나의 운동으로 보기 어렵다. 오히려 경건주의는 당시 유럽 전역에 퍼져 있던 신앙적 갈증과 영적 회복에 대한 열망과 같은 다양한 맥락 속에서 자연스럽게 나타난 분산적 신앙 개혁 운동이었다.

다시 말해, 경건주의는 하나의 고정된 출발점을 지닌 운동이라기보다는, 각기 다른 지역과 공동체 안에서 자생적으로 피어난 신앙 각성의 물결로 이해되어야 한다. 그 동기는 다양하였다. 어떤 이들은 신학적 반성과 내면의 회개를 통해 경건주의적 삶을 추구하게 되었고, 또 어떤 이들은 제도화된 교회의 한계와 영적 무관심에 대한 실망 속

5 Percy Ernst Schramm, *Neun Generationen: Dreihundert Jahre deutscher Kulturgeschichte im Licht der Schicksale einer Hamburger Bürgerfamilie (1648-1948)*, Bd. 1, 31, Erich Beyreuther, Geschichte des Pietismus (Stuttgart: Kreuz Verlag, 1978), 15.

에서 보다 삶과 연결된 신앙을 갈망하였다.

그러나 이러한 분산적 경건주의 운동 가운데에서도, 독일 프랑크푸르트 암 마인Frankfurt am Main과 슈페너는 그 전개와 확산에 있어 핵심적인 중심지와 대표 인물로 간주된다. 프랑크푸르트는 당대에 상업과 학문이 활발히 교류되는 도시였으며, 다양한 신분과 교파에 속한 시민들이 공존하고 있었다. 이러한 사회적·종교적 다원성은 새로운 신앙적 실험과 공동체적 실천이 시도되기에 적합한 토양을 제공하였다.

슈페너는 이 도시에서 목회자로 사역하며, 당시 교회와 성직자들이 보여주는 형식주의와 현실과의 괴리에 깊은 우려를 품었다. 그는 단지 강단에서의 설교에 그치지 않고, 회중 스스로가 성서를 읽고 묵상하며, 서로의 신앙을 나누고 격려하며, 일상 속에서 경건을 실천할 수 있도록 돕는 새로운 교회 공동체의 형태를 구상하였다.

이러한 비전을 구체적으로 실현하기 위해, 슈페너는 몇몇 신실한 평신도들과 함께 소모임을 시작하였다. 1669년 10월 3일, 성삼위 주일 후 제17주일, 슈페너는 주일 설교를 함께 나누고 깊이 되새기는 모임을 제안하였다. 그는 단지 설교를 '듣는 일'에 그치지 않고, 함께 나누며 실천하는 신앙공동체의 형성을 바랐다.

이듬해인 1670년 여름, 몇몇 학자들과 평신도들이 뜻을 모아, 프랑크푸르트에 있는 바르프위서 교회Barfüßerkirche의 목회관에서 정기적인 신앙 모임을 갖기 시작하였다. 이 모임은 공식적인 예배 외의 시간에도, 말씀을 삶 속에서 되새기고 실천하려는 이들이 모여, 경건과 나눔, 기도와 실천이 함께 이루어지는 장소가 되었다.[6] 이 모임은 단순히 교리를 배우거나 성서 지식을 익히는 데 그치지 않았다. 이들은 말씀을

6 Johannes Wallmann, "Spener, Philipp Jakob," in *Religion in Geschichte und Gegenwart* (RGG), 4th ed., vol. 7 (Tübingen: Mohr Siebeck, 2004), 1565.

삶 속에서 어떻게 실천할 수 있을지를 함께 고민하고 나누었으며, 서로를 격려하며 자라가는 신앙 공동체를 이루었다.[7]

이 소모임은 훗날 '경건 모임Collegium Pietatis'으로 발전하게 되었으며, 경건주의 운동의 상징적인 출발점이자 대표적인 모델로 자리 잡았다. 다시 말해, 슈페너와 그의 회중들이 함께 만든 이 작은 모임은, 당대 기준으로 볼 때 전례 없는 새로운 형태의 '신앙 공동체'였으며, 오늘날 우리가 말하는 소그룹 또는 셀 공동체의 원형으로도 평가된다.

이 모임을 통해 슈페너는 평신도 중심의 신앙 회복이라는 비전을 구체적인 실천으로 옮겼다. 이후 이 작은 시작은 경건주의 운동으로 확장되어 유럽 전역에 뿌리내리고 성장하게 되었다.

『경건한 열망』의 개혁 의지

1647년, 필립 야콥 슈페너는 요한 아른트의 『복음서 강해집』*Evangelienpostille*의 새 판 출간에 즈음하여 서문 작성을 의뢰받았다. 그러나 그는 단순한 서지적 소개에 머물지 않고, 이 서문을 통해 당시 교회의 영적 상태를 진단하고, 신앙의 본질적 회복을 촉구하는 심오한 메시지를 담아냈다. 이 글은 이후 『경건한 열망』이라는 제목으로 독립 출간되며, 경건주의 신학의 출발점이자 대표 문서로 자리매김하였다.

『경건한 열망』은 단순한 권면의 글이 아니라, 교회의 갱신을 위한 신학적 선언이자 처방적 문헌으로 이해되어야 한다. 이 문서는 전체적으로 '진단Diagnose', '전망Prognose', 그리고 '처방Therapie'이라는 세 가지 구

7 Martin H. Jung, *Pietismus* (Frankfurt am Main: Fischer, 2005), 4f.; Erich Beyreuther, *Geschichte des Pietismus* (Stuttgart: Kreuz Verlag, 1978), 92. 참조.

조 아래 구성되어 있다.

먼저 슈페너는 당대 교회의 실상을 날카롭게 진단한다. 그는 교회가 겉으로는 건재해 보이나, 내면적으로는 생명력을 상실한 채 형식주의에 갇혀 있다고 비판한다. 신앙의 외형은 남아 있지만, 참된 경건과 실천은 점점 잊히고, 제도와 권위만이 공고히 남아 있다는 것이다. 그러나 슈페너는 단지 비판에 머무르지 않는다. 그는 교회를 여전히 소망의 공동체로 이해하며, 하나님의 은혜 안에서 그 회복 가능성을 확신 있게 고백한다. 교회가 아무리 깊은 형식주의에 빠져 있다 하더라도, 그 본질은 여전히 말씀과 성령의 역사 속에서 새로워질 수 있다는 것이다. 이러한 신학적 전망 위에서, 그는 구체적인 회복의 길을 제시한다. 그것은 단순한 제도 개혁이 아니라, 신자들의 경건 생활 회복, 성서 중심의 신앙 훈련, 그리고 삶으로 드러나는 실천적 사랑Caritas의 회복을 통해 이루어진다고 본다.[8]

슈페너는 교회의 개혁을 단지 성직자나 제도적 구조의 몫으로 한정하지 않았다. 그는 모든 그리스도인, 곧 교회를 구성하는 '그리스도의 몸'의 지체로서 각 신자 한 사람 한 사람에게 회복과 갱신의 책임이 있다고 역설한다. 교회가 병들었다면, 그 책임은 단순히 지도층에 국한되는 것이 아니라, 그 몸을 이루는 전체 공동체의 몫이라는 것이다. 따라서 교회의 치유는 곧 신자의 자기갱신에서 시작되어야 하며, 이것이야말로 『경건한 열망』이 전하고자 했던 중심 메시지였다. 이러한 점에서 슈페너는 교회 개혁을 하향식reform from above이 아닌 상향식reform from below의 실천으로 이해하였으며, 경건한 삶을 살아가는 평신도의 능동적 참여야말로 교회를 새롭게 빚는 핵심 동력이라고 보았다.[9]

8 Philipp Jakob Spener, *Pia Desideria: Deutsch-Lateinische Studienausgabe* (Gießen: Brunnen Verlag, 1996), 90.

슈페너는 단지 교회의 병든 현실을 분석하고 진단하는 데 머물지 않았다. 그는 그 진단이 반드시 치유와 회복을 위한 길 찾기로 이어져야 한다고 보았다. 그러나 거기서도 멈추지 않는다. 슈페너에게 있어 참된 개혁이란, 단지 해법을 제시하는 것을 넘어, 선한 본을 따라 살아가는 실제적 그리스도인, 곧 신앙과 삶이 일치된 실존적 신자들의 공동체가 세워지는 데 있다. 그는 이러한 공동체야말로 진정한 교회 갱신의 출발점이 될 수 있다고 확신하였다.

『경건한 열망』의 마지막 부분에 제시된 개혁 제안들 역시, 단지 제도 개혁이나 외형 정비에 그치지 않는다. 슈페너는 그 제안들을 통해, 하나님의 말씀을 따르는 진실한 회중의 내적 변화 ─ 곧 말씀과 실천, 경건과 사랑이 통합된 삶의 회복을 추구하였다. 그 중심에는 다음과 같은 명확한 신념이 자리한다:

> "모든 신자는 성서를 직접 읽고, 이해할 수 있어야 한다! Jeder Christ soll selbst die Bibel lesen und verstehen können."

이러한 신념은 성서를 향한 접근을 성직자의 해석에만 의존하는 것이 아니라, 모든 신자의 자기 주도적 신앙 형성의 토대로 삼고자 하는 경건주의적 성서 이해의 핵심을 이룬다.

9 위의 책, 100.

개혁 제안 1: 성서를 입과 마음으로 읽어야 한다!

슈페너가 제시한 첫 번째 개혁 제안은 다음과 같은 요청으로 요약된다:

"하나님의 말씀, 곧 성서가 교회 안에서 보다 풍성하게 전해져야 한다."

이는 단순히 성서의 인용 횟수를 늘리자는 의미가 아니다. 슈페너는 성서 자체가 회중의 삶과 직접 만나야 할 '살아 있는 말씀'임을 강조하며, 말씀 교육의 중심성 회복을 강하게 촉구하였다. 그는 다음과 같이 말한다:

> "하나님의 말씀을 우리 가운데 더욱 풍성히 전하려 힘써야 한다. 우리는 본성적으로 아무런 선도 가지고 있지 않으며, 우리 안에 어떤 선한 변화가 있으려면 그것은 하나님께서 역사하셔야 한다. 그리고 그 일을 위해 사용되는 강력한 수단이 바로 하나님의 말씀이다. 믿음은 복음을 통해 불붙듯 일어나야 한다."[10]

이러한 확신 아래, 슈페너는 가정과 교회 공동체 모두에서 '말씀 중심의 삶'이 실현되어야 한다고 강조하였다. 그의 눈에 비친 교회는 말씀의 생명력을 상실한 형식주의에 갇혀 있었고, 이를 회복하기 위한 근본적인 길은 성서로 돌아가는 것이었다. 그는 말한다:

> "가정의 가장 Hausvater 은 날마다, 적어도 신약성서라도 가족에게 읽

10 위의 책, 191-92.

어주어야 하며, 그럴 수 없다면 다른 누군가가 대신 낭독해야 한다."

이러한 주장은 단순한 가정 예배의 권장이 아니라, 말씀이 가정 안에서 '신앙 형성의 일상적 공간'으로 기능해야 한다는 신학적 요청이다. 그는 성서를 읽지 못하는 이들을 위해, 설명 없이 성서 본문을 낭독해주는 '공적 읽기' 시간을 예배 안에 포함시키자는 구체적 제안도 덧붙인다.

또한 슈페너는 교회 안에 "경건 모임 Collegia Pietatis", 즉 신자들이 자발적으로 모여 말씀을 읽고 서로를 신앙적으로 격려하는 소그룹 공동체를 조직할 것을 권장하였다. 이 모임은 단지 지식을 쌓기 위한 자리가 아니라, 말씀을 실천하는 사람들 간의 교제와 성숙을 위한 영적 토양이었다. 경건 모임은 바로 여기서, 성서를 통해 서로 배우고 서로 돌보는 '삶과 믿음의 공동체'로 기능하게 된다. 결국 슈페너의 첫 번째 제안은 단순히 성서의 권위를 재확인하는 수준을 넘어, 말씀이 신자의 일상과 공동체 중심에서 살아 움직이도록 구조와 실천을 새롭게 구성할 것을 요청한 급진적 제안이었다.

개혁 제안 2: 우리 모두가 제사장으로 살아야 한다!

슈페너의 두 번째 개혁 제안은 루터 종교개혁 정신의 핵심 가운데 하나인 '만인 제사장직 Priestertum aller Gläubigen'의 실제적 회복에 초점을 둔다. 그는 모든 신자가 영적 제사장으로서 부름받았다는 사실을 자각하고, 그 소명을 삶 속에서 구체적으로 실천할 것을 강하게 요청하였다. 이는 단순한 교리의 회복이 아니라, 교회 전체를 살아 있는 공동체로 다시 세우기 위한 실천적 구조 개혁이었다.

슈페너는 말한다:

“모든 신자는 말씀을 나누고, 기도하고, 신앙 안에서 다른 이를 세우는 존재로 부름받았다는 사실을 기억해야 한다.”

이 말은, 성직자만이 아니라 회중 한 사람 한 사람이 말씀을 살아내는 ‘신앙의 주체’가 되어야 함을 뜻한다. 교회의 갱신은 성직자 중심의 상명하달식 권위 체계를 강화하는 것이 아니라, 모든 신자가 하나님 앞에서 제사장으로 살아가는 공동체적 실천을 통해 이루어질 수 있다는 것이 슈페너의 확신이었다.

물론 이러한 주장에 대해 일부는, 성직자의 권위가 약화되거나 평신도와의 경계가 모호해지는 것에 대한 우려를 제기할 수 있다. 그러나 슈페너는 이를 분명하게 구별하였다. 그는 성직자와 평신도가 ‘경쟁하는 역할’이 아니라, ‘서로 다른 방식으로 섬기는 동역자’라고 이해하였다. 성직자는 말씀을 공적으로 선포하고 가르치는 직분을 맡고, 평신도는 그 말씀을 일상에서 실천하고, 가정과 사회 속에서 살아낸다는 점에서 제사장적 사명을 수행한다는 것이다.

결국 슈페너는 교회의 진정한 회복은, 강단 위의 설교뿐 아니라 평신도들의 일상 속 ‘살아 있는 설교’를 통해 완성된다고 보았다. 경건한 삶, 사랑의 실천, 이웃에 대한 돌봄 — 이 모든 것이 제사장직의 구체적 표현이며, 이러한 다중적 실천이 모일 때 교회는 비로소 그 본래의 형상을 회복하게 된다.

개혁 제안 3: 신앙은 행위로 드러나야 한다!

슈페너의 세 번째 제안은 신앙의 실천적 성격, 곧 신앙이 반드시 이웃 사랑의 구체적 행위로 나타나야 한다는 점을 강력히 강조한다. 그는 단호히 말한다:

"기독교는 머리로 아는 것이 아니라, 삶으로 사는 것이다."

분명한 것은, 이러한 진술이 신앙을 내면의 감응으로만 머무르게 하지 않는다는 것이다. 오히려 슈페너는 그 감응이 일상의 윤리와 사랑의 실천으로 드러나야 한다는 점에서, 존재의 감응과 행위의 통합을 요청한다. 다시 말해, 참된 신앙은 교리적 지식에 머무르지 않고, 반드시 형제적 사랑brüderliche Liebe의 실천으로 이어져야 하며, 그것이야말로 율법의 본질이자 복음의 열매라고 보았다.

이 제안의 핵심은 사랑이라는 실천을 지속 가능하게 만드는 신앙의 구조화에 있다. 슈페너는 성도들이 일시적인 열정이나 감정에 머물지 않도록, 목회자와의 지속적인 영적 관계 속에서 자신의 삶을 점검하고 자라갈 것을 권면하였다. 이는 단순한 도덕적 권고가 아니라, 신앙-사랑-삶이라는 영적 순환 구조를 지향한 경건주의의 교육적 시도라고 할 수 있다.

특히 그는 신앙 공동체의 사랑이 형식에 머무르지 않고, 실제적인 돌봄과 친밀함으로 구현되어야 함을 주장했다. 따라서 형제적 사랑은 단지 '좋은 관계'에 그치지 않고, 신앙의 진정성을 검증받는 공간이 되어야 한다는 것이다. 이는 오늘날 말로 하자면, "교회는 사랑의 실험실이 되어야 한다"는 요청과도 같다. 결국 슈페너는 이 세 번째 제안을 통해, 신앙의 참됨은 반드시 삶으로 증명되어야 하며, 그 삶은 이웃을 향한 사랑의 실천으로 열매 맺어야 한다는 확고한 신념을 드러낸다.

개혁 제안 4: 신학은 논쟁이 아니라, 하나님의 사랑으로 들어가는 것이다!

슈페너가 제시한 네 번째 개혁 제안은 앞선 세 번째 제안 — 신앙은 행위로 드러나야 한다 — 과 밀접하게 연결되어 있다. 그는 신학적 사고와 교리의 정통성 자체를 부정하지는 않았으나, 그것이 사랑 없는 논쟁disputatio에 머물러 버리는 위험을 날카롭게 지적하였다. 다시 말해, 그는 참된 신학이란 하나님에 대한 더 깊은 경외와 사랑으로 들어가는 길이어야 하며, 단지 상대를 이기기 위한 지적 무기가 되어서는 안 된다고 보았다.

슈페너는 당시 루터교회 안에서 벌어지던 신학적 논쟁의 과열, 특히 "누가 더 정통인가"를 따지며 서로를 정죄하는 풍토를 깊이 우려하였다. 그는 이러한 논쟁들이 종종 믿음의 생명력을 마르게 하고, 신학을 삶과 분리된 추상적 사변으로 전락시킨다고 진단한다.

"우리는 얼마나 많이 알고 있는가?"보다 더 중요한 질문은, "그 믿음을 얼마나 사랑으로 살아내고 있는가?"이다. 이러한 관점은 사도 바울이 고린도전서 13장에서 말한 바와도 깊이 통한다. "내가 예언하는 능력이 있어 모든 비밀과 모든 지식을 알고 … 사랑이 없으면 아무 것도 아니요"고전 13:2. 슈페너는 바로 이 사랑의 결핍을, '신학의 공허함'으로 보았다.

그는 잘못된 신학적 입장에 있는 사람들을 향해서도 논리적 압박이나 정죄가 아니라, 사랑과 인내로 이끌어야 한다고 강조한다. 이는 단지 교육적 태도라기보다는, 경건한 삶의 본질이 '교정correction'이 아니라 '동행accompaniment'임을 선언하는 자세였다. 결국 이 네 번째 제안은, 신학을 더 많은 지식 축적이나 정통성 확보의 도구로 여기는 것이 아니라, 하나님의 마음에 닿고, 이웃을 섬기는 사랑의 길로써 다시 자리매김해야 한다는 요청이었다. 경건주의는 여기서도 여전히 '살아 있는 신앙', 곧 지식과 실천, 진리와 사랑의 통전성을 지향하고 있었다.

개혁 제안 5: 신학 교육의 개혁 - 설교자로서의 인격과 경건의 형성

슈페너의 다섯 번째 제안은 신학교육의 근본적 개혁을 요청하는 것이며, 특히 설교자의 자질과 형성 방식에 대한 재정립에 초점이 맞추어져 있다. 그는 단호하게 말한다:

"지식이 풍부한 설교자가 아니라, 하나님 앞에서 경건하고 진실한 신앙을 가진 설교자가 교회에 필요하다."

당시 신학 교육은 주로 교리와 논증, 교부적 전통과 철학적 이론에 집중되어 있었으며, 이는 신학을 삶과 무관한 학문적 과시로 변질시킬 위험이 있었다. 슈페너는 이러한 교육의 방향을 비판하며, "참된 신앙을 지닌 경건한 신학생 한 사람이, 재능이나 지식은 뛰어나지만 하나님께 배우지 못한 허영심 가득한 '세상의 어리석은 박사'보다 하나님의 교회에 훨씬 더 유익하다"고 단언한다.[11]

이러한 관점은 단지 신학생 개인의 경건에 대한 요구를 넘어, 신학 교수들에게도 깊은 책임을 묻는 것이었다. 교수는 단순한 정보 전달자가 아니라, 신앙과 인격을 길러내는 '영적 교육자geistlicher Erzieher'가 되어야 한다는 것이다. 슈페너는 신학생을 '지적으로 우수한 사변가'로 만

11 Philipp Jakob Spener, *Pia Desideria: Deutsch-Lateinische Studienausgabe* (Gießen: Brunnen Verlag, 1996), 240.

드는 데 만족하지 않고, 그들이 말씀을 살아내는 실천자이자 인격적 사역자로 성장하도록 지도해야 한다고 주장한다.

그는 특히 신학교 안에도 경건 모임Collegia Pietatis이 필요하다고 보았다. 이는 일반 교회에서만이 아니라, 신학을 배우는 공간에서도 공동체적 성찰과 영적 교제가 병행되어야 한다는 요청이었다. 말씀을 나누고 기도하며, 서로의 신앙을 점검하고 격려하는 이러한 소모임은 신학생에게 지식과 삶이 통합되는 실제 훈련의 장이 될 수 있기 때문이다.

또한 슈페너는 신학교에서의 성적 평가 기준 역시 단순히 지적 능력이나 이론적 성취에 국한되어선 안 된다고 주장하였다. 그는 신학생의 신앙의 진실성, 인격의 성숙, 경건한 삶의 태도까지도 교육과 평가의 중요한 요소로 삼아야 한다고 보았다.

결국, 이 다섯 번째 제안은 신학교를 단순한 학문 기관이 아니라, 교회를 위한 참된 목회자를 길러내는 '영적 형성 공동체'로 변화시켜야 한다는 경건주의의 핵심적 비전을 담고 있다.

개혁 제안 6: 설교자의 내면과 설교의 본질 회복

슈페너가 제시한 마지막 개혁 제안은 설교자의 내면적 자세와 설교의 본질에 대한 근본적 성찰을 요구하는 것이었다. 그는 당대 설교자들이 설교를 자신의 지식과 수사학적 능력을 과시하는 도구로 삼는 풍조를 깊이 우려하였다. 다시 말해, 설교자는 똑똑하고 유식한 사람으로 보이려 애썼지만, 정작 회중은 그 설교를 '듣지 못하고', '변화되지 않는' 현실에 놓여 있었던 것이다.

슈페너는 이러한 현실을 두고, 설교는 "주님의 말씀을 단순하게,

그러나 능력 있게 전하는 데 집중해야 한다"고 강조한다. 여기서 핵심은 설교의 형식이나 수사적 기교가 아니라, 내용과 그 전달 방식이 청중의 '내면 인간innere Mensch'에까지 도달할 수 있는가에 있다. 왜냐하면 말씀은 단지 지식을 전달하는 언어가 아니라, 믿음을 일으키고, 그 믿음이 삶으로 열매 맺게 하는 살아 있는 씨앗이기 때문이다.

슈페너는 설교가 회중의 귀를 즐겁게 하거나 교리 지식을 전하는 데 머물러서는 안 되며, 회중의 마음과 삶을 움직이는 "감화력 있는 말씀"이 되어야 한다고 보았다. 그는 설교가 단지 정통 교리를 확인하는 일이 아니라, 하나님의 말씀을 통해 회중이 실존적으로 감동하고 변화되도록 이끄는 일이어야 한다고 역설한다.

이러한 설교 이해는 경건주의가 추구했던 교육과 영성의 중심을 잘 드러낸다. 슈페너에게 설교는 말씀을 삶에 뿌리는 작업이었으며, 이는 지적인 설교보다는 실천적이고 감화력 있는 설교, 기술적 설교보다는 삶을 변혁시키는 말씀 중심의 설교를 추구해야 한다는 신념으로 이어졌다. 결국 그는 설교를 통해 회중 안에 '말씀의 열매'가 맺히는 생명적 과정을 만들어내고자 했던 것이다.

성서와 어린이에 대한 경건주의 관점

경건주의는 정통 교리Orthodoxie가 정통 실천Orthopraxis으로 이어져야 한다는 점을 강조하였다. 성서는 단지 교리를 입증하는 도구가 아니라, 경외심으로 읽고 삶을 변화시키는 하나님의 말씀이다. 그러므로 말씀을 읽는 자리에서 신앙과 인격이 함께 성장하고, 일상 속에서 하나님의 뜻을 따라 살아가는 실천적 신앙의 길이 열려야 한다.

슈페너가 이해한 거듭남Wiedergeburt의 개념은 성령과 밀접하게 연결되어 있다. 지식이나 논리만으로는 결코 구원에 이를 수 없으며, 이해된 교리만으로는 참된 믿음이라 할 수 없다. 오히려 성령 없이 습득한 교리는 '거짓된 확신'과 '자기기만'에 이를 수 있다. 믿음은 이성과 지식이 아니라 마음으로 받아들여져야 하며, 그 과정에서 회개Buße는 필수적이다.

루터 정통주의가 회개를 신앙 여정의 출발점으로 이해한 반면, 경건주의는 회개를 전 생애에 걸쳐 지속되는 핵심 행위로 보았다. 회개는 단순한 감정의 표현이나 언어적 고백을 넘어서, 마음의 변화와 죄에 대한 결별, 그리고 삶의 방향 전환을 의미한다. 이 과정은 때로 고통스럽고 내면의 깊은 싸움을 동반하지만, 그를 통해 삶 전체가 새롭게 빚어지는 길이 열린다.

이러한 신앙 이해는 아동 교육에도 직접적인 영향을 미쳤다. 경건주의는 아이들도 태어날 때부터 원죄의 영향 아래 있다고 보았고, 그렇기에 교육의 목적은 단지 지식의 전달이 아니라, 경건한 삶을 형성하는 것에 있다고 이해하였다. 이러한 관점은 다음과 같은 명제로 집약된다:

"아이의 자기 의지Eigenwille를 꺾는 일"이 곧 경건주의 교육이다.[12]

이것은 단순한 권위주의적 복종이 아니다. 오히려, 아이의 삶이 하나님의 뜻에 기꺼이 순종하도록 훈련하는 과정이었다. 경건주의는 엄격한 훈련과 말씀 중심의 지도를 통해, 아이들이 하나님 앞에서 책임 있는 신앙인으로 자라가도록 돕는 것을 교육의 방향으로 삼았다.

12 이 구절은 경건주의 교육관을 대표하는 명제다. August Hermann Francke, "Kurzer und Einfältiger Unterricht, wie die Kinder zur wahren Gottseligkeit und christlichen Klugheit anzuführen sind(1702)" in *Pädagogische Schriften*, ed., von Hermann Lorenzen (Paderborn: Ferdinand Schöningh, 1957), 17.

어린이를 향한 슈페너의 노력

『경건한 열망』에서 이미 밝혔듯이, 슈페너는 자신의 경건주의 프로그램 안에서 개인의 성서 읽기와 설교 사이의 연관성을 중요하게 강조하였다. 그는 성서가 단지 예배 중에 낭독되는 것으로 그쳐서는 안 되며, 신자의 일상적인 신앙생활 안에서 자발적으로 읽히고 해석되어야 한다고 보았다. 이러한 성서 중심의 신앙 훈련을 일관되게 실천하기 위해, 슈페너는 교리문답Katechismus의 역할을 핵심적인 교육 도구로 간주하였다. 특히 그는 가정에서의 교리 교육hauskatechumenat과 주일 오후 교회에서의 교리문답 훈련이 다시 활기를 되찾아야 한다고 주장하였다.[13]

여기서 주목할 점은, 슈페너가 단지 성인을 위한 교리문답 교육만을 염두에 둔 것이 아니라, 어린이를 위한 교리 교육의 개혁에도 지속적으로 관심을 기울였다는 사실이다. 실제로 경건주의 자체를 하나의 교리문답 운동katechetische Bewegung으로 이해할 수 있을 정도로, 그는 교회 교육의 기초를 하나님의 말씀과 교리 훈련에 두었다. 이러한 슈페너의 실천은 그가 드레스덴에 머물던 시기에도 계속되었다. 그는 한 편지에서 다음과 같이 고백한다.

> "드레스덴에서 내가 가장 높은 직책에 있었지만, 매 주일이면 많은 이들의 조롱과 비웃음을 받으면서도 기꺼이 나아와 준 어린이 약 1,000명을 모아, 자발적으로 그리스도교 교리를 함께 나누었다."[14]

13 Wilhelm Thilo, *Spener als Katechet: Ein Beitrag zur Vergegenwärtigung reformatorischen Verdienstes* (Berlin: n.p., 1840), 22.

14 Erich Beyreuther, *Geschichte des Pietismus* (Stuttgart: J. F. Steinkopf, 1978), 81.

당시에는 교리문답 교육이 형식적으로 전락하거나 소홀히 여겨지던 시기였다. 그렇기에 슈페너의 이러한 실천은 교리 교육의 가치를 회복하고, 회중 전체를 위한 신앙 형성의 토대를 다시 세우는 결정적인 시도였다고 평가할 수 있다.

더 넓은 사회사적 관점에서 보자면, 17세기는 '아동기'라는 개념이 서서히 형성되기 시작한 전환기였다. 이전까지 아이들은 단지 "작은 어른들"로 간주되었으며, 사회적으로도 특별한 구분 없이 어른들과 같은 책임과 의무를 부여받는 존재로 여겨졌다. 그러나 이 시기부터 아동을 독립적인 발달 단계에 있는 존재로 인식하는 새로운 감수성이 싹트기 시작한다. 예컨대, 아이들을 위한 전용 의복이 처음으로 제작되기 시작한 것도 이 시기의 특징이다. 그 이전까지는 아이가 포대기에서 벗어나는 순간부터, 사회적 신분에 따라 성인의 복장을 그대로 착용해야 했다는 점은 당시 아동에 대한 인식을 보여주는 단적인 예이다. 쉽게 말하면, 어린이는 태어나자마자 곧 어른이 되기를 요구받았고, 그들의 몸은 어른의 질서 속에 복속되었다.[15]

이러한 시대적 배경 속에서 슈페너는 당시 아이들이 너무 이른 시기에 성인의 역할과 책임을 강요받는 현실에 깊은 문제의식을 가졌다. 특히 유아 사망률이 여전히 높았던 17세기 상황에서도, 살아남은 아이들은 일찍부터 노동에 투입되어야 했고, 소녀들은 14세 무렵 결혼하는 일이 비일비재하였다.

슈페너는 이 같은 상황을 하나님의 형상대로 창조된 존재로서 아동이 온전히 자라날 수 없는 현실로 보았고, 아이들에게 '따로 떼어주

15 위의 책, 82.

는 시간'과 배움의 공간이 필요하다고 강하게 믿었다. 무엇보다도 그는 교회가 앞장서서 아이들을 위한 시간을 따로 마련해야 한다고 주장하였다.

어린이를 위해 출판한 슈페너의 어린이 교리문답 해설서

이와 같은 맥락에서 주목할 수 있는 저작은 슈페너가 1677년에 출간한 교리문답 해설서, 『하나님의 귀한 사람 루터의 소교리문답 순서에 따른 기독교 교리의 단순한 설명』*Einfältige Erklärung der christlichen Lehr nach Ordnung des kleinen Catechismi deß theuren Manns Gottes Lutheri* 이다.[16]

이 책은 경건주의가 본격적으로 태동하던 시기에 출간된 작품으로, 출간 당시 예상을 뛰어넘는 큰 반향을 불러일으켰다. 20판 이상 재인쇄되며, 슈페너의 저작 중 가장 널리 읽힌 책으로 자리잡았다. 이는 단지 학문적 저술의 성공이라기보다, 당시 교회와 가정에서 신앙교육의 회복에 대한 요구가 얼마나 절실했는지를 반영하는 신호였다.

이 교리문답 해설서는 특히 어린이와 평신도를 위한 신앙 입문서로 구성되었으며, 총 1,283개의 문답 형식Frage-Antwort으로 정리되어 있다. 슈페너는 루터의 『소교리문답』을 기본 틀로 삼아, 그 항목들을 따라가며 각각의 질문에 성서 구절을 근거로 답을 제공하는 방식을 택하였다. 그는 교리문답이 단지 암기 대상이 아니라, 말씀을 따라 신앙을 살아가는 도구가 되어야 한다고 보았다. 이 책의 전체 구성은 다음과

16 Philipp Jakob Spener, *Einfältige Erklärung der Christlichen Lehr: Nach der Ordnung des Kleinen Catechismi des teuren Manns Gottes Lutheri* (1677), ed., Werner Jentsch (New York/Hildesheim: Olms, 1982).

같이 되어 있다:

질문 2~18: 성서에 관하여

질문 19~21: 교리문답의 기초

질문 22~37: 율법

질문 38~366: 십계명

질문 367~398: 죄에 관하여

질문 399~408: 선행에 관하여

질문 409~412: 복음에 관하여

질문 413~796: 사도신경과 믿음

질문 797~951: 주기도문

질문 952~1064: 세례

질문 1065~1173: 성만찬

질문 1174~1207: 천국 열쇠 죄사함의 권세

질문 1208~1283: 가정 생활 규범

이 책의 구성 방식은 슈페너가 루터 정통주의가 강조한 『소교리문답』의 전통을 존중하면서도, 그 위에 성서 Schrift 자체의 권위를 더 근본적인 것으로 위치시키려는 의도를 분명히 보여준다. 그는 교리를 단순히 요약된 문장으로 암기시키는 방식에 머무르지 않고, 각 항목을 성서 본문과 긴밀히 연결함으로써 교리의 의미를 하나님의 말씀을 통해 실존적으로 이해하도록 이끌고자 하였다. 이러한 접근은 당시의 형식주의적 교리 교육에 대한 비판적 대응이자, 경건주의의 교육적 특성을 잘 드러내는 예이다.

특히 어린이 교리교육에 있어서, 슈페너는 성서 이야기 Biblische Historien

와 그림 자료Bildtafeln의 활용을 적극 권장하였다. 그는 시각적 자료와 내러티브가 아이들의 신앙 이해에 효과적이라는 점을 인식하였으며, 이를 통해 아이들이 말씀의 세계를 보다 구체적이고 감각적으로 접할 수 있도록 배려하였다. 이와 더불어 그는 경건한 어린이들의 삶을 본보기로 제시하는 이야기를 함께 사용함으로써, 어린 독자들이 신앙의 모범을 구체적으로 상상하고 따라갈 수 있도록 도왔다.[17]

이와 더불어 슈페너는 1683년에 『교리문답 도표』*Tabulae Catecheticae*라는 자료를 인쇄하여 프랑크푸르트 지역의 동료 목회자들에게 배포하였다. 이 도표는 루터의 『소교리문답』의 핵심 내용을 보다 체계적이고 세분화된 방식으로 구성한 것으로, 총 95개의 세부 주제 단위로 교리 교육 내용을 조직하고 있다.

이러한 시도는 단순한 요약표 작성을 넘어, 교리 교육의 구조적 명료성과 교수 계획의 일관성을 확보하려는 목적을 지닌다. 다시 말해, 슈페너는 이 도표를 통해 목회자와 교사들이 보다 구체적이고 단계적인 교육 설계를 실현할 수 있도록 도우려 하였으며, 각 주제에 대한 성서적 근거와 교육적 초점을 함께 제공하고자 하였다.

이 도표는 일종의 교리교육 커리큘럼 안내서로 기능했으며, 특히 가정과 교회, 학교 등 다양한 교육 공간에서 통일된 교리적 틀 안에서 말씀을 가르치고 삶에 연결하는 실천적 교육 모델을 구현하는 데 기여하였다.[18]

슈페너가 청소년 교육에 얼마나 깊은 관심을 기울였는지는 그의 한 편지에서도 잘 드러난다. 그는 이 편지에서 청소년들이 교리문답을

17 Veronika Albrecht-Birkner et al., ed., *Pietismus: Eine Anthologie von Quellen des 17. und 18. Jahrhunderts* (Leipzig: Evangelische Verlagsanstalt, 2017), 194.

18 Johannes Wallmann, *Philipp Jakob Spener und die Anfänge des Pietismus* (Tübingen: Mohr Siebeck, 1970), 211.

단순히 문자 그대로 암기하는 것이 아니라, 그 의미를 깊이 이해하며 삶 속에서 받아들일 수 있도록 가르치는 방식을 끊임없이 고민하고 있다고 밝히고 있다. 이는 당시로서는 매우 혁신적인 접근이었다.

즉, 슈페너에게 교리 교육은 단지 지식 전달의 수단이 아니라, 아이들의 내면에서 신앙의 물음이 생겨나고, 그 물음 속에서 하나님을 향한 인격적 응답이 자라나는 교육적 여정이었다. 그는 교리문답의 질문 하나하나가 아이들의 존재를 깨우고, 감정과 이해, 삶의 경험을 통합하는 통로가 되기를 소망하였다.

이러한 관점은 경건주의 교육이 표방하는 '형식 너머의 형성', 곧 암기된 교리가 아니라 살아 있는 신앙을 추구했다는 사실을 잘 보여준다. 교리는 삶을 향한 안내이고, 이해는 암기보다 앞서야 한다는 그의 확신은 오늘날 교회교육의 방향성에도 여전히 유의미한 성찰을 던져준다. 이 편지의 내용은 다음과 같다:

> "나는 이 주제에 대해 나름대로의 생각을 가지고 있으며, 내가 언제나 사용해 온 방식에 대해 라틴어 교리문답 도표집Lateinische tabulas Catecheticas의 서문에서 비교적 명확히 설명해두었다. 원한다면 거기서 확인할 수 있을 것이다.
>
> 가장 먼저 해야 할 일은 아이들과 어른 모두가 교리 교육에 자연스럽게 호감을 느끼도록 돕는 것이다. 어른들에게는 그들이 모든 내용을 귀 기울여 듣고 실제로 유익을 얻을 수 있도록 준비시켜야 하며, 아이들에게는 항상 친절하게 대해주고, 그들의 연약함을 이해하며 인내로 감싸야 한다.
>
> 그래서 나는 어떤 아이가 대답을 잘못했을 때에도 부끄럽게 하거나 꾸짖는 것은 결코 바람직하지 않다고 생각한다. 대답이 전혀 엉

뚱하지 않고 어느 정도 좋은 의미로 연결될 수 있다면, 가급적이면 그것을 받아들이거나 부드럽게 수정해주는 것이 좋다.

이런 태도는 아이들로 하여금 교리문답 선생님에 대한 신뢰와 교리 교육 자체에 대한 사랑을 형성하게 하며, 기쁘게 대답하려는 마음을 불러일으킨다. 반면, 누군가가 잘못된 대답을 했다고 해서 심하게 꾸짖게 되면, 그 아이뿐만 아니라 주변의 열 명쯤 되는 다른 아이들까지 위축되어 버린다. 그 결과, 아이들은 두려움에 눌려 말하지 않거나, 말하더라도 위축된 태도로 하게 되어 교육이 큰 방해를 받게 된다.

또한 나는 루터의 소교리문답 이외의 질문들을 아이들이 억지로 암기하게 만드는 것은 바람직하지 않다고 생각한다. 다만, 성서 구절이라면 암기할 가치가 있으므로 예외로 삼을 수 있다.

교사는 질문을 다양하게 활용하여 내용을 충분히 설명하고, 아이들이 그것을 실제로 이해하고 배울 수 있도록 도와야 한다."[19]

19 Philipp Jakob Spener, "*An Christian Feustel in Plauen*, Dresden, 29. Januar 1689," in *Briefe aus der Dresdner Zeit 1686-1691*, Bd. 3, eds. Udo Sträter and Johannes Wallmann (Tübingen: Mohr Siebeck, 2013), 60-65.

결론

경건주의 운동은 단지 교회의 교리를 정비하려는 시도가 아니었다. 그것은 교회와 사회의 심층에 변화를 일으킨 실천적 신앙운동이자, 설교와 신앙 실천의 방향을 근본적으로 전환시킨 '설교 운동'이었다. 설교는 더 이상 추상적인 교리 설명이나 형식적 설득의 자리가 아니라, 사람들의 내면 깊숙이 다가가 마음을 흔드는 살아 있는 말씀의 증언이어야 했다.

이러한 점에서 슈페너는 엄격한 교리학자라기보다는, 신학을 삶의 자리로 끌어내린 실천적 신학자로 이해될 수 있다. 그는 신학을 강단 위의 이론이 아니라, 회중의 일상 속에서 열매 맺는 진리로 받아들이기를 소망하였다.

특히 주목할 점은, 슈페너의 경건주의가 하나의 교리문답 운동으로도 전개되었다는 사실이다. 그는 어린이들에게 단순히 교리를 전달하는 데 그치지 않고, 그들이 실존적으로 이해하고 받아들일 수 있는 방식으로 교육을 구성하려 애썼다. 그에게 있어 "청소년을 위한 기독교교육은 공적 설교만큼이나 중요한 사역"이었다.

이러한 교육적 전환은 실제로 교회 안에서 교리 교육의 질적 향상으로 이어졌고, 슈페너는 단지 설교자나 목회자를 넘어, 교회교육의 방향을 제시한 대표적인 교리 교육자Katechetiker로 자리매김하였다. 그의 영향 아래 수많은 신앙 서적과 경건 생활 자료들이 출간되어 오늘날까지 교회 교육의 자원으로 활용되고 있다.

더 나아가, 경건주의는 모든 신자의 만인제사장직을 실천하는 생활운동으로 확장되었다. 수많은 남성과 여성 신자들이 스스로 성서를 읽고, 성서에 기초한 경건한 삶을 살아가며, 이웃 사랑을 실천하는 신앙의 여정을 걸었다.

결국, 슈페너의 경건주의는 성서를 중심으로 한 신앙의 능력과 생명력을 회복시키려는 운동이었다. 그의 신학은 교리와 경건, 신앙과 삶, 신학과 실천 사이의 조화를 추구하였으며, 그 중심에는 항상 '다음 세대'에 대한 교육적 관심, 곧 청소년을 위한 교리 교육과 그 지속적인 개선이 자리하고 있었다. 이는 단지 시대적 과제가 아니라, 교회의 본질을 회복하는 길이기도 했다.

학 / 습 / 요 / 약 /

① 슈페너에게 교리 교육은 성서에 근거한 실천적 신앙 형성 과정이었다.

② 그는 소교리문답에 성서 구절을 덧붙이고, 질문-답변 형식으로 구성하여 아이들과 평신도가 쉽게 이해하고 내면화할 수 있도록 구성하였다.

③ 교리문답 교육은 회중 설교만큼 중요한 사역으로 간주되었으며, 경건과 사랑, 회개의 삶으로 연결되어야 했다.

④ 슈페너는 아이들의 이해 수준과 감정을 고려하여 부드럽고 질문 중심의 교육 방식을 강조하고, 꾸짖기보다는 신뢰와 기쁨을 심어주는 교육을 지향했다.

⑤ 경건주의 교리 교육은 오늘날에도 유효한 성서 중심·참여 중심·실천 중심의 교육 모델로 평가되며, 평신도와 청소년을 위한 교회교육의 중요한 전통이 되었다.

2. 아우구스트 헤르만 프랑케: 경건한 학교와 도시교육공동체 구성

아우구스트 헤르만 프랑케는 슈페너의 경건주의 정신을 계승하고 이를 더욱 발전시킨 인물로, 특히 교육 영역에서 그 정신을 구체적으로 구현해낸 실천적 교육자로 평가된다. 그의 종교교육 사상은 무엇보다도 독일 북부 도시 할레Halle에서 전개된 대규모 교육사업을 통해 가장 뚜렷하게 드러나며, 그 영향력은 오늘날까지도 이어지고 있다. 이러한 점에서 프랑케는 단순한 경건주의 신학자에 머무르지 않고, 학교 설립자이자 기독교 교육운동의 선구자로 자리매김하였다.

프랑케는 특히 청소년과 어린이 교육에 깊은 관심을 기울였는데, 이는 그들이 단지 미래의 교회 구성원이라는 도구적 이유 때문만은 아니었다. 오히려 그는 아이들과 청소년이 '지금 여기서hic et nunc' 하나님 나라의 가치와 삶을 살아갈 수 있는 능동적 실존이라고 보았다. 이 같은 시각은 경건주의 교육이 단지 영적 회심Wiedergeburt만을 목표로 하는 것이 아니라, 이성과 감성을 갖춘 온전한 신앙 인격의 형성을 지향해야 한다는 확신에서 비롯된 것이었다.

이러한 통합적 교육관을 프랑케는 종종 "머리Kopf와 마음Herz"의 구분으로 설명하였다. 여기서 '머리'는 이해와 사고, 지식의 차원을, '마음'은 신앙, 회심, 경건의 차원을 가리킨다. 프랑케는 이 둘을 서로 대립하거나 배제해서는 안 되며, 오히려 상호 보완하고 통합될 때 비로소 참된 기독교교육이 이루어진다고 보았다. 다시 말해, 지적인 이해만으로는 신앙이 자라날 수 없고, 감정적 열정이나 형식적 회심만으로도 교육은 완성되지 않는다.

결국 교육은 "믿음을 지성 위에 심고, 지성을 믿음 안에 심는 일den Glauben auf den Verstand gründen, und den Verstand in den Glauben hineinbilden"이어야 하며, 프랑케는 이처럼 신앙과 지성, 회심과 교육 사이의 긴장을 창조적으로 통합하는 교육 철학을 실천 속에서 구현해 나갔다.

그에게 있어 성서교육의 목표는, 슐라이어마허Friedrich Schleiermacher, 1768-1834가 강조했던 것처럼 단순한 정보 전달이나 교리 암기에 그치는 것이 아니었다. 오히려 그는 슈페너의 경건주의 정신을 이어받아, 진정한 회심Wiedergeburt에서 비롯된 신앙-이해-실천의 통합을 성서교육의 핵심 목표로 삼았다. 이러한 관점에서 프랑케는 아이들을 단순한 교육의 대상으로 간주하지 않았다. 그는 어린이 역시 회심과 성숙의 여정에 선 인격적 존재로 바라보았고, 이들에게도 경건한 삶의 형성과 성서에 대한 내면적 이해가 가능하다고 보았다.

실제로 그는 1688년 함부르크Hamburg에 머물 당시부터 '어린 아이들을 가르치는 일'에 전념하였으며, 이는 단순한 개인적 관심을 넘어 그의 경건주의 교육 실천의 시작점이었다. 이후 에어푸르트Erfurt와 글라우하Glaucha에서도 아이들을 위한 교리 교육과 성서 지도의 사역에 적극적으로 참여하였다.

프랑케는 당시 교회와 사회 전반에 걸쳐 교리문답 교육의 부실함과 어린이 및 일반 신자들의 낮은 성서 이해도에 깊은 우려를 품고 있었다. 그는 이러한 현실을 하나님의 말씀과 삶이 단절된 신앙 구조의 결과로 인식하였고, 그 단절을 회복하는 일이 교육자의 사명이라고 보았다.[20] 이러한 현실 인식 속에서 프랑케는 신앙과 삶이 통합된 교육 공동체의 필요성을 절감하였고, 이에 따라 본격적으로 학교 설립을 추진

20 Erhard Peschke, *Die frühen Katechismuspredigten August Hermann Franckes 1693–1695* (Göttingen: Vandenhoeck & Ruprecht, 1992), 18.

하게 되었다. 그는 단지 소수의 특권 계층이 아닌, 가능한 많은 아이들이 체계적이며 경건 중심적인 신앙 교육을 받을 수 있도록 초청하고 조직하였다.[21]

'경건Gottseligkeit'과 '기독교적 지혜christliche Klugheit'

프랑케의 교육적 열정은 1702년에 출간된 그의 저서 『어린이들을 참된 경건과 기독교 지혜로 인도하는 짧고 단순한 교훈』*Kurzer und einfältiger Unterricht, wie die Kinder zur wahren Gottseligkeit und christlichen Klugheit anzuführen sind*에서 명확히 드러난다. 이 책은 단순한 아동 교훈서가 아니라, 경건주의 교육의 목적과 방향을 체계적으로 제시한 선언적 저작이라고 할 수 있다. 그는 이 책에서 다음과 같이 단언한다:

"청소년 교육의 가장 근본적인 목적은 하나님의 영광이다."[22]

프랑케의 교육 목표를 가장 잘 대표하는 개념은 고대적 전통에 뿌리를 둔 '마음의 양육Cultura animi', 곧 영혼의 돌봄cura animarum이라는 표현으로 요약될 수 있다. 이는 단순히 지식의 축적이나 도덕적 훈련을 의미하는 것이 아니라, 인간 내면의 인격과 신앙, 의지를 하나님을 경외하는 방향으로 빚어가는 전인적 형성 과정을 뜻한다.

프랑케는 교육이란 무엇보다도 하나님 경외Furcht Gottes라는 태도 위

21 Johannes Wallmann, *Kirchengeschichte Deutschlands seit der Reformation*, 2. Aufl. (Tübingen: Mohr Siebeck, 1985), 145: "프랑케는 슈페너의 주선으로 프로이센령 할레(Halle)의 국립대학에서 교수직을, 그리고 글라우하(Glaucha) 외곽 지역의 교구에서 목회직을 맡게 되었다. 그는 방치된 청소년 문제에 대응하기 위해 1695년, 미약한 재정으로 빈민학교와 고아원을 설립하였다. 이 소규모 시도는 후에 '할레 고아원'으로 성장하게 된다."

22 August Hermann Francke, "Kurzer und Einfältiger Unterricht, wie die Kinder zur wahren Gottseligkeit und christlichen Klugheit anzuführen sind (1702)," in *Pädagogische Schriften*, ed., Hermann Lorenzen (Paderborn: Schöningh, 1957), 13.

에 세워져야 한다고 보았다. 그는 하나님을 경외하지 않는 교육 목적은 "본질적으로 불필요한 것"이라 보며, 신앙 없는 지식은 공허하고, 도덕 없는 훈육은 외형에 불과하다고 판단하였다. 하지만 주목할 점은, 프랑케가 말한 경외심 교육이 맹목적인 복종이나 반지성주의를 의미하지 않는다는 점이다. 그는 다음과 같이 강조한다:

"마음의 양육은 지성과 의지를 함께 향해야 하되, 그중에서도 특히 의지를 강조해야 한다."[23]

이 말은 어린이의 신앙과 수용 능력 사이에 균형을 이루어야 한다는 뜻이지만, 그 중심에는 '의지wille'의 형성이 교육의 목표로 놓여 있다. 다시 말해, 신앙은 머리로 이해하는 것에 머물지 않고, 삶 속에서 실천되는 의지적 태도로 드러나야 한다. 이러한 점에서 교육은 '알게 하는 것Wissen'에서 '살게 하는 것Leben'으로 나아가는 통로이며, 이는 단지 사고력이나 감정만이 아니라 의지의 방향성에 깊이 관여한다.

이러한 실천적 신앙 형성을 위해, 프랑케는 아이들에게 좋은 본보기를 많이 제시해야 하고, 악으로부터 지켜주어야 한다고 강조했다. 또한 교리 교육katechetische Unterrichtung은 지혜롭고 전략적으로 진행되어야 하며, 무엇보다 아이들의 "'자기 의지Eigenwille'를 꺾는 일"이 중요하다고 보았다.

이 구절은 자칫 오해될 수 있는 표현이다. 현대 교육학의 시선에서 보면 이는 아동의 개별성과 자율성을 억압하는 방식처럼 들릴 수 있다. 하지만 프랑케가 말하는 '자기 의지'는 단순한 아동의 자율성을 의미하는 것이 아니다. 신학적으로 규정된 인간의 자기중심성, 즉 하나님으로부터 독립하려는 타락한 의지를 지칭한다. 다시 말해, '자기 의지'

23 위의 책, 15.

란 하나님께 순종하기보다 자신을 주인 삼으려는 존재론적 태도이며, 이것이야말로 교육을 통해 성령의 도우심 안에서 교정되어야 할 가장 깊은 차원의 문제였다.

이러한 맥락에서 프랑케는 아주 어린 시기부터의 말씀 교육을 강조한다. 그는 아이들이 성서를 직접 읽고, 구절을 암송하며, 성서 속 경건한 인물들을 본받는 것을 중요하게 여겼다. 왜냐하면, 이는 하나님의 뜻을 향한 내면의 훈련과 영적 습관 형성으로 이어지기 때문이다. 단지 머리로 아는 것이 아니라, 습관적 실천을 통해 의지를 새롭게 빚어가는 과정이 필요하다고 본 것이다.

또한 프랑케는 교육자의 태도에 대해서도 분명한 기준을 제시한다.

그는 다음과 같이 강조한다:

"아이들을 향한 훈계는 끊임없이, 그러나 온유하게, 그리고 적절한 시기에 이루어져야 한다."[24]

이 말은 그의 교육관이 단지 권위주의에 머무는 것이 아니라, 지속성과 온유함, 시의적절성이라는 윤리적·목회적 감수성을 포함하고 있음을 보여준다. 다시 말해, 교육자는 아이의 마음을 꺾기 위한 권력자가 아니라, 하나님 앞에서 아이의 의지를 바른 방향으로 인도하는 동역자요 안내자여야 한다.

프랑케에 따르면, 아이들은 단순히 '덕목과 악덕'을 지식으로 배우는 것이 아니라, 그것을 삶 속에서 '살아 있는 방식'으로 배우고 실천해야 한다. 그는 다음과 같이 강조한다:

"하나님의 약속과 경고는 마음을 일깨우는 데 유익하다."[25]

24 위의 책, 17.
25 위의 책, 25.

여기서 주목할 점은, 프랑케에게 있어 어린이에 대한 인정과 교육적 훈육Zucht이 서로 충돌하는 개념이 아니라는 점이다. 오히려 그는 이 두 요소가 긴밀히 연결되어야 한다고 보았다. 다시 말해, 교사는 아이들에게 인격적 모범이 되어야 하며, 그들을 진리를 사랑하고, 순종하며, 부지런한 삶을 살아가도록 이끌 책임이 있다. 이러한 점에서 프랑케는 신앙교육을 단순한 가르침이 아니라 삶의 방향 형성을 위한 인격적 동행으로 이해하였다.

아이들은 또한 기도하는 법을 배워야 하며, 해로운 환경이나 나쁜 친구의 영향으로부터 보호받아야 한다. 이 모든 교육적 실천은 프랑케의 표현을 빌리자면 복음적인 방식evangelische Art으로 이루어져야 하며, 설령 징계가 필요한 경우라도 그것은 지혜롭고 절제된 엄격함 속에서 수행되어야 한다. 무엇보다 중요한 것은, 아이들의 신앙 교육에 대한 책임이 단지 교사Informator에게만 주어지는 것이 아니라, 부모에게도 동일하게 요구된다는 사실이다. 신앙교육은 가정과 학교, 두 영역이 협력해야 할 과제로 이해된 것이다.

이러한 신앙적 기초 위에서 프랑케는 교육의 목적을 단순한 복종이나 지식 전달이 아니라, '기독교적 지혜christliche Klugheit'의 형성으로 설정한다. 여기서 말하는 지혜는 세속적이고 계산적인 지혜와는 본질적으로 구별되며, 거짓된 지혜와 참된 지혜를 분별할 수 있는 능력을 의미한다. 프랑케는 이러한 지혜의 토대를 다음과 같이 설명한다:

"지혜는 '지식Wissenschaft'과 '경험Erfahrung'이라는 두 기둥 위에 세워진다."

결국, 지혜를 가르친다는 것은 단지 믿음을 주입하는 것이 아니라, 아이들이 스스로 '주의하는 태도Attention'를 갖게 함으로써, 자기 성찰과 의도적인 행위의 분별을 가능하게 하는 일이다. 그는 아이들이 배운 내용을 실천적 지혜로 전환할 수 있어야 한다고 강조하며, 그 과정 속에서 교육은 아이들이 유해한 오류와 잘못된 길을 피할 수 있도록 돕고, 선한 책들을 가까이하며, 삶의 방향성을 바르게 설정할 수 있도록 이끌어야 한다고 보았다.[26]

경건주의적 학교 규정과 교육 원칙

프랑케는 자신의 경건주의적 교육사상을 단지 사상적 주장에 머무르지 않고, 구체적인 제도적 실천으로 구현하고자 하였다. 이러한 그의 교육 개혁은 프로이센 지역의 도시 할레Halle를 중심으로 전개되었으며, 할레는 곧 신앙과 학문, 실천이 결합된 새로운 교육 모델의 실험실이 되었다.

프랑케에게 신앙은 단지 교회 안에서의 신비적 체험이나 설교 청취에 국한되지 않았다. 그는 신앙을 일상 속의 배움과 행동, 그리고 공동체 안에서 살아 숨 쉬는 실천으로 확장하려 하였다. 이처럼 믿음과 실천의 자연스러운 통합은, 그가 주도한 교육 개혁의 핵심적 기초를 형성하였다. 다시 말해, 신앙은 머무는 것이 아니라 움직이는 진리로, 배움과 함께 형성되어야 할 존재론적 여정이었다.

이러한 신념 아래, 그는 고아원을 중심으로 한 다양한 교육기관들을 설립하였으며, 그 안에서 자신의 교육 원리를 체계화하고 제도화하였다. 특히 그는 수업 현장을 신앙과 형성Bildung이 만나는 실험의 장으로 삼아, 경건주의 교육의 이념을 구체화하고자 하였다. 그가 정리한

26 위의 책, 52-67.

개혁의 세 가지 핵심 원리는 다음과 같다:

1) 실제적 과목Realien의 도입

프랑케는 당시 루터교 전통 학교들이 문법과 라틴어, 고전 중심의 교육에 지나치게 편향되어 있다고 비판하였다. 그는 이러한 교육이 현실과 동떨어진 추상적 지식에 머물고 있으며, 학생들이 삶의 현장에서 실질적으로 필요한 능력을 기르지 못한다고 보았다. 이에 따라 프랑케는 수학, 자연과학, 지리, 역사, 경제와 같은 과목들을 '실제적 과목Realien'으로 명명하고, 이를 교육과정에 적극적으로 도입하였다.

그러나 이러한 현실 중심 교육은 단순한 실용주의에서 비롯된 것이 아니었다. 프랑케는 경건주의적 세계관에 입각하여, 하나님의 창조세계와 그 질서에 대한 이해가 신앙인의 삶에서 중요한 책무임을 강조하였다. 곧 자연 세계와 사회 질서를 올바로 배우고 이해하는 것은, 하나님을 섬기는 삶의 일부로 이해되었다. 따라서 실제적 과목은 신앙과 대립되는 세속 지식이 아니라, 하나님의 뜻을 이 땅 위에 실현하는 실천적 통로로 여겨졌던 것이다.

2) 말씀과 사물의 연결을 통한 구체적 인식의 강조

프랑케는 교육에서 개념Begriff과 실물Ding, 말Wort과 경험Erfahrung은 분리되어서는 안 되며, 서로 긴밀히 연결되어야 한다고 보았다. 그는 단순히 교리나 개념을 암기하거나 이론적으로 전달하는 교육을 지양하고, 성서의 진리가 삶 속의 구체적인 사물과 상황 속에서 체험되고 적용되어야 한다고 주장하였다. 다시 말해, 아이들이 신앙의 진리를 이해하려면, 그것을 감각적으로 만나고, 몸으로 느끼며, 실제 삶 속에서 실현해보는 교육 방식이 필요하다고 본 것이다.

예를 들어, 성서 본문에 식물이나 장소, 기후와 같은 구체적 요소가 등장할 경우, 그는 그것을 시각자료 예: 그림, 지도 로 제시하거나 자연과 지리 수업과 통합하여 가르쳤다. 이처럼 성서의 언어와 자연 세계의 실체를 연결하는 교육 방식은, 하나님의 말씀이 피조 세계와 무관한 초월적 담론이 아니라, 창조 질서 속에서 유기적으로 작동하는 진리임을 전제로 한다. 프랑케는 "말씀과 세계는 하나님의 계시 속에서 분리될 수 없는 통일체"라는 신앙 고백 위에서, 이러한 통합적 교육을 실현하고자 하였다.

3) 자기 활동성 Selbsttätigkeit 의 일깨움

프랑케는 교육의 수혜자로서의 학생을 수동적인 수용자로 간주하지 않았다. 오히려 그는 어린이 또한 스스로 질문하고 탐구하며 배워야 하는 주체적인 존재, 다시 말해 능동적 학습의 주체로 이해하였다. 이러한 관점에서 교육은 단순한 정보의 전달이 아니라, 학생들의 내적 동기 Innere Motivation 를 자극하고, 그들 스스로 학습의 과정에 참여하도록 이끄는 상호작용적 관계로 구성되어야 한다고 보았다.

프랑케는 아이들이 말하고, 생각하고, 질문하고, 신앙을 자신의 삶의 문제로 인식하도록 돕는 일을 매우 중요하게 여겼다. 그는 이러한 내적 주도성과 탐구 태도를 '자기 활동성 Selbsttätigkeit'이라는 개념으로 표현하였다. 이는 단지 학습 방법론에 국한된 것이 아니라, 신앙의 수용 방식에 있어서도 결정적인 역할을 한다. 다시 말해, 신앙이 타인의 말에 대한 단순한 동의가 아니라, 자기 삶의 문제에 대한 존재론적 응답으로 형성될 수 있도록 해야 한다는 것이다.

이러한 세 가지 교육 원리는 모두 경건주의 Pietismus 의 핵심 사상 — 즉, 믿음과 삶의 통합, 교리와 실천의 일치 — 에 깊이 뿌리를 두고 있다. 프랑케는 이와 같은 사상적 이상을 실제 학교 교육 현장에서 구현하려는 시도를 통해, 경건주의 교육의 제도화된 실천 모델을 제시하고자 하였다.

그 실천의 중요한 전환점 가운데 하나가 바로 1702년, 그가 제정한 『교육과 교수 방식에 대한 규정』*Ordnung und Lehrart*이다. 이 문서는 단지 수업의 시간표나 학급 운영 규칙을 명시한 행정 규범이 아니라, 앞서 살펴본 세 가지 교육 원리 — ① 실제적 과목의 도입, ② 말씀과 사물의 연결, ③ 자기 활동성의 일깨움 — 를 포괄적 교육 철학의 기초로 삼아, 자신이 세운 고아원 부속 학교Franckesche Stiftungen에 정식 교육 지침으로 도입한 것이다.

이 규정은 각 교과목의 교수법은 물론, 어린이 한 사람 한 사람을 하나님 앞에서 바르게 세우고, 공동체 속에서 책임 있는 신앙인으로 성장할 수 있도록 이끄는 총체적 교육철학을 담고 있었다.[27]

> "이 모든 학교 교육의 가장 중요한 목표는, 아이들이 무엇보다도 먼저 하나님과 그리스도에 대한 살아 있는 인식을 갖게 되고, 진실한 그리스도인이 되도록 잘 인도받는 것이다. 이러한 목적을 위해 아이들과는 단지 부지런히 기도하는 데 그치지 않고, 하나님의 말씀과 루터의 교리문답Catechismus Lutheri을 교회와 학교에서 매일 함께 공부하고 실천하도록 한다."[28]

프랑케가 설립한 학교의 일상은 경건주의가 지향한 교육 목적과

27 August Hermann Francke, "Ordnung und Lehrart wie selbige in denen zum Waisenhaus gehörigen Schulen eingeführt ist (1702)," in *Pädagogische Schriften*, ed., Hermann Lorenzen (Paderborn: Schöningh, 1957), 67-87. : 교육과 교수 방식: 고아원 산하 학교에 도입된 규범.

28 위의 책, 67.

영적 형성의 이상을 가장 실질적으로 구현해낸 공간이었다. 그의 교육은 단순히 지식의 전달이나 학문적 성취에 머무르지 않고, 아이들이 살아 있는 신앙을 품은 진실한 그리스도인Echter Christ으로 자라나도록 돕는 데 초점을 맞추고 있었다. 프랑케는 교육을 단지 교과 학습의 장이 아니라, 하나님 앞에서의 삶Gottesleben을 배우는 형성Bildung의 자리로 이해하였다.

특히 하루의 시작부터 신앙과 밀접하게 연결된 수업 구조는 경건주의 교육의 핵심 정신을 잘 드러낸다. 아침 첫 시간에는 학생들이 함께 찬송을 부르고 기도하며, 신약성서에서 한 장을 낭독하고, 루터의 『소교리문답』의 주요 항목을 복습하였다. 이 일련의 경건한 흐름은 아이들이 하루를 하나님의 임재 안에서 시작하는 영적 훈련이자, 신앙이 삶의 리듬이 되는 방식으로 자연스럽게 내면화되도록 돕는 장치였다.

이어서 진행되는 수업에서도 경건 교육은 단절되지 않고 일관되게 유지되었다. 오전 두 번째 수업에서는 글 읽기, 철자, 알파벳 학습이 이루어졌고, 이미 글을 익힌 학생들은 다시 신약성서의 한 장을 소리 내어 낭독하였다. 여기서 성서는 단지 종교 과목의 교재가 아니라, 문해력과 언어 교육의 중심 자료로 기능하였다. 즉, 신앙과 학습의 통합적 접근이 이루어진 것이다.

오후 수업에서도 교리문답 복습과 기도가 포함되었고, 하루 전체의 교육 일정은 말씀과 기도, 교리로 구성된 전인적 형성의 흐름을 따랐다. 이처럼 프랑케는 교회 교육과 학교 교육의 경계를 분리하지 않고, 오히려 학교 전체를 하나님 앞에서 살아가는 경건의 훈련장으로 이해하였다.

결국 프랑케의 학교는 믿음이 단절된 사적인 영역이 아니라, 공동체 전체가 신앙을 실천하는 공적 장Public Sphere으로 기능하였으며, 교사와 학생 모두가 함께 하나님의 형상을 따라 빚어지는 공동체적 형성 교육을 실현하는 삶의 자리였다.

이러한 교육 구조는 단지 프랑케의 고아원 학교에 머물지 않고, 독일 전역의 공교육 체계에도 영향을 미쳤다. 대표적인 예가 1763년 제정된 「프로이센 일반학교 교육 규정」General-Landschul-Reglement이다. 이 규정은 프랑케의 교육 철학을 거의 그대로 반영하였다. 모든 학생은 주간 성구Wochenspruch를 암송해야 했고, 연령에 따라 길이나 난이도를 달리하였다. 매주 교리문답과 기독교 교리의 한 단원을 배우고, 세 구절의 성서 말씀, 시편, 찬송가를 함께 익히도록 하였다. 토요일 오전에는 일주일 동안 배운 내용을 복습하며 마무리하였다. 사용 교재도 통일적으로 지정되었는데, 신약성서와 할레 또는 베를린 판 성서, 그리고 베를린의 철자 및 읽기 교과서 등이 필수 교재로 사용되었다.[29]

이처럼 프랑케가 설계한 말씀 중심, 반복 중심, 실천 중심의 경건 교육은 단지 그의 학교나 특정 교단에만 국한된 실천이 아니었다. 오히려 이는 프로이센을 비롯한 근대 독일 교육 체계 전반에 영향을 미친 중요한 교육 유산으로 확산되었다. 특히 하루 전체를 관통하는 시간표 구성과 신앙적 리듬의 형성, 그리고 삶과 배움의 통합을 지향하는 교수 구조는 후대 공교육 제도 속에서도 모범 사례로 자리매김하였다.

프랑케가 구상한 전체 수업의 내용과 구성은 경건주의적 관점에서의 교리 교육 훈련에 중심을 두고 있으며, 이러한 교육적 방향은 당시 루터 정통주의의 전통적 신학과도 깊이 연결되어 있다. 즉, 교리의 내

29 “Königlich-PreußischesGeneral-Landschul-Reglement, De Dato Berlin, den 12. August 1763, §19 und §20,” in *Die Geschichte der Kinder- und Schulbibel. Evangelisch – katholisch – jüdisch*, ed. Christine Reents and Christoph Melchior(Göttingen: Vandenhoeck & Ruprecht, 2011), 156. : 프로이센 왕립 일반학교 교육 규정, 1753년 8월 12일, 베를린에서 공표됨, 19조와 20조.

면화와 실천은 경건주의만의 독창적 강조가 아니라, 루터주의 신학이 강조한 신앙의 가르침과 형성이라는 계승적 지향점 안에서 해석될 수 있다.

이를 실현하기 위해 프랑케는 단지 성서나 교리문답을 가르치는 것에 그치지 않고, 읽기, 쓰기, 셈하기, 음악과 같은 실과Realien 과목들까지도 교육 전체 맥락 안에서 신앙 형성의 수단으로 포함시켰다. 더 나아가 그는 학생들이 '하루 종일 쉴 틈 없이 활동하는 수업 구조'를 강조하였으며, 이는 단순한 규율이나 효율성 때문이 아니라, 신앙 훈련의 리듬을 삶 전체에 자연스럽게 각인시키기 위한 경건주의적 목적에서 비롯된 것이었다.

결국 프랑케의 교육은 개별 수업의 내용뿐 아니라, 하루의 생활 리듬 전체를 하나의 신앙적 훈련 과정으로 설계한 전인적 실천이었다. 신앙은 특정 시간에만 국한된 활동이 아니라, 일상의 전 시간과 공간 속에서 지속적으로 훈련되고 내면화되어야 할 실존적 태도로 여겨졌던 것이다. 이러한 교육 정신은 실제 학교 규정에서도 명확하게 드러난다:

> "그리스도인은 끊임없는 활동에 헌신해야 한다. '잠을 잘 때조차도, 그것은 하나님을 섬기는 일에 더 합당하고 거룩하며 흠 없는 방식으로 헌신하기 위한 준비'일 뿐이다. 여름에는 새벽 5시, 겨울에는 6시에 하루가 시작되었고, 매일 7시간 수업이 진행되었다. 자유 시간조차 철저히 계획되어 있었으며, 저녁 시간의 들판 산책은 오직 위생을 위한 목적에서만 허용되었다. 놀이는 극도로 제한되어 있었으며, 많아야 공놀이 한 번 정도였다."[30]

결론

아우구스트 헤르만 프랑케는 경건주의 신학을 단순한 사상적 주장에 그치지 않고, 교육과 제도 속에 구체적으로 구현해 낸 대표적인 인물이다. 그는 교회의 내부 개혁에 머무르지 않고, 할레라는 도시 공동체 안에서 학교와 고아원, 인쇄소, 병원 등을 설립하며 신앙과 교육, 그리고 사회적 책임을 아우르는 실천을 펼쳐 나갔다.

프랑케는 인간을 머리와 가슴, 즉 이성과 감성이 조화를 이루는 존재로 이해하였다. 따라서 교육도 단순히 지식을 전달하는 데 머무르지 않고, 생각과 감정을 함께 훈련하며 인격을 형성하는 전인적인 과정이어야 한다고 보았다. 그는 이러한 교육을 '기독교 지혜'라는 말로 표현했는데, 여기서 지혜란 단순한 신앙 지식이 아니라, 삶 속에서 믿음을 실천하고 옳고 그름을 분별하며 책임 있게 살아가는 태도를 의미한다. 아이들은 단순히 순종하는 존재가 아니라, 하나님의 뜻을 이해하고 그것에 따라 살아가는 신앙의 주체로 성장해야 한다고 그는 믿었다.

프랑케가 세운 학교는 단지 교과 지식을 가르치는 곳이 아니었다. 그곳은 하루의 모든 순간이 말씀과 기도, 교리문답과 찬송, 그리고 실천으로 구성된 살아 있는 신앙의 훈련장이었다. 그에게 있어 교육은 단절된 시간 안에서만 이루어지는 활동이 아니라, 하루의 삶 전체를 하나님과 동행하는 훈련으로 보는 것이었다.

이러한 프랑케의 교육은 오늘날에도 여전히 유의미한 통찰을 제공

30 Siegfried Wibbing, "August Hermann Francke (1663-1727)," in *Klassiker der Religionspädagogik*, ed., Henning Schröer and Dietrich Zilleßen (Frankfurt am Main: Verlag Otto Lembeck, 1989), 78. Wibbing은 당시의 일과표를 오늘날의 기준으로 단순히 비판하기보다는, 경건주의가 교육과 신앙 사상을 얼마나 실제적인 훈련과 삶의 리듬 속에 구현하려 했는지를 이해하는 관점에서 평가해야 한다고 강조한다.

한다. 신앙과 교육이 분리되어 있는 현대 사회 속에서, 그는 신앙이 단지 개인의 내면적인 감정에 머무르는 것이 아니라, 공동체 안에서 드러나고, 일상과 세계 속에서 실현되어야 할 삶의 방식임을 분명히 일깨워 준다. 프랑케의 교육은 결국 신앙과 삶, 가르침과 실천, 개인과 공동체를 하나의 통합된 흐름으로 엮으려는 시도였으며, 이는 오늘날 기독교교육이 다시 회복해야 할 중요한 방향성을 제시해 준다.

학 / 습 / 요 / 약 /

① 프랑케에게 지식 교육은 경건한 삶의 훈련과 분리될 수 없었다.

② 기독교 지혜는 믿음과 이성이 함께 작용할 때 자란다.

③ 프랑케는 어린이를 인격적인 존재로 존중했다. 사랑과 훈육으로 아이들을 경건하게 이끌어야 한다고 보았다.

④ 프랑케는 일상의 모든 순간을 교육으로 삼았다. 기도, 성서, 찬송이 하루 일과 속에 통합되어야 했다.

⑤ 프랑케는 교육을 실천적 신앙으로 연결시켰다. 학교는 공동체를 섬기고 사회를 변화시키는 거룩한 통로였다.

4장

이성과 감성의 다리 놓기
— 계몽주의와 슐라이어마허

18세기 유럽, 특히 독일 사회는 거대한 전환의 한복판에 서 있었다. 오랜 세월 신앙과 전통이 이끌던 세계관이 급속히 무너지고, 그 자리를 인간 이성과 과학, 합리성이라는 새로운 기준이 차지하고 있었다. '계몽Aufklärung'은 이제 단지 철학적 조류를 넘어, 인간이 더 이상 외부 권위에 의존하지 않고 스스로 사유하고 판단할 수 있다는 선언이자 해방의 기획이었다. "감히 생각하라!Sapere aude"는 칸트의 외침처럼, 계몽은 인간의 자율성과 비판정신을 찬양하며 종교와 신앙마저도 이성의 검증대에 올려놓았다.

이러한 시대정신 속에서 기독교는 점차 낡은 유물처럼 여겨졌다. 종교는 합리적 설명이 어려운 감정적 신념이나 비과학적 세계관으로 치부되었고, 교회는 점점 젊은 세대의 관심에서 멀어졌다. 신앙은 더 이상 사회의 중심이 아니라, 개인의 내면에 갇힌 주변적 감정으로 밀려나고 있었다. 종교는 철학자들에 의해 도덕적 체계로 축소되고, 신은 인간 도덕 의식의 투영물쯤으로 간주되었다. 이성과 신앙, 과학과 계시 사이의 간극은 점점 깊어졌다.

이 극심한 시대적 균열 속에서, 슐라이어마허는 시대와의 깊은 대화를 시도한 인물이었다. 그는 경건주의 교육 안에서 자랐지만, 이성과 감성, 종교와 철학 사이의 갈등이 정점에 달하던 18세기 말의 베를린에서 청년기를 보냈다. 이곳에서 그는 낭만주의 문학과 철학을 접하며, 종교를 단지 교리나 도덕의 틀 안에 가두는 시대적 흐름에 저항하고자 했다. 당시 많은 지성인이 종교를 비웃고 거부할 때, 그는 『종교론: 그것을 경멸하는 교양 있는 이들을 위한 담론』*Über die Religion. Reden an die Gebildeten unter ihren Verächtern*을 통해 종교의 본질을 다시 묻고, 그것을 철저히 내면의 차원에서 재해석하였다.

슐라이어마허에게 종교는 더 이상 외부로부터 주어지는 교리가 아니었다. 그것은 인간 내면 깊은 곳에서 무한자Gott를 직관하고 감응하는 '절대적 의존의 감정'이었다. 이 감정은 인간의 이성이나 행위로 구성되거나 정당화될 수 없는, 존재의 가장 근원적인 반응이었다. 그는 종교를 "무한에 대한 직관과 감성Sinn und Geschmack fürs Unendliche"으로 정의하며, 신앙을 하나의 도덕적 의무가 아니라 삶의 중심에서 솟아오르는 '존재의 감각'으로 보았다.

이러한 슐라이어마허의 종교 이해는 단순한 신학적 주장에 그치지 않는다. 그것은 18세기 말 계몽주의의 절정 속에서 신앙이 어떻게 이해되고, 종교가 어떻게 교육되어야 하는지를 깊이 묻는 기독교교육학적 전환점이기도 하다. 독일의 기독교교육학자 프리드리히 슈바이처는 이 시기를 전통적인 '교리문답 교육'에서 근대적 종교교육Religionspädagogik으로 이행하는 역사적 전환으로 설명하며, 특히 슐라이어마허의 종교 이해가 새로운 교육 패러다임을 열었다고 평가한다.

그에 따르면, 이 시기의 기독교교육은 더 이상 외형적 암기나 정답 중심의 교리 전달에 머무를 수 없었다. 대신, 인간의 내면을 일깨우고, 감정을 존중하며, 자발적 응답을 유도하는 교육으로 나아가야 했다. 종교는 주입되어야 할 지식이 아니라, 깨어나야 할 감각이며, 성찰되어야 할 삶의 경험이었다. 슐라이어마허는 이를 '교양'의 개념과 연결하며, 신앙 자체를 인간 존재의 성장과 형성으로 해석하려 했다.

이처럼 그는 종교교육을 하나의 체계적 교리 학습이 아니라, 인간이 하나님과의 관계 안에서 어떻게 자신을 발견하고 해석하며 변화되어 가는지를 돕는 교육적 여정으로 보았다. 경건주의의 신앙 체험과 계몽주의의 이성 중심 사고가 충돌하던 시대, 슐라이어마허는 그 사이에서 새로운 종교교육의 길을 찾고자 했던 이였다.

그리고 이러한 그의 통찰은 오늘날 우리에게도 여전히 유효한 질문을 던진다. 우리는 지금, 무엇을 가르치고 있는가? 아이들에게 성서의 지식만을 주입하고 있는 것은 아닌가? 신앙이 삶의 감각으로 깨어나고 있는가? 슐라이어마허는 교회교육의 위기가 단지 외부적 환경 때문이 아니라, 종교 그 자체를 '살아 있는 경험'으로 가르치지 못하는 데 있다고 우리에게 말하고 있다.

이성 중심의 시대정신과 종교의 위기

슐라이어마허가 활동하던 18세기 말 유럽은 계몽주의가 절정에 이른 시기였다. 인간 이성의 힘을 신뢰하며 모든 것을 합리적으로 설명하고자 했던 이 시대는, 종교에 대해 근본적인 회의를 던졌고, 신앙의 권위는 급격히 약화되었다. 특히 1799년에 출간된 그의 대표작 『종교론: 교양 있는 이들을 위한 담론』은 이러한 시대정신 속에서 발표된 신학적 응답이자, 종교에 대한 새로운 이해를 시도한 근대 초기 종교철학의 획기적인 저작이었다.

이 시기 유럽 지성계는 인간 이성Vernunft을 진리 탐구의 중심에 두고 있었다. 계몽주의는 외부 권위나 초월적 계시에 의존하지 않고도 인간 스스로의 이성만으로 세계를 이해할 수 있다고 믿었으며, 이를 통해 인간은 점차 자유롭고 합리적인 존재로 발전할 수 있다는 낙관적 신념을 공유하고 있었다. 뉴턴의 과학적 발견과 자연법칙에 대한 확신은 신의 직접적 개입 없이도 세계 질서가 설명될 수 있다는 믿음을 강화시켰다. 그 결과, 기독교 신앙의 중심 개념들 — 기적, 성육신, 부활 등 — 은 과학적으로 설명이 불가능하다는 이유로 배제되었고, '신' 자체에 대한 존재론적 회의가 퍼져나가기 시작했다.

이러한 변화 속에서 종교는 점점 철학과 과학의 변방으로 밀려났다. 신앙은 더 이상 존재의 본질을 설명하거나 삶의 중심을 이루는 힘이 아닌, 개인적 감정이나 사적인 취향으로 축소되었다. 교회는 진리를 전하는 공동체라기보다는, 과거의 권위주의와 억압의 상징으로 여겨졌고, 종교는 인간의 도덕적 행위를 규율하는 하나의 윤리 체계 정도로 이해되었다. 종교는 초월과의 만남이나 내면의 감동이 아니라, 도덕률과 사회적 역할로 환원되었고, 이로 인해 종교적 경험은 공공 담론에서 소외되고 말았다.

슐라이어마허는 이러한 시대적 흐름을 깊이 우려하였다. 특히 젊은 지식인들이 교회를 떠나고 종교를 경멸하거나 무관심하게 여기는 현상은, 그가 가장 심각하게 받아들인 신학적 위기였다. 그는 종교가 단지 교리의 암기나 도덕적 규율의 집합으로 전락한 현실에 강한 문제의식을 가졌고, 종교가 본래 지닌 내면적이고 체험적인 본질을 회복하고자 했다. 이런 배경 속에서 그는 『종교론』을 익명으로 출간하며, 종교가 여전히 인간 존재의 본질적인 차원에서 의미 있는 체험이 될 수 있음을 강하게 주장하였다.

슐라이어마허의 시도는 단순한 기독교의 옹호에 머무르지 않았다. 그는 이성 중심의 계몽주의에 대해 비판적 입장을 견지하면서도, 이성을 완전히 부정하지는 않았다. 오히려 그는 종교가 감정과 직관이라는 인간 존재의 본질적인 차원에서 비롯된 것임을 밝힘으로써, 신앙과 이성 사이의 새로운 조화를 시도하였다. 이러한 입장은 계몽 이후 종교가 나아가야 할 방향을 제시하는 한편, 기독교교육이 단순한 교리 전달에서 벗어나 내면의 감수성과 체험을 일깨우는 교육으로 전환할 수 있는 기초를 마련해 주었다.

특히 주목할 점은, 그가 종교를 특정한 교리 체계에 국한시키지 않고, '종교 일반'으로 확장해 이해하려 했다는 것이다. 슐라이어마허는 모든 인간 내면에 자리한 종교적 감수성과 신비 체험의 가능성에 주목했다. 그에 따르면 종교는 외부로부터 주입되는 지식이나 선택 가능한 이념이 아니라, 인간 존재의 가장 깊은 자리에서 솟아나는 응답이며 감응이다. 그는 이를 "절대 의존의 감정 Gefühl der schlechthinnigen Abhängigkeit"이라 명명하였다.[1] 이 감정은 인간이 자기를 존재케 한 초월자 앞에서 느끼는 전존재적 반응으로, 이성과 논리를 넘어선 내면의 체험에 속한다. 슐라이어마허는 이러한 감정이야말로 종교의 본질이며, 모든 교리나 윤리적 규범보다 앞서는 신앙의 근원이자 출발점이라고 보았다.

1 Friedrich Schleiermacher, "Der Christliche Glaube, 1821/1822," in *Kritische Gesamtausgabe*, ed. Hans-Joachim Birkner et al. (Berlin/New York: Walter de Gruyter, 1980), 125

신학적 형성과정: 경건주의, 낭만주의, 계몽주의의 긴장 속에서

슐라이어마허는 18세기 말, 경건주의의 분위기 속에서 성장하였다. 특히 그는 체코 모라비안 형제단Herrnhuter Brüdergemeine 계열의 학교에서 교육을 받으며, 내면적 회심, 성령에 의한 신앙 체험, 그리고 성서 중심의 경건한 삶이라는 경건주의의 핵심 가치들을 접하였다. 이 공동체는 진젠도르프Nikolaus Ludwig von Zinzendorf, 1700-1760의 지도 아래 독일 북동부 지역 헤른후트Herrnhut에 정착하며 경건주의의 중흥을 이끌었던 곳으로, 그 지역은 독일 경건주의 운동의 대표적인 거점 중 하나였다. 진젠도르프는 슐라이어마허보다 약 70여 년 앞선 세대에 해당하며, 경건주의 신학과 실천을 구체화한 인물로 평가받는다.

슐라이어마허가 이곳에서 받은 교육은 분명 그의 초기 신앙 형성에 깊은 영향을 주었을 것으로 추측된다. 그러나 그는 이 제도권 신학교육에 만족하지 못하고 중도에 학업을 중단하게 된다. 이 결정은 단순한 진로의 변경을 넘어, 당시 교회가 제공하던 신앙교육과 그 형식에 대한 비판적 성찰의 시작으로 해석할 수 있다. 특히 경건주의 교육이 때때로 강압적인 회심 요구와 지나치게 도덕화된 신앙실천으로 흐르기 쉬웠던 점에서, 슐라이어마허는 그 한계를 직감했을 가능성이 있다.

그럼에도 불구하고 흥미로운 점은, 슐라이어마허가 훗날 정립한 종교 이해 안에 경건주의의 정서가 일정 부분 반영되어 있다는 사실이다. 그가 『종교론』과 『기독교 신앙』에서 반복해서 강조한 개념인 '절대 의존의 감정'은 외적인 교리나 행위보다 내면의 감응과 경외의 정서를 통해 하나님을 체험한다는 점에서 경건주의 전통과 일정한 접점을 가진다.

물론 이러한 해석은 그가 경건주의로부터 직접적인 영향을 받았다는 확정적인 증거라기보다는, 후대 학자들의 사상 분석을 바탕으로 한 가능성 있는 해석에 가깝다. 그러나 슐라이어마허가 내면성을 강조하고, 신앙을 존재 전체가 반응하는 감각적 경험으로 이해했다는 점은, 경건주의가 중시했던 신앙의 체험성과 자발적 응답의 태도와 분명히 닮아 있다.

이러한 점에서 슐라이어마허는 비록 경건주의 교육기관을 떠났고, 계몽주의와 낭만주의의 지적 흐름 속에서 자신의 신학을 형성했지만, 그가 어린 시절 경험한 경건주의 전통이 그의 종교 이해에 일정한 영향을 주었을 가능성은 부인할 수 없다. 그는 경건주의의 외형은 벗어났지만, 그 중심 정신 — 신앙의 내면화, 인격적인 하나님 체험, 성서 말씀의 삶 속 적용 — 을 근대적 언어로 재해석하고 체계화하려는 시도를 한 것으로 평가할 수 있다.

결과적으로 슐라이어마허는 경건주의와 계몽주의, 제도적 교회와 개인적 신앙, 교리적 전달과 내면의 감응 사이의 긴장 속에서 독자적인 길을 개척한 신학자라 할 수 있다. 그의 이러한 종교 이해는 이후 기독교교육이 단순한 교리 암기 중심에서 벗어나 종교적 감수성과 해석 능력을 중시하는 종교교육학Religionspädagogik으로 전환되는 데 중요한 사상적 기반이 되었다. 이러한 이유로 오늘날에도 슐라이어마허는 교육학적 관점에서 주목받고 있으며, 그의 사상은 여전히 기독교교육의 정체성과 방향성에 대해 깊은 성찰을 가능하게 하는 전환점으로 평가되고 있다.

『종교론』 집필의 목적과 의도

슐라이어마허는 『종교론』에서 기독교만을 직접적으로 옹호하지 않았다. 그는 특정 종파나 교리를 내세우기보다, 당시 지성계로부터 오해받고 배척되던 '종교 일반'에 대한 철학적이고 보편적인 재정의를 시도하였다. 이는 단순한 신학적 방어가 아니라, 종교의 존재론적 본질을 다시 세우려는 깊은 사유의 결과였다.

18세기 말 유럽은 계몽주의의 영향 아래 이성을 인간 인식의 최종 근거로 삼고 있었다. 종교는 과학적 설명이 불가능하다는 이유로 미신이나 비합리로 간주되었고, 교회는 진리의 공동체라기보다는 권위적이고 정치적인 조직으로 비판받았다. 종교는 더 이상 인간의 중심 가치가 아니라, 시대에 뒤떨어진 관습이나 도덕의 보조 장치로 축소되어 이해되기 시작했다.

슐라이어마허는 이러한 시대적 흐름에 맞서 종교의 본래 의미를 되찾고자 하였다. 그는 종교를 외부로부터 주어지는 교리나 행위의 체계로 보지 않았고, 오히려 종교는 인간 내면 깊숙이 존재하는 감응의 능력이라고 보았다. 인간이 자기 존재의 유한함을 인식하고, 무한한 존재 — 곧 하나님 — 앞에 선 순간에 느끼는 깊은 감정, 그것이 바로 종교의 시작이라는 것이 그의 핵심 주장이다. 그는 이를 '절대 의존의 감정'이라 불렀고, 종교는 이성과는 전혀 다른 방식으로 작동하는 내면적 체험의 현상이라고 보았다.

더 나아가 그는 종교를 거부하거나 무관심한 사람들조차도, 인생의 결정적인 순간 — 고통, 죽음, 사랑, 의미의 질문 — 앞에서는 종교적 감수성을 피할 수 없다고 보았다. 종교는 선택의 문제가 아니라, 인간 존재의 심층 구조에 뿌리박힌 실존적 감응이라는 것이다. 그래서 종교를 무시하거나 제거하려는 계몽주의의 흐름은, 오히려 인간을 얄팍한 이성적 존재로 전락시킬 위험이 있다는 것이 그의 비판이었다.

이러한 관점에서 슐라이어마허는 당대 지식인들이 종교를 비판하는 목소리를 단순히 종교 자체에 대한 부정으로 보지 않았다. 오히려 그는 그것을 오랜 세월 동안 누적된 교회의 타락과 경직된 제도에 대한 정당한 반응으로 해석하였다. 그에게 있어 문제는 '종교' 그 자체가 아니라, 종교를 억압적 권력의 수단으로 전락시킨 제도화된 교회였다. 실제로 그는 『종교론』 제 2강연에서 다음과 같이 지적한다:

"종교의 역사 가운데서 구역질나도록 비도덕적인 수많은 결점이 있음을 잊지 말고 지적해야 한다."[2]

이 문장은 단순한 자조가 아니라, 깊은 자기비판이자 종교를 위한 자기정화의 요청이었다. 그는 종교가 본래 지닌 감응의 본질, 내면의 깊은 신비를 회복하기 위해서는 먼저 주지주의와 도덕주의로 도배된 종교의 오해를 인정하고, 그 왜곡된 모습에 대하여 비판적으로 성찰할 수 있어야 한다고 보았다. 즉, 슐라이어마허는 종교를 옹호하면서도, 종교가 형이상학, 도덕 그리고 교리라는 이름으로 저질러온 오해와 편견에 눈감지 않았다. 오히려 그는 그러한 실패를 정확히 인식하는 것이야말로, 종교를 다시 그 본래 자리로 되돌릴 수 있는 유일한 길이라고 믿었다.

그에 따르면 모든 인간은 본질적으로 종교적인 감수성, 즉 종교성을 내면에 지니고 있다. 하지만 이 종교성은 처음부터 완성된 모습이 아니라, '배아적인' 상태로 존재할 뿐이다. 이 종교성은 각 개인이 겪는 삶의 경험, 사회 환경, 역사적 맥락 속에서 점차 구체화되고 자라난다.

2 Friedrich Schleiermacher, *Über die Religion. Reden an die Gebildeten unter ihren Verächtern*, 최신한 역, 『종교론』(서울: 대한기독교서회, 2002), 48.

이러한 과정을 통해 공통의 신앙 감정과 상징을 공유하는 종교 공동체가 형성되며, 그 안에서 종교가 역사적으로 뿌리내리게 된다.[3] 슐라이어마허는 이렇게 구체화된 종교를 '실제적 종교wirkliche Religion'라고 불렀고, 기독교도 바로 그런 구조 안에서 형성된 하나의 역사적 구현 형태로 보았다.[4] 그의 설명에 따르면, 종교란 인간 본성 안에 심겨진 감수성이 시간과 문화라는 외적 조건을 통해 구체적으로 드러난 결과다. 기독교는 그중 하나의 모습일 뿐이며, 특정한 시대와 맥락 속에서 꽃핀 실제적 종교라고 할 수 있다.

슐라이어마허의 종교 이해는 『종교론』 제3강연에서 더욱 분명하게 드러난다. 그는 이 강연에서 자신이 종교에 대해 말하는 목적이 단순히 비신자들을 기독교로 개종시키는 데 있지 않다고 강조한다. 다시 말해, 그는 기독교라는 특정 종교를 옹호하거나 다른 종교와 비교해 우월성을 주장하려는 데 관심이 있는 것이 아니었다. 오히려 그의 진짜 관심은 모든 인간 안에 본래부터 존재한다고 믿는 '종교적 감수성'을 일깨우는 데 있었다.

슐라이어마허는 모든 사람의 내면 깊숙한 곳에는 종교를 느낄 수 있는 감각, 다시 말해 '초월적인 것'에 대해 경외하고 감동하는 능력이 자리하고 있다고 보았다. 하지만 이것은 겉으로 드러나지 않기 때문에, 특정 종교나 교리를 강요하는 것이 아니라 그 사람 안에 이미 있는 그 감각을 자극하고 자연스럽게 밖으로 표현되도록 도와주는 것이 진짜 종교교육이라고 보았다.

이런 이유로 그는 일부러 전통적인 종교 언어를 피해 간다. 예를 들어 '하나님'이나 '예수 그리스도' 같은 기독교적인 용어보다는, '우

3 양금희, "슐라이어마허의 종교론에 나타난 종교와 인간과 종교교육," 『장신논단』 14 (1998), 537-63.
4 Friedrich Schleiermacher, 『종교론』, 48.

주', '무한자', '영원'과 같은 보다 철학적이고 보편적인 표현을 사용한다. 이렇게 하면 기독교에 대해 비판적이거나 불신을 가진 지식인들도 자신의 내면에 있는 종교적 감각을 다시 들여다볼 수 있는 기회를 갖게 된다는 것이다. 말하자면, 그는 종교를 설명하면서 듣는 이들의 문을 두드리는 것이 아니라, 그들의 마음속에 이미 있는 문이 스스로 열리도록 기다리는 방식이었다.

슐라이어마허의 이런 접근은 종교를 단순히 '배워야 하는 지식'이나 '지켜야 할 규범'으로 이해하는 것이 아니라, '깊은 감정의 움직임', '존재 전체로 경험되는 감응'으로 본 것이다. 그렇기 때문에 그의 종교 이해는 단순한 교리 교육이나 윤리 강의와는 전혀 다른 방향을 제시한다. 그는 참된 종교 교육이란, 학생들에게 무엇을 믿으라고 강요하는 것이 아니라, 그들 안에 이미 존재하는 종교적 감수성과 경외심을 자극하고, 초월자와의 인격적인 만남으로 이끌어주는 과정이라고 보았다.

직관과 감정으로서 종교 이해

슐라이어마허는 18세기 말 계몽주의 시대에 종교가 어떤 방식으로 축소되고 오해받았는지를 비판적으로 성찰하며, 종교의 본질을 새롭게 정립하고자 하였다. 계몽주의 사상은 인간의 이성과 합리성을 강조하며, 진리도, 도덕도 모두 이성의 판단에 근거해야 한다고 믿었다. 이러한 흐름 속에서 종교는 더 이상 실재하는 하나님과의 만남이나 감응의 체험이 아니라, 사회 질서를 유지하는 데 유용한 도덕 규범이나 철학 체계로만 간주되었다. 특히 기적이나 계시, 부활과 같은 기독교 신앙의 핵심 요소들은 이성의 기준에 부합하지 않는다고 여겨지며 비이성적인 것으로 배제되었다.

슐라이어마허는 이러한 시대 정신 속에서 종교가 본래 지닌 의미를 회복해야 한다고 보았다. 그는 종교를 단지 '생각하는 것thinking'이나 '행하는 것acting'으로 보지 않고, '직관intuition'과 '감정feeling'을 통해 이해해야 한다고 주장하였다. 여기서 말하는 감정이란 단순한 기분이나 정서가 아니라, 인간 존재의 가장 깊은 자리에서 경험되는 실존적 감응이다. 그는 이를 "절대 의존의 감정Gefühl der schlechthinnigen Abhängigkeit"이라고 불렀고, 이는 인간이 하나님의 존재 앞에서 자신이 전적으로 의존적인 존재임을 자각할 때 생겨나는 감정이라 설명하였다.[5]

그에 따르면, 종교적 체험은 인간이 의지나 이성으로 만들어낼 수 있는 것이 아니라, 하나님께서 먼저 인간에게 다가오실 때, 인간의 내면에서 일어나는 응답의 사건이다. 인간은 광대한 자연이나 죽음과 같은 초월적인 실재 앞에서 설명할 수 없는 경외심이나 두려움을 느끼는데, 이것이 바로 종교적 감정의 시작이다. 이는 인간이 스스로 만들어 낸 것이 아니라, 외부에서 먼저 다가온 실재가 인간에게 영향을 미쳐 생겨난 반응이다.

슐라이어마허는 이를 다음과 같이 표현하였다: "모든 직관은 직관되는 존재가 직관하는 존재에 끼치는 영향으로부터 출발한다. 직관되는 존재의 원초적이고 독자적인 영향이 먼저 있으면, 이에 대해 직관하는 존재가 자신의 본성에 따라 이를 받아들이고 이해하는 것이다."[6]

이는 종교란 인간이 스스로 쌓아올리는 체계가 아니라, 무한한 존

5 Friedrich Schleiermacher, *Über die Religion. Reden an die Gebildeten unter ihren Verächtern, 8th ed. Rudolf Otto* (Stuttgart:UTB, 2002), 49, 51, 71, 99.

6 Friedrich Schleiermacher, 『종교론』, 60.

재이신 하나님께서 먼저 다가오시고, 인간은 그 감응을 통해 응답하는 존재라는 점을 강조하는 말이다. 결국, 그는 종교를 단지 '믿어야 하는 것'이 아니라, 존재의 깊은 차원에서 체험되어야 할 사건으로 재정의하고자 하였다. 신앙이란 단순히 교리를 받아들이는 것이 아니라, 하나님과의 만남 속에서 감정적으로, 실존적으로 반응하는 삶의 태도라는 것이다. 이런 점에서 슐라이어마허는 신앙의 감각을 회복하고, 종교교육 역시 내면의 감응과 체험을 중심으로 재구성되어야 함을 강조하였다.

주관적 종교와 객관적 종교

슐라이어마허는 종교를 단지 마음속의 개인적인 느낌이나 감정으로만 보지 않았다. 그는 종교를 제대로 이해하려면 두 가지 측면을 함께 보아야 한다고 생각했다. 그것이 바로 '주관적 종교성subjektive Religiosität'과 '객관적 종교성objektive Religiosität'이라는 개념이다. 이 두 가지는 서로 다른 것이 아니라, 함께 어우러져야만 종교가 제대로 작동할 수 있다는 것이 그의 핵심 주장이다.

먼저 '주관적 종교성'이란, 모든 사람의 내면 안에 원래부터 자리잡고 있는 종교적 감수성을 뜻한다. 이것은 특정 종교를 배우거나, 교회를 다녀야만 생기는 것이 아니라, 인간이라면 누구나 가지고 있는 일종의 감각이라고 볼 수 있다. 슐라이어마허는 이것을 "절대 의존의 감정Gefühl der schlechthinnigen Abhängigkeit"이라고 표현한다. 인간이 세상과 자신을 바라보는 깊은 순간 — 예를 들어, 죽음이나 자연의 위대함 앞에 서는 순간 — 자신이 얼마나 작은 존재인지, 얼마나 많은 것을 의지하며 살아가는 존재인지 깨닫게 되는데, 이런 감정이 바로 종교적 감수성의 출발점이라는 것이다.

하지만 이러한 내면의 감수성만으로는 종교가 완성되지 않는다. 여기서 '객관적 종교성'이 필요하다. 객관적 종교성이란, 우리가 속한 시대와 문화, 전통 속에서 종교가 제도화되고 표현되는 방식이다. 예를 들어, 교회의 예배, 성서 말씀, 교리, 기도, 찬송, 성례전과 같은 것들이 모두 여기에 포함된다. 다시 말해, 개인의 내면에 있는 종교적 감정이 밖으로 드러나고, 구체적인 신앙의 형태를 갖추게 되는 과정이다.

슐라이어마허는 이 두 가지가 따로따로 존재할 수 없다고 본다. 만약 주관적인 감정만 있고, 그것을 표현하고 정리해 줄 공동체나 전통이 없다면, 그 신앙은 자칫 일회적 감정에 그칠 수 있다. 반대로 제도와 형식만 있고, 내면의 감동과 감응이 없다면, 종교는 형식적인 외식이나 의무로 전락하고 만다. 그래서 그는 종교란 언제나 이 두 요소 — 개인의 깊은 내면과 공동체의 외적인 표현 — 이 서로 영향을 주고받으며 자라날 때 비로소 온전해진다고 보았다.

이처럼 슐라이어마허는 종교를 단지 내면의 체험이나 감성에만 한정하지 않았다. 그는 인간 내면에 자리 잡은 종교적 감수성이 반드시 외부 세계와의 관계 속에서 표현되고 길러져야 한다는 점을 강조하였다. 그렇기에 종교는 단지 개인적인 직관의 결과가 아니라, 계시와 공동체, 교육이라는 외적 과정을 통해 비로소 성숙해지는 존재라고 본 것이다.

이러한 이해는 슐라이어마허가 종교를 신앙 공동체의 역사와 제도, 교육과 실천이라는 틀 속에서도 진지하게 사유한 인물임을 잘 보여준다. 그는 종교를 감정의 문제로 환원하거나, 제도의 문제로 환원하지 않았다. 오히려 그는 감정과 제도, 주관성과 객관성, 개인성과 공동체의 긴장과 통합을 모색한 신학자였다.

종교의 궁극적인 목적: 도야로서의 종교

왜 슐라이어마허의 종교론이 오늘날 기독교교육, 특히 종교교육에 있어서 중요한 의미를 지니는가? 그 이유는 그의 종교 이해가 단지 교리를 전달하거나 신앙을 강요하는 방식의 교육을 넘어, 인간 존재의 내면을 깊이 성찰하고, 자발적인 신앙 감수성을 존중하는 교육적 접근으로 나아갈 수 있는 철학적 토대를 제공하기 때문이다. 다시 말하지만, 그는 종교를 '배우는 것'이 아니라, '일깨워지는 것'으로 보았다. 즉, 인간 내면에 이미 자리 잡은 종교적 가능성 — 그가 말한 '종교적 배아 religiöser Keim' — 을 발견하고, 그것을 계발해 가는 과정 자체가 곧 교육이라는 것이다. 이런 점에서 그의 종교론은 교육학의 관점에서 매우 깊이 있는 통찰을 제공하며, 특히 아동이나 청소년의 종교성을 억압하거나 외부로부터 주입하려는 기존 방식의 문제를 비판적으로 성찰하게 한다.

이런 면에서, 슐라이어마허의 종교론은 '도야'라는 개념과 깊이 연결되어 있다. 여기서 말하는 도야는 단순히 지식을 외우고 습득하는 교육과는 다르다. 도야란 인간 내면에 이미 존재하는 가능성과 고유한 성향이 점차적으로 실현되어 가는 자기 형성 self-formation 의 과정이다. 다시 말해, 인간이 자신 안에 내재된 존재의 목적을 발견하고, 그것을 점진적으로 완성해 가는 삶의 여정이다.

슐라이어마허는 종교야말로 인간을 이러한 도야의 길로 인도하는 가장 근본적인 통로라고 보았다. 그는 인간이 종교를 통해 자신이 우주의 일부임을 자각하게 되고, 그 자각을 통해 삶의 진정한 방향과 의미를 깨닫게 된다고 말한다. 여기서 종교는 단순한 교리 체계나 도덕 훈련이 아니라, 인간이 무한자하나님와 깊은 일체감을 경험하는 내면의 사건이다. 이런 경험은 인간의 삶 전체를 바꾸고, 자기를 초월적인 존재와 연결된 존재로 새롭게 인식하게 한다.

슐라이어마허는 종교의 궁극적인 목표를 이렇게 설명한다:

“인간이 우주의 일부가 되고, 그 우주와 동일한 상태에 도달하는 것.”

이 표현은 단순한 철학적 수사에 그치지 않는다. 그의 관점에서 종교는 인간이 고립된 존재가 아니라, 무한한 세계와 깊이 연결된 존재임을 자각하게 하는 통로이다. 그리고 바로 그 자각이야말로 인간을 더 깊은 자기 이해와 진정한 자기 완성으로 이끄는 길이라고 그는 보았다.

이러한 자각은 인간 존재 전체에서 우러나는 실존적인 깨달음이다. 종교는 단지 어떤 사실을 아는 데 그치지 않고, ‘나는 누구인가’, ‘왜 살아야 하는가’, ‘삶의 방향은 어디인가’와 같은 본질적인 물음을 새롭게 성찰하게 만든다. 이런 면에서 도야란, 단순히 머리를 채우는 일이 아니라, 인간 존재의 중심을 하나님과의 관계 속에서 다시 세워가는 깊은 내면의 여정이라 할 수 있다.

슐라이어마허는 이런 도야의 가능성이 모든 인간 안에 이미 주어져 있다고 보았다. 그는 이것을 ‘종교적 배아religiöses Keim’라고 불렀다. 즉, 모든 사람은 태어날 때부터 종교적 감수성과 가능성을 잠재적으로 지니고 있으며, 그것은 아직 완성된 상태가 아니라 씨앗처럼 숨겨진 형태라는 것이다. 이 종교적 배아는 삶의 경험, 교육, 무한자하나님와의 만남을 통해 점차 깨어나고 성장하며, 인간 인격의 깊은 차원에서 꽃을 피우게 된다.

그는 이렇게 말한다:

> "인간은 다른 능력들과 마찬가지로 종교적인 배아도 가지고 태어난다. 만약 인간의 감각이 억압되지 않고, 인간과 우주 사이의 연합이 차단되지 않는다면, 이 종교적 배아는 누구에게나 교육을 통해 계발될 수 있다."[7]

결국 종교란, 외부에서 주입되는 규율이나 교리를 반복시키는 체계가 아니라, 인간 내면에 이미 존재하는 종교성을 일깨우고 자라게 하는 과정이다. 이 도야의 과정을 통해 인간은 자신의 본래 자리를 회복하고, 궁극적으로는 하나님과 조화로운 일치를 이루게 된다. 신앙은 단지 믿는 행위가 아니라, 삶 전체를 향한 방향 설정이며, 인간 스스로를 형성해가는 길이기도 하다.

슐라이어마허의 종교 이해는 당시까지 기독교교육의 주류였던 종파 중심의 신앙교육, 즉 교리문답을 통한 외형적 지식 주입 방식에 근본적인 도전을 던진다. 그는 종교가 본질적으로 '무한자에 대한 직관과 감정'이라는 내면의 체험이라는 점을 강조한다. 그렇다면 종교는 단순히 외부에서 주어지는 교리나 윤리 명령으로 전달될 수 있는 것이 아니라, 인간 존재의 깊은 곳에서 자연스럽게 깨어나야 하는 감응이며, 그것은 강제나 외부 지시로는 교육될 수 없다는 것이다.

이러한 이해는 당시 경건주의 교육이 강조하던 규율 중심의 신앙 훈련과 정면으로 충돌한다. 슐라이어마허는 경건이나 회심조차도 외

7 Friedrich Schleiermacher, Reden über die Religion an die Gebildeten unter ihren Verächtern (1799), 106; 양금희, "슐라이어마허의 종교론에 나타난 종교와 인간과 종교교육," 549.

부의 시간표나 교사의 지도로 계획될 수 있는 것이 아니며, 학생의 내면에 이미 존재하는 종교적 가능성이 자유롭게 피어나도록 '촉진'되는 방식의 교육이어야 한다고 본다.

그에 따르면, 교육학은 윤리로부터 파생된 응용 학문이며, 인간의 자유와 자율성을 바탕으로 성숙을 돕는 활동이다. 반면, 종교 교육은 그 성격상 외적인 사고나 행동으로 측정되기 어렵고, 인간 존재의 감각적·직관적 층위에서만 이해될 수 있다. 그래서 그는 종교기독교 교육은 학교나 제도 교육 안에서 일반 교육과 동일한 방식으로 접근되어서는 안 되며, 가정이나 교회와 같은 삶의 공간에서 이루어져야 한다고 주장한다.

결국 슐라이어마허의 종교 개념은 종교교육에 있어서 형식 중심의 교리문답에서 체험 중심의 도야로, 강제적 전달에서 자발적 각성으로, 그리고 종파 중심 교육에서 보편적 종교성의 계발로의 전환을 촉진하는 이론적 기반이 되었다. 이는 이후 종교교육학Religionspädagogik이라는 새로운 학문 분과의 형성에도 결정적인 영향을 미쳤다.

종교는 가르칠 수 있는가?
- 슐라이어마허가 던진 교육의 근본 질문

슐라이어마허는 종교를 단순히 가르칠 수 있는 지식의 대상으로 보지 않았고, 인간 내면에서 우러나는 실존적 감응이라고 보았다. 이러한 종교 이해는 당시 교회 중심의 신앙교육, 특히 교리문답Catechism을 중심으로 한 기계적 전달 방식에 대해 근본적인 문제 제기를 포함하고 있었다.

그는 교육과 종교를 구분하면서 다음과 같이 설명한다. "교육학은 윤리에 근거한 이론이지만, 종교교육은 교육학적으로 설명되기 어려운 교회의 일"이다. 교육은 외적인 훈련과 형성의 틀에서 작동하지만, 종교는 신비적인 체험과 내면의 직관으로 접근해야 하기 때문이다.[8]

그에 따르면, 교육학은 윤리로부터 파생된 응용 학문이며, 인간의 자유와 자율성을 바탕으로 성숙을 돕는 활동이다. 반면, 종교교육은 그 성격상 외적인 사고나 행동으로 측정되기 어렵고, 인간 존재의 감각적·직관적 층위에서만 이해될 수 있다. 그래서 그는 종교기독교 교육은 학교나 제도 교육 안에서 일반 교육과 동일한 방식으로 접근되어서는 안 되며, 가정이나 교회와 같은 삶의 공간에서 이루어져야 한다고 주장한다.

이러한 슐라이어마허의 종교 이해는 당시 경건주의 교육이 강조하던 규율 중심의 신앙 훈련 방식과 근본적으로 충돌하였다. 당시 경건주의는 경건함이나 회심조차도 외부의 훈련, 시간표, 교사의 지도에 따라 계획하고 실천할 수 있다고 보았다. 그러나 슐라이어마허는 신앙은 그렇게 외부에서 조절되거나 주입될 수 있는 것이 아니라고 보았다. 그는 신앙이란, 학생의 내면에 이미 존재하는 종교적 가능성이 자율적이고 자연스럽게 피어나도록 '촉진'되는 방식의 교육이어야 한다고 강조하였다. 이러한 관점은 종교교육의 본질을 다시 묻는 근본적인 전환을 예고하게 된다.

당시 계몽주의는 이성과 합리성을 강조하며, 종교를 도덕적 규범이나 철학 체계로 해석하려 하였다. 반면, 경건주의는 내면의 회심과 체험을 통해 신앙을 형성하는 것을 중요하게 여겼다. 이 두 흐름은 서

8 Friedrich Schleiermacher, *Pädagogische Schriften. Die Vorlesung aus dem Jahre 1826*, 12, 이향명, 『상황중심의 기독교교육』(서울: 한신대학교 출판부, 2001), 16에서 재인용.

로 다른 방향에서 신앙 형성에 접근했지만, 슐라이어마허는 이들 모두를 넘어, 종교를 단순한 지식이나 윤리가 아닌 존재의 감응 — 즉 무한자에 대한 인간의 내적 응답 — 으로 이해하며, 신앙 교육이 어떤 방향을 향해야 하는지를 새롭게 제시하였다.

이러한 논의는 종교교육, 특히 마틴 루터 이후 개신교 전통에서 강조된 교리문답 중심 교육에 대한 재해석으로 이어진다. 루터는 학교 안에서 성서와 교리를 교육하는 것을 매우 중요하게 여겼고, 이는 오랫동안 공교육 시스템에서 종교수업이 정규 과목으로 유지될 수 있는 중요한 근거가 되었다. 하지만 슐라이어마허는 이런 방식 — 제도화된, 외형적 지식 중심의 종교수업 — 에 대해 비판적 시각을 갖게 되었고, 이는 이후 독일 종교교육의 중요한 전환점을 형성하게 된다.

특히 20세기 초, 독일에서는 교육학계에서 "종교는 과연 가르칠 수 있는가?Ist Religion lehrbar?"라는 질문을 중심으로 치열한 논쟁이 벌어진다. 이 논쟁에서 일반교육학자들은 종교의 내용을 교육학적으로 구성하고 체계화할 수 있다고 주장한 반면, 종교교육학자들은 종교는 본질적으로 개인의 감응과 체험에 속한 것이므로 일반 교육의 틀로 가르치기는 어렵다고 맞섰다. 이 논쟁은 단순한 이론적 입장 차이를 넘어서, 오늘날까지도 이어지는 다음과 같은 중요한 질문들을 제기하였다:

- 학교 내에서 종교는 어떤 방식으로 가르쳐야 하는가?
- 교리문답은 여전히 유효한 신앙교육의 방식인가?
- 신앙은 전수되는 것인가, 아니면 스스로 길러지는 것인가?

결과적으로, 슐라이어마허는 "종교는 가르칠 수 있는가?"라는 교육학의 가장 오래된 질문을 근본에서 다시 묻도록 만들었고, 이 질문은 지금까지도 기독교교육학과 종교교육학의 핵심 화두로 남아 있다. 이러한 질문은, 당시 종파적 교리 중심 교육에 대해 비판적 성찰의 길을 열었다. 그의 이러한 종교 개념은 이후 계몽주의 교육사상가들에게도 깊은 영향을 미쳤으며, 특히 헤르바르트Johann Friedrich Herbart, 1776-1841와 디스터벡Adolf Diesterweg, 1790-1841은 이 흐름을 따라 종교교육의 본질과 방법에 대한 새로운 비판과 대안을 제시하게 된다.

슐라이어마허의 교육 울림 1: 요한 프리드리히 헤르바르트

요한 프리드리히 헤르바르트는 독일 계몽주의 시대의 전환기에 등장한 대표적인 교육학자이자 철학자로, 교육을 독립된 학문 분야로 정립하고 근대 교육학의 이론적 기초를 세운 인물로 평가된다. 그는 교육을 단순한 기술 습득이나 행동 훈련이 아닌, 명확한 목적과 체계적인 방법론을 갖춘 과학적 학문으로 간주하였다. 특히 그는 교육의 본질을 인간의 도덕적 완성에 두었으며, 이를 "교육은 도덕적으로 훌륭한 인간을 형성하는 일이다"라고 단호하게 천명하였다. 그의 교육 목적론은 인간을 단지 사회에 적응시키는 존재로 보는 것이 아니라, 도덕적으로 자율적인 인격으로 성장하도록 돕는 것에 중심을 두고 있었다.

이러한 관점에서 헤르바르트는 당대의 종교교육, 특히 교회 중심의 종파적 교리 주입식 교육에 대해 비판적인 입장을 취하였다. 그가 활동하던 시대는 여전히 교회가 교육의 중심 권위를 차지하고 있었으며, 종교교육은 특정 교단의 교리를 반복적으로 암기시키고 순응하게 만드는 방식이 주류를 이루고 있었다. 그러나 헤르바르트는 이러한 방식이 도덕적 자각을 바탕으로 한 자율적인 인격 형성이라는 교육의 궁극적 목적과 상충한다고 보았다. 그는 학생들이 단지 외부 권위에 복종하는 존재가 아니라, 이성적 판단과 내면적 성찰을 통해 옳고 그름을 구별하고 행동할 수 있는 존재로 자라야 한다고 주장하였다.

이와 같은 그의 사상은 당시 등장하던 종교의 내면화된 이해, 특히 프리드리히 슐라이어마허의 종교론과 일정한 접점을 형성한다. 슐라이어마허가 종교를 외적인 교리나 도덕률이 아닌, 인간 내면에서 하나님 앞에 선 감응과 직관의 경험으로 이해했던 것처럼, 헤르바르트 역시 종교를 개인의 도덕적 자각과 내면적 성숙을 통해 형성되는 가치로 보았다. 그에게 있어 진정한 종교교육은 특정 교단의 교리를 주입하는 것이 아니라, 학생 개개인이 도덕적 판단력을 기르고, 종교적 신념을 자발적이고 책임 있게 선택할 수 있도록 돕는 일이어야 했다.

헤르바르트는 당시 교회가 종교와 신앙을 본질적으로 잘못 가르치고 있다고 강하게 비판하였다. 그에 따르면, 교회는 신앙을 "모든 인간의 의존 감정이 지고한 존재의 본성으로 발전해 가는 내적 여정"으로 가르치지 못하고, 오히려 "자발적이지 않은 피상적 신앙 고백"으로 대체하고 있다는 것이다. 다시 말해, 참된 종교는 인간 내면에서 윤리적 성숙과 도덕적 자각을 통해 자라나야 하지만, 교회는 이를 외형적 교리 암기와 강제된 신앙 고백으로 왜곡하고 있다는 비판이다.

이러한 비판은 단지 특정 교단의 방식에 대한 반발이 아니라, 종교의 본질을 어디에 둘 것인가에 대한 철학적 물음에서 비롯되었다. 이에 따라 헤르바르트는 참된 신앙의 중심을 교리나 제도에서가 아니라, 도덕성Moralität 안에서 찾아야 한다고 주장하였다. 그는 도덕적 감정과 윤리적 사고 능력이야말로 인간의 종교적 성숙을 이끄는 핵심 요소라고 보았다. 즉, 진정한 종교는 외적 규범에의 순응이 아니라, 도덕적 자기성찰을 통해 스스로 하나님 앞에 서는 내면의 태도에서 비롯된다는 것이다.

따라서 그는 학교에서 이루어지는 종교교육 역시 단순한 교리 교육을 넘어, 도덕적 감수성과 심성 형성을 중심에 두어야 한다고 보았다. 그래서 그는 학교에서의 종교교육은 '심성 교육Gesinnungsunterricht'이나 '도덕 수업Sittliche Unterricht'으로 대체되어야 한다고 역설했다.[9] 이를 통해 학생들이 자율적으로 도덕적 판단력을 기르고, 종교적 신념을 강요가 아닌 자유로운 내면의 확신으로 형성할 수 있도록 해야 한다고 강조하였다.

슐라이어마허의 교육 울림 2: 아돌프 디스터벡

아돌프 디스터벡은 19세기 독일 계몽주의 교육사상을 대표하는 인물로, 교육의 세속화와 국가 중심의 공교육 체계 확립에 중요한 역할을 한 교육개혁가였다. 그는 당시 교육이 특정 교단이나 종파에 종속되어 있던 현실을 비판하며, 교육의 공공성, 보편성, 그리고 국가적 책임을 강하게 주장하였다. 이러한 그의 입장은 시민사회의 성장과 근대 국가 형성이라는 시대적 흐름 속에서, 교육이 더 이상 교회의 전유물이 되어서는 안 된다는 강한 확신에서 비롯되었다.

디스터벡은 특히 요한 하인리히 페스탈로치Johann Heinrich Pestalozzi, 1746-1827의 영향을 깊이 받았으며, 인간을 이성과 감성, 신체와 도덕성이 통합된 존재로 이해하였다. 그는 교육의 목표를 단지 지식 전달이나 기

9 윤응진, "기독교교육과 정치, 독일 기독교(종교)교육사 개관," 『한신논문집』 7 (1990), 240.

술 습득이 아닌, 인간의 자율성과 도덕적 성장을 도모하는 전인적 형성에 두었고, 이를 통해 사회적 책임을 감당할 수 있는 시민을 길러내야 한다고 보았다. 이러한 전인교육의 이상은, 교리 중심의 종교교육으로부터 보다 인간 중심적이고 경험 기반적인 학습의 방향 전환을 요구하는 것이기도 했다.

디스터벡은 종교교육이 특정 교회의 교리를 주입하는 방식으로 이루어지는 현실에 강한 비판을 가하였다. 그는 참된 교육이 특정 종파의 신앙을 전수하는 데 머물러서는 안 되며, 오히려 모든 인간에게 보편적으로 요청되는 윤리적 감수성과 도덕적 성숙을 기르는 방향으로 나아가야 한다고 주장하였다. 교육의 목적이 자유롭고 이성적인 시민을 양성하는 데 있다면, 학교는 종교적 일치나 복종을 요구하는 공간이 아니라, 비판적 사고력과 인간다움Humanität을 형성하는 공공의 장이 되어야 한다는 것이 그의 확고한 신념이었다.

디스터벡은 이러한 관점에서 당시 독일 교육이 여전히 교회 중심의 통제 구조 안에 머물러 있는 현실을 강하게 비판하였다. 그는 "옛 학교는 교회학교였지만, 새로운 학교는 국가학교여야 한다"고 단언하면서, 교육의 주체가 더 이상 교회가 아니라 국가여야 한다고 주장하였다. 이 발언은 단지 행정 주체의 전환을 의미하는 것이 아니라, 교육의 본질적 방향과 내용에 대한 재정립을 요구하는 선언이었다. 즉, 교육은 더 이상 신앙의 순응을 훈련시키는 제도가 아니라, 시민적 자율성과 사회적 책임을 실천할 수 있는 인격 형성의 공간이 되어야 한다는 것이다.

그에게 있어 '국가학교'란 단순히 국가가 운영하는 학교를 의미하는 것이 아니라, 모든 시민에게 열려 있고, 특정한 신앙과 사상에 종속되지 않으며, 인간의 자유와 공동선을 증진하는 교육의 장을 뜻한다.

이처럼 디스터벡은 교육의 공공성과 세속성을 강조하면서도, 동시에 도덕성과 공동체적 책임의 함양이라는 교육의 윤리적 본질을 결코 놓치지 않았다.

디스터벡은 교육을 두 가지 상이한 영역으로 구분하였다. 하나는 교회교육Kirchenlehre이고, 다른 하나는 일반교육Pädagogik이다. 그는 이 두 영역이 목적과 방법에 있어서 본질적으로 다르다고 보았다. 교회교육은 특정 교파의 교리나 신앙 내용을 중심으로 구성되며, 신앙의 강요 혹은 수동적 전달을 목적으로 하는 반면, 일반교육은 모든 시민을 대상으로 한 공공교육으로서, 인간의 이성과 자율성, 그리고 도덕적 판단력을 길러야 한다는 것이 그의 확고한 입장이었다. 이때 일반교육은 교리의 습득보다 비판적 사고와 윤리적 성숙을 추구하는 교육이어야 하며, 종교적 확신 역시 강제나 암기가 아니라 내면적 성찰을 통한 자유로운 형성의 결과여야 한다.

이러한 구분은 단순한 교육 유형의 차이를 넘어, 종교교육에 대한 근본적인 인식 전환을 보여준다. 디스터벡은 종교교육이 전통적으로 수행되어 온 방식, 곧 비판이 불가능한 신앙 전통의 반복과 강요를 비판하며, 그것이 오히려 자유롭고 자율적인 인간 형성을 방해한다고 보았다. 그는 종교교육이 진정으로 교육적이기 위해서는, 학습자가 비판하고 질문할 수 있는 여지를 열어두어야 하며, 이성적 판단과 도덕적 감수성 속에서 종교적 성숙이 이뤄져야 한다고 강조하였다.

이 점에서 디스터벡은 신앙을 억압적 규범으로 보는 것이 아니라, 자유로운 교육 안에서 도덕적 자각을 통해 형성되어야 할 삶의 태도로 이해하였다. 따라서 종교교육은 교회 내부의 전통을 반복하는 폐쇄적 영역이 아니라, 인간과 세계, 삶의 의미에 대한 자율적 탐구의 과정으로 전환되어야 하며, 이러한 변화가 바로 근대 공교육이 감당해야 할

과제라는 것이 그의 주장이었다.[10]

디스터벡에게 있어 교육은 단순히 지식과 기술을 전달하는 기능적 수단이 아니라, 국가와 사회의 진보를 위한 핵심적 도구이자, 인간 정신의 해방과 계몽을 이끄는 수단이었다. 그는 교육을 통해 인간이 자율적 존재로 성장할 수 있다고 믿었으며, 따라서 교육은 결코 특정 종교의 교리나 전통에 종속되어서는 안 된다고 강조하였다. 오히려 교육은 학습자 스스로가 사고하고 판단하며, 자기 삶과 세계에 대해 비판적으로 성찰할 수 있는 능력을 기를 수 있도록 구성되어야 한다는 것이 그의 기본 입장이었다.

이러한 주장은 계몽주의 교육사상의 핵심 정신, 곧 인간 이성의 자율성과 비판 능력에 대한 신뢰를 고스란히 반영하고 있다. 디스터벡은 신앙 그 자체를 부정한 것이 아니라, 교육이라는 공적 제도 속에서 신앙이 어떤 방식으로 다루어져야 하는가에 대해 근본적인 문제 제기를 하였다. 그는 교육이 강제된 신앙 고백이나 교리 주입을 통해 이뤄져서는 안 되며, 오히려 개인의 윤리적 판단과 내적 확신을 존중하는 방식으로 이루어져야 한다고 보았다.

결과적으로 디스터벡의 교육 사상은 교회 중심의 교육 체계로부터 벗어나, 국가 주도의 공공교육 시스템 구축에 이론적 기반을 제공하였다. 특히 종교교육과 일반교육의 분리라는 원칙은 이후 독일 교육제도의 구조적 기초가 되었으며, 오늘날에도 '중립적 종교교육Neutraler Religionsunterricht', 또는 '철학·윤리 수업Philosophie/Ethikunterricht'으로 이어지는 교육 모델에 중요한 영향을 끼쳤다. 이처럼 디스터벡의 사상은 단지 역사적 교육 이론에 머무는 것이 아니라, 현대 교육의 공공성과 종교적

10 강문규, "19-20세기에 있어서 독일 기독교교육 수업의 개념이해," 『기독교교육논총』 21 (2009), 242.

중립성이라는 과제에 실질적인 기초를 제공한 것이다.

더 나아가 그는 1905년 브레멘 학교 논쟁과 같은 종교교육의 세속화 논쟁에도 간접적으로 사상적 토대를 제공한 인물로 평가된다. 그가 강조한 교육의 국가적 책임, 교사와 학교의 자율성, 종교와 교육의 분리는 이후 독일 교육사 전개 속에서 반복적으로 등장하는 주요 담론의 근간이 되었으며, 오늘날에도 종교와 공교육의 관계를 재성찰하는 데 중요한 이정표로 작용하고 있다.

결론

슐라이어마허는 계몽주의 시대에 종교의 본질을 근본에서 다시 물었던 사상가였다. 그는 종교를 하나님 앞에 선 인간의 내면 깊은 감응, 곧 절대 의존의 감정으로 이해함으로써, 당시 교리 중심의 종교교육이 놓치고 있던 존재론적 차원을 회복하고자 하였다. 그의 이론은 단지 종교를 감정화한 것이 아니라, 신앙이 삶의 방식으로 체현되기 위해서는 내면에서 자발적으로 형성되어야 한다는 전제를 세운 것이었다.

슐라이어마허의 이러한 종교 이해는 '종교는 과연 가르칠 수 있는가?'라는 교육학의 가장 오래된 질문을 다시 꺼내게 하였고, 이후 종교교육의 내용과 방법, 목적에 대한 근본적인 재사유를 불러일으켰다. 그는 종교를 단순히 가르치는 것이 아니라, 깨닫고 느끼고 응답하게 하는 방식으로 전해야 한다고 보았으며, 이 점에서 교육은 곧 존재에 대한 실존적 감응을 일깨우는 과정이 되어야 했다.

슐라이어마허의 이론은 곧바로 헤르바르트와 디스터벡 같은 교육사상가들에게 영향을 미쳤다. 헤르바르트는 신앙을 도덕적 자각을 통해 형성되는 내면의 가치로 보았고, 디스터벡은 교회 중심의 교리 교육에서 벗어나 자유롭고 공공적인 교육 질서를 구축하고자 하였다. 이처럼 슐라이어마허는 신학과 교육 사이의 깊은 대화를 열어주었으며, 신앙이 단지 전수되는 지식이 아니라 형성되는 경험임을 강조하는 새로운 교육 패러다임을 마련한 셈이다.

결국 슐라이어마허를 중심으로 한 이 흐름은 경건주의의 감응성과 계몽주의의 이성, 신학의 내면성과 교육의 공공성, 교회의 전통과 인간의 자율성 사이의 긴장 속에서 종교교육의 새로운 가능성을 열어준 시도였다. 이로써 종교는 단지 교회에서 가르쳐야 할 진리가 아니라, 교육이라는 인간 형성의 과정 속에서 비로소 살아나는 경험과 고백으로 자리하게 된다.

학/습/요/약/

① 계몽주의는 이성과 자율성을 중심에 두고, 종교를 더 이상 절대 진리가 아닌 도덕과 윤리 체계로 재해석하려 하였다.

② 슐라이어마허는 종교를 이성이나 행동이 아닌, '절대 의존의 감정'이라는 내면의 실존적 감응으로 규정하였다.

③ 그는 종교는 외부에서 가르칠 수 없으며, 오직 내면의 직관과 감정을 통해 자발적으로 형성되어야 한다고 보았다.

④ 헤르바르트와 디스터벡은 이 사상을 계승하며, 기존 교회 중심의 신앙 교육을 도덕 수업헤르바르트과 국가 교육디스터벡으로 대체할 것을 주장하였다.

⑤ 이러한 흐름은 이후 교리문답의 재해석, 학교 종교수업의 정당성 논쟁, 종교교육의 학문적 전환에 결정적인 전기를 마련하였다.

5장

경건과 계몽의 대화
— 크리스티안 팔머의 중재적 교육[1]

교리문답과 종교교육학의 사이에서

기독교교육이란 무엇보다 예수 그리스도의 복음 위에 세워진 교육이다. 그런데 이 교육은 단지 오래된 전통을 가르치는 것에 그치지 않는다. 기독교의 가르침이 오늘날 우리의 삶, 즉 개인과 사회의 상황 속에서 어떻게 새롭게 경험되고 이해될 수 있는지를 고민하는 것이 바로 기독교교육의 핵심 주제다.

조금 더 쉽게 말하면, 기독교교육은 '기독교 전통'이라는 내용과 '개인의 성장과 경험'이라는 두 축이 함께 맞물려 작동하는 교육이다.

1 이 글은 "교육의 교회성과 어린이 종교의 중재적 연결: C. Palmer의 『기독교 교리문답』(Evangelische Katechetik, 1844)을 중심으로"라는 제목으로 한국개혁신학회, 『한국개혁신학』 제79권(KCI 등재, 2023년 8월), 307-41면에 발표된 논문을 수정·보완한 글이다.

다시 말해, 단순히 지식만 전달하는 것이 아니라, 그 지식이 한 사람의 삶과 어떻게 연결되는지를 함께 고민하고 가르치는 것이 기독교교육이다.

독일의 기독교교육학자 프리드리히 슈바이처는 이런 점을 잘 설명해 준다. 그는 기독교교육의 발전을 "교리문답Catechism에서 학문적인 기독교교육으로 이어지는 연속적인 발전"이라고 표현한다.

초대교회 때부터 시작된 교리문답은 단순히 믿는 내용을 암기하게 하는 방식이었다. 하지만 시대가 변하면서 사회의 구조와 문화가 바뀌었고, 사람들의 언어와 사고방식도 달라졌다. 슈바이처는 바로 이런 변화 속에서 기독교교육도 새롭게 적응해 왔다고 본다. 즉, 시대의 도전과 요구에 맞춰서 기독교의 내용을 다시 해석하고 전달하는 과정을 통해 기독교교육이 발전해 왔다는 것이다.

슈바이처는 기독교교육의 발전 역사를 크게 세 단계로 나눈다.

첫째, 슐라이어마허가 등장하면서 종교를 감정과 경험의 차원에서 새롭게 이해하려는 흐름이 생겼다. 그는 종교를 단지 교리를 아는 것이 아니라, 하나님과의 깊은 내적 경험으로 이해했다. 이로 인해 종교교육도 감성적이고 내면적인 접근이 중요해지기 시작했다.

둘째, 20세기 초 독일에서 나타난 '개혁교육학Reformpädagogik'이다. 이 흐름은 아동 중심 교육, 자유로운 사고와 자율성을 강조하면서, 기독교교육도 보다 열린 방식으로 접근해야 한다는 '자유주의 기독교교육Liberale Religionspädagogik'을 발전시켰다.

셋째, 1960년대 이후로 기독교교육은 하나의 독립적인 학문 분야로 자리 잡게 되었다. 이 시기에는 교육이론, 심리학, 사회학 같은 학문들과의 대화 속에서 기독교교육이 더욱 전문적이고 실험적인 방향으로 발전하게 되었다.

이러한 흐름은 독일 성서공회에서 제공하는 '온라인 기독교백과사전'에도 비슷하게 정리되어 있다.

결국 우리는 오늘날 기독교교육을 이야기할 때, 그 뿌리가 되는 '교리문답'이라는 전통을 빼놓고 말할 수 없다. 기독교교육은 오랜 시간 동안 시대에 맞게 변하면서도, 한편으로는 예수 그리스도의 복음을 중심에 두고 계속해서 그 본질을 이어오고 있는 것이다.

기독교교육은 단지 과거의 내용을 반복해서 가르치는 것이 아니다. 기독교교육은 2000년 전 예수 그리스도의 십자가 복음이 오늘날 우리 시대 속 신앙인에게 새롭게 '되살아나는' 과정이라 말할 수 있다. 이 과정을 통해 복음은 오늘의 삶과 연결되고, 새롭게 의미를 가진다.

하지만 시대가 변할 때마다 복음을 교육적으로 되살리는 이 과정은 항상 쉽지만은 않았다. 옛 시대와 새 시대의 관점이 충돌하면서, 그 사이에 긴장과 갈등이 생겼다. 이것이 바로 기독교교육이 발전해 온 하나의 중요한 배경이다.

『기독교 교리문답』1844 : 팔머의 교육신학적 전환

이런 맥락에서 19세기 독일의 실천신학자이자 기독교교육학자인 크리스티안 팔머Christian Palmer, 1811-1875는 주목할 만한 인물이다. 그는 1844년에 『기독교 교리문답』*Evangelische Katechetik*이라는 책을 출판하였다. 이 책은 당시 복음의 교육적 의미를 새롭게 풀어내려는 노력의 결실이었다.

참고로 독일어에서 Evangelisch는 일반적으로 '개신교'를 뜻하지만, 팔머가 이 단어를 사용한 의도는 단순히 가톨릭과 개신교를 구분하기 위함은 아니었다고 볼 수 있다. 팔머는 당시 유럽에서 유행하던 계몽주의 사상이 강조한 '상대적이고 주관적인 종교'에 반대하여, 기독교를 '객관적인 진리로서의 종교die objektive Religion'로 강조하고자 했던 것이다. 그래서 이 글에서는 그의 책 제목을 '개신교 교리문답'이 아니라 '기독교 교리문답'으로 번역하여 사용하고자 한다.

팔머의 『기독교 교리문답』은 단순한 교재 그 이상이었다. 이 책은 당대의 중요한 교육적 갈등 속에서 하나의 조율점을 찾으려 했던 시도였다. 당시 사회는 '교회와 교육의 분리'를 주장하는 분위기였다. 즉, 종교는 사적인 영역에 머무르고, 공적 교육은 종교와 분리되어야 한다는 주장이 확산되고 있었다. 그러나 팔머는 이런 흐름에 맞서, 종교개혁 전통과 경건주의에 기반한 '교육의 교회성'을 변호하고자 했다. 동시에, 그는 계몽주의 교육에서 강조한 '어린이의 종교성'이라는 개념도 수용하여, 이 둘을 조화시키려 했다.

이처럼 팔머는 두 세계 — 경건주의적 신앙교육과 계몽주의적 교육 이론 — 사이에서 교육학적으로 '중재'를 시도했던 인물이다. 그가 시도한 이 중재는 오늘날에도 여전히 유의미하다. 왜냐하면 현대 사회는 '탈교회화'와 '탈교리화'가 점점 심화되고 있는 세속화의 시대이기 때문이다. 팔머의 교리문답은 이런 흐름 속에서 기독교교육이 어떻게 새롭게 길을 찾을 수 있을지에 대한 중요한 통찰을 제공해 준다.

따라서 이 장에서는 아직 한국에서는 잘 알려지지 않은 팔머의 『기독교 교리문답』1844의 핵심 내용을 소개하고자 한다. 이 책의 구조와 중심 사상을 살펴보며, 오늘날 기독교교육이 나아가야 할 방향을 함께 고민해 보고자 한다.

경건주의와 계몽주의 사이: 19세기 기독교교육의 긴장과 중재

우리는 이미 경건주의가 어떤 교육관을 가지고 있었는지 살펴보았다. 여기서 다시 한번 그 핵심을 되짚어 보는 것은, 당시 팔머가 마주한 시대적 긴장 속에서 그의 교육관이 어떤 자리를 취하고 있는지를 이해하는 데 중요하다.

경건주의는 단순히 머리로 아는 신앙이 아니라, 가슴으로 느끼고 손으로 살아내는 신앙을 강조했다. 교리를 암기하고, 성서 구절을 외우는 것만으로는 부족하다고 본 것이다. 그들은 묻는다. "그 진리를 너는 진짜 믿고 있는가? 그 믿음은 오늘 너의 삶에서 어떻게 드러나고 있는가?" 경건주의는 이 질문을 던지는 교육이었다.

그래서 경건주의는 말한다. 성서는 화석이 아니다. 오래된 돌처럼 단단하고 차가운 진리가 아니라, 지금도 살아서 우리를 흔들고 변화시키는 하나님의 숨결이다. 그러니 아이들에게도 살아 있는 하나님의 말씀을 가르쳐야 한다. 교회 안에서만 신앙을 말하고, 예배 시간에만 믿는 척하는 것이 아니라, 평범한 일상 속에서도 예수님을 따라 사는 삶을 교육해야 한다는 것이었다.

이런 경건주의 전통은 19세기 중반까지 독일 교육의 중요한 흐름이었다. 당시 대부분의 교회학교는 이 경건주의 정신을 이어받아, 성서를 바르게 가르치고, 아이들이 실제 삶에서 그 말씀을 살아낼 수 있도록 돕는 것을 목표로 삼았다. 신앙은 단지 '지식'이 아니라, '실천'이며 '태도'였던 것이다.

팔머 역시 이 전통에 서 있었다. 하지만 그는 이 경건주의만을 그대로 반복한 것이 아니었다. 그는 이제 막 부상하고 있던 계몽주의 교육사상과도 대화를 시도하면서, 그 두 흐름 사이에서 교육적 중재를 꿈꾼다. 그 시도가 바로 『기독교 교리문답』이라는 책 속에 담겨 있다.

앞서 살펴본 대로, 경건주의는 단지 종교 개혁의 유산을 보존하는 데 그치지 않았다. 경건주의는 루터의 교리를 기반으로 하면서도, '신앙은 삶에서 증명되어야 한다'는 급진적인 질문을 던졌다. 단지 옳은 교리를 아는 것으로는 충분하지 않다고 본 것이다. 참된 믿음은 회심, 곧 마음의 변화와, 삶의 실제적 변화를 동반해야 한다는 것이 경건주의의 신념이었다.

그래서 경건주의자들은 '중생'이란 단순한 이론이 아니라, 성령의 도우심을 통해 이루어지는 실제적 체험이라고 믿었다. 이들은 인간의 죄성을 매우 심각하게 보았고, 특히 어린이 교육에서도 이런 관점을 일관되게 유지하였다. 어린이는 본성적으로 자기 뜻대로 살고자 하며, 그 의지를 꺾고 하나님의 뜻에 순종하는 삶을 배우는 것이 경건한 교육의 시작이라고 여겼다. 오늘날의 교육이 자율성과 창의성을 중시한다면, 이 시기의 교육은 그 반대편에서 '훈련'과 '복종'을 강조했다.

경건주의의 대표적 교육자였던 아우구스트 헤르만 프랑케는 어린이가 자기 의지를 스스로 꺾을 수 있도록 훈련받아야 한다고 주장했다. 아이들은 정해진 시간에 맞춰 기도하고, 성서를 읽고, 교사의 지도에 절대적으로 순종해야 했으며, 그 일상은 철저히 통제되고 조직되어 있었다. 이런 교육은 단지 도덕적 규율을 넘어서, 하나님의 뜻에 따라 살아가는 삶을 체득하게 하려는 시도였다.

이처럼 경건주의는 개인의 내면 변화와 실제 삶의 경건을 함께 강조한 교육이었다. 단지 지식을 아는 것이 아니라, 하나님의 뜻대로 살아내는 사람을 길러내는 것. 이것이 경건주의가 추구한 신앙교육의 핵심이었다. 팔머 역시 이런 흐름 위에 서 있었지만, 그는 동시에 새로운 시대가 요구하는 교육적 변화를 외면하지 않았다. 이제 팔머는, 경건주의의 깊은 뿌리를 딛고, 계몽주의와 대화하며, 두 흐름을 이어주려는 다리 역할을 감당하려 했던 것이다.

경건주의 스틸 교육과정과 시대의 변화

18세기 중엽 프로이센의 공교육 체계는 교리문답과 성서 중심의 수업을 학교 일과의 핵심으로 삼고 있었다. 국어교육도 단순한 문해력 향상을 넘어, 성서 본문을 읽고 암송하며 해석하는 데 초점을 두었고, 역사 수업 또한 초대교회에서 종교개혁에 이르는 교회사 중심의 내용으로 구성되었다. 학교는 신앙 형성의 장이자 교회의 연장이었다고 해도 과언이 아니었다.

이러한 흐름은 19세기 중반에도 이어졌으며, 그 대표적인 사례가 1854년 제정된 '스틸 교육과정Stiehlische Regulative'이다. 이 교육지침은 당시 프로이센 교육부 장관이자 경건주의자였던 퍼디넌드 스틸Anton Ferdinand Stiehl의 주도로 마련되었다. 그는 당시 확산되고 있던 낭만적 계몽주의 교육을 "그릇된 교사, 그릇된 교육, 비종교적인 인간 지혜의 잘못"이라고 강하게 비판하며, 다시금 성서와 교리문답, 찬송가를 중심으로 한 신앙 교육을 강조하였다. 이처럼 18세기에서 19세기에 이르기까지 독일의 교육은 경건주의적 이상과 교회 중심의 신앙 형성을 핵심으로 삼고 있었고, 이러한 전통 속에서 팔머의 『기독교 교리문답』 또한 등장하게 된다.[2]

이러한 경건주의 교육관은 처음에는 신앙과 삶을 연결하고, 올바

2 Heinz-Hermann Schepp, *Die Schule in Staat und Gesellschaft. Dokumente zur deutschen Schulgeschichte im 19. und 20. Jahrhundert* (Göttingen: Vandenhoeck & Ruprecht, 1993), 167.

른 믿음을 실천하게 하려는 진지한 시도였다. 그러나 시간이 흐르면서, 이 교육관은 학교 현장에서 점점 경직되고 형식화되는 문제를 드러내기 시작했다. 특히 교회가 교육을 주도하면서 생겨난 '종교적 권위'는 종종 교육의 본질보다는 교회 기득권의 유지에 더 관심을 가지게 되었다. 교회는 자신들이 정해 놓은 방식과 내용으로만 신앙을 가르치려 했고, 교육자는 그 틀 안에서 복종해야 하는 위치에 놓였다. 결과적으로 경건주의 교육은 '살아 있는 신앙'을 가르치기보다는, 교회가 정해 놓은 '틀 안의 신앙'을 반복해서 가르치는, 관습적이고 고정된 형태로 굳어지게 되었다.

이러한 흐름 속에서 1854년에 제정된 '스틸 교육과정'은 경건주의 교육의 정점을 보여주는 동시에, 그 한계도 드러낸다. 스틸 교육과정은 성서의 말씀, 교리문답, 찬송가 등을 중심으로 하는 종교 교육을 강조하면서, 당시의 공립학교에서 경건한 삶의 태도를 훈련시키고자 했다. 퍼디넌드 스틸은 교육부 장관으로서 이 과정을 강력히 밀어붙였고, 이를 통해 아이들이 기독교적 도덕성과 순종을 배울 수 있다고 믿었다.

하지만 19세기 중반 이후 유럽 사회는 빠르게 변화하고 있었다. 찰스 다윈Charles Robert Dawin의 진화론은 인간의 기원과 세계에 대한 기존의 종교적 설명에 도전장을 내밀었고, 어린이를 하나의 '완성되지 않은 성인'이 아니라, 독립적인 인격과 발달 단계를 가진 존재로 보는 새로운 교육학 이론이 등장하기 시작했다. 또한 인쇄술과 신문, 잡지 같은 대중매체의 발달은 이전보다 훨씬 빠르게 새로운 사상과 정보가 퍼져나가게 만들었고, 도시화와 함께 등장한 노동자 계급은 정치적 권리와 교육의 기회를 요구하며 조직화되기 시작했다.

이런 변화 속에서 스틸 교육과정은 점점 더 시대에 뒤처진 것으로 인식되었다. "교회 중심의 말씀 암송"이나 "의지를 꺾는 훈련" 같은 교육 방식은 이제 일부 계몽주의 교육자들과 근대화 교육운동가들에 의해 비판의 대상이 되었고, 때로는 조롱의 언어로 표현되기도 했다. 그들은 이러한 교육이 아이들의 자유로운 사고와 인격 형성을 억압하고, 변화하는 사회 현실에 전혀 준비되지 않은 수동적인 인간을 길러낸다고 주장했다.

이처럼 경건주의 교육은 한편으로는 깊은 신앙의 뿌리를 제공했지만, 다른 한편으로는 근대 사회의 요구에 적절히 응답하지 못한 채, 점차 주변화되어 가고 있었다. 바로 이 지점에서 팔머는 그 시대의 교육적 긴장을 직시하고, 경건주의의 신앙 유산과 계몽주의의 교육 이상 사이를 중재하려는 새로운 교육적 시도를 모색하게 된다.[3]

계몽주의 교육관의 교리문답 비판

국가 차원의 교육 정책에서는 여전히 프로이센이 경건주의적 노선을 고수하고 있었다. 공립학교에서 말씀 암송과 교리문답을 중심으로 한 교육은 지속되었고, '하나님의 뜻에 순종하는 삶'을 길러내려는 훈련 중심의 교육이 제도적으로 뿌리내리고 있었다. 그러나 교육을 바라보는 시대의 시선과 철학은 점점 달라지고 있었다. 교회 중심의 경건주의가 여전히 제도 속에 남아 있었지만, 사상과 학문의 세계에서는 점점 더 커지는 또 다른 목소리가 등장하기 시작했다. 그것이 바로 계몽주의였다.

3 Peter C. Bloth, "Der Bremer Schulstreit als Frage an die Theologie: Eine Studie zur Problematik des Religionsunterrichts in der Volksschule des frühen 20. Jahrhunderts" (Dr. Theol. dissertation, Münster university, 1959) 참조.

경건주의는 어린이를 '원죄에 물든 존재'로 보았다. 그래서 교육의 목적은 그 아이가 지닌 고집과 자기 의지를 꺾고, 하나님께 순종하는 법을 배우게 하는 것이었다. 아이는 태어날 때부터 죄인의 성향을 지녔고, 그 성향을 훈련과 규율을 통해 다스리는 것이 교육이라고 본 것이다.

반면, 계몽주의 교육자들은 전혀 다른 시각을 제시했다. 이들은 어린이를 '하얀 도화지tabula rasa'로 이해했다. 다시 말해, 아이는 처음부터 아무것도 정해지지 않은 순수한 존재이며, 외부 세계와의 만남과 경험을 통해 조금씩 자신만의 세계를 깨달아가는 존재라는 것이다. 교육자는 이런 아이를 억누르고 훈계하는 존재가 아니라, 아이가 세상을 자유롭게 탐색할 수 있도록 기다려 주고 환경을 마련해 주는 안내자에 가까웠다.[4]

이런 교육관을 지닌 계몽주의자들은 당시 학교에서 진행되던 종교 수업, 특히 교리문답 중심의 수업에 강한 의문을 제기했다. 단순히 특정 교파의 신앙 전통을 주입하거나, 암기 위주의 교육을 반복하는 것은 더 이상 새로운 시대의 교육에 적합하지 않다는 것이었다. 대신, 종교 수업은 아이들의 감정을 일깨우고, 윤리적 세계관을 형성하게 돕는 "도덕적 역사 수업"의 형태로 변화되어야 한다고 주장했다.[5]

이러한 새로운 교육적 사상은 단지 몇몇 급진적인 교육자들의 주장이 아니었다. 그 이면에는 당대 유럽 지성사 전체를 아우르는 철학적·신학적 기반이 있었다. 대표적으로 장 자크 루소Jean-Jacques Rousseau, 1712-1778는 그의 저서 『에밀』*Émile*을 통해 어린이를 하나의 미완성된 어

4 Christine Reents and Christoph Melchior, *Die Geschichte der Kinder- und Schulbibel: Evangelisch - katholisch - jüdisch* (Göttingen: Vandenhoeck & Ruprecht, 2011), 155-57.

5 Peter C. Bloth, "Der Bremer Schulstreit als Frage an die Theologie: Eine Studie zur Problematik des Religionsunterrichts in der Volksschule des frühen 20. Jahrhunderts", 119-20.

른이 아니라, 고유한 인격과 가능성을 지닌 존재로 보았다. 루소는 어린이가 본래적으로 선하고 자유로운 존재이며, 이들의 성장은 외부의 강압이 아니라 자연스럽고 자발적인 경험을 통해 이루어져야 한다고 주장했다. 그의 사상은 이후 교육학 전반에 큰 영향을 끼쳤고, 어린이에 대한 관점을 근본적으로 바꾸어 놓았다.

한편, 프리드리히 슐라이어마허는 종교를 교리나 외적 제도보다 인간의 내면에서 경험되는 '절대 의존의 감정'으로 이해했다. 그는 종교교육 역시 단순한 교리 암기나 권위에의 복종이 아니라, 감정과 내면의 형성을 통해 이뤄져야 한다고 보았다. 이런 관점은 기존 경건주의와는 분명히 다른 출발점이었으며, 교육에서 '신앙의 강요'가 아니라 '신앙의 자각'을 중시하는 흐름을 만들어냈다.

교육학자 요한 프리드리히 헤르바르트와 아돌프 디스터벡도 중요한 영향을 끼쳤다. 헤르바르트는 교육을 단순한 지식 전달이 아닌 '도덕적 인격 형성의 과정'으로 보았고, 디스터벡은 교사의 권위보다는 학습자의 자율성과 흥미를 존중하는 교육을 주장했다. 이들은 모두 아이들이 주체적으로 사고하고, 자유롭게 성장할 수 있는 환경을 만들어 주는 것을 교육의 핵심으로 보았다.

이러한 철학과 교육 이론은 이후 '진보 교육progressive education'이라는 이름으로 하나의 교육운동으로 발전하게 된다. 진보 교육은 전통적인 훈육 중심의 교육, 특히 경건주의가 강조한 통제와 순종의 교육방식이 더 이상 현대 사회에 적합하지 않다고 보았다. 그 대신, 아동 중심, 체험 중심, 비판적 사고를 강조하며, 교육은 단순히 지식이나 규율을 심는 것이 아니라, 학생 개개인의 인격을 존중하고 성장하게 돕는 과정이라는 인식이 자리 잡게 된다.

이러한 흐름은 종교교육, 특히 기독교 신앙교육에도 커다란 질문을 던졌다. 과연 교회는 여전히 과거의 방식, 즉 교리 암송과 의지 억제 중심의 교육을 계속해야 하는가? 아니면 변화하는 시대 속에서, 새로운 철학과 교육학을 바탕으로 신앙교육의 방식도 바뀌어야 하는가? 이런 고민 속에서, 경건주의와 계몽주의, 전통과 근대를 연결하는 중재의 작업이 필요했고, 바로 그 접점에서 크리스티안 팔머는 자신의 교육적 시도를 펼치게 된다.

크리스티안 팔머의 『기독교 교리문답』

이처럼 전통적인 교회 교육을 고수하려는 세력과, 새로운 교육 철학을 따라 시대에 맞는 신앙교육을 실현하고자 했던 교육 개혁자들이 첨예하게 대립하던 시기에, 크리스티안 팔머의 『기독교 교리문답』이 등장한다. 팔머는 이 격동의 시대 속에서 양 진영의 입장을 모두 경험하며, 그 사이를 연결하고자 했던 인물이었다.

팔머의 생애를 간략히 살펴보면 다음과 같다. 그는 어려서부터 가정에서 경건주의 교육을 받으며 자랐고, 신앙과 경건의 중요성을 삶의 기반으로 익혀 나갔다. 이후 1828년, 젊은 나이에 튀빙겐 대학교에 입학하여 신학과 인문학을 공부하면서 자연스럽게 계몽주의 사상과 학문적 세계에 접하게 된다. 그에게 있어 신앙은 단지 전통에 머무는 것이 아니라, 이성과 감성, 내면의 종교적 체험과도 깊이 연결되어야 할 주제였다.

이러한 그의 관심은 곧 학문적 결실로 이어진다. 1841년, 그는 경건주의의 계보를 잇고 있으면서도 개인의 종교적 내면 경험을 강조했던 당대 최고의 설교자 아우구스트 톨룩August Tholuck, 1799-1877의 설교 사

상을 분석하여 『기독교 설교학』*Evangelische Homiletik*을 출간한다.[6]

그리고 불과 몇 년 뒤, 1844년에는 그의 대표작인 『기독교 교리문답』*Evangelische Katechetik*을 발표하게 된다. 이 책은 출간되자마자 독일 전역에서 큰 반향을 일으켰으며, 1876년까지 무려 여섯 차례에 걸쳐 재인쇄될 만큼 널리 읽히고 사용되었다. 팔머의 교리문답은 단순한 신앙 지식의 전달을 넘어, 당시의 신학적·교육적 갈등 속에서 새로운 교육 방향을 제시하려는 시도로 받아들여졌다.[7]

팔머에 대한 역사적 평가와 그 재해석의 필요성

하지만 여기서 한 가지 의아한 점이 있다. 이렇게 왕성하게 활동했고, 19세기 중반 독일에서 실질적인 영향력을 발휘했던 팔머가, 오늘날 종교교육학의 역사 서술에서는 거의 언급되지 않는다는 사실이다. 실제로 대부분의 기독교교육 역사 개관서나 교과서들은 팔머의 이름을 언급하지 않거나, 겨우 언급하더라도 그를 보수적 신학자의 전형으로 간단히 분류해 버린다. 그는 종종 교회의 입장을 고수한 인물, 혹은 진보적인 교육학 발전과는 거리가 먼 인물로 간주되며, 심지어 종교교육의 흐름을 지체시킨 존재로 평가되기도 한다.

이러한 경향은 한국 기독교교육학계에서도 크게 다르지 않다. 크리스티안 팔머는 국내 학문 세계에서 그다지 많이 소개되지 않았으며, 여전히 생소하고 낯선 인물로 남아 있다. 그의 저작이나 사상에 대한

6 Christian Palmer, *Evangelische Homiletik* (Stuttgart: J. F. Steinkopf, 1842).

7 Helmut Kremers, "Christian Palmer (1811-1876)," in *Klassiker der Religionspädagogik*, ed. Henning Schröer and Dietrich Zilleßen (Frankfurt am Main: Diesterweg, 1989), 157-58.

깊이 있는 연구도 찾아보기 어렵다.

팔머를 언급한 몇 안 되는 학자 중 한 명인 윤응진은 그에 대해 매우 비판적인 평가를 내린다. 윤응진은 팔머가 "교육학의 학문적 자율성을 아예 인정하지 않음으로써, 상대적 자율성을 인정했던 슐라이어마허 이전으로 교육을 되돌린 인물"이라고 말한다. 그의 평가에 따르면, 팔머의 『기독교 교리문답』은 신학과 교육의 창의적 대화를 추구하기보다는, 교육학을 다시금 신학의 지시 아래 두려는 시도였고, 결과적으로 교육학을 '신학의 시녀'로 전락시키려 했다는 것이다.[8]

독일 종교교육학계에서도 팔머는 일반적으로 교육학자 디스터벡의 '반대편에 서 있는 보수주의자' 정도로만 소개된다. 디스터벡이 교육의 공공성과 학문적 자율성을 주장한 대표적 인물이라면, 팔머는 그와 대비되는 위치, 즉 교회 중심의 교육을 고수한 반대 진영의 상징적 인물로 여겨진다. 이처럼 팔머는 오랫동안 종교교육 발전 서사의 주변부에 머물러 있었고, 그의 교육적 기여나 중재적 시도는 충분히 조명받지 못했다.[9] 팔머의 신학과 교육사상을 전체적으로 보면, 그는 새로운 것을 창조하거나 급진적으로 개혁하는 것보다는 교회의 전통을 변호하고 보존하고 개선하는 데 더 심혈을 기울였다. 이런 관점에서 보면 그는 보수주의자라 할 수 있다.[10]

그러나 팔머에 대한 평가가 항상 부정적인 것만은 아니다. 그의 관점을 단순히 과거에 머문 보수주의로 단정짓기보다는, '전통의 재건' 혹은 '신앙과 계몽 사이의 중재'라는 관점에서 긍정적으로 해석하려는

8 윤응진, "기독교교육과 정치: 독일의 기독교(종교)교육사 개관," 245.

9 Friedrich Schweitzer, "Palmer, Christian," in *Lexikon der Religionspädagogik* (LexRP), Bd. 1, ed. Norbert Mette and Folkert Rickers (Neukirchen-Vluyn: Neukirchener, 2001), 1475; Friedrich Adolf Diesterweg, *Sämtliche Werke*, ed. Heinrich Deiters et al. (Berlin: Volk and Wissen, 1967).

10 Helmut Kremers, "Christian Palmer(1811-1876)," in *Klassiker der Religionspädagogik*, 149-52.

시도도 존재한다. 이러한 시각은 팔머의 교리문답을 단지 시대착오적 저작으로 보기보다는, 오히려 당시 격변하는 시대 속에서 신학적 정체성과 교육적 방향성을 회복하려는 노력으로 평가한다.

예를 들어, 강문규는 "19-20세기의 기독교교육 수업 개념의 변천사 연구"에서 팔머를 "종교교육을 신앙고백적 방향으로 전환한 대표적 인물"이라고 언급한다. 그는 팔머가 단지 과거를 고수한 것이 아니라, 교회의 신앙 고백을 중심에 두고 계몽주의와의 긴장 사이에서 중개를 시도한 인물로 평가한다. 강문규는 다음과 같이 말한다. "확실히 교회의 신앙 고백적인 입장에서 계몽과 교회 사이의 중개를 시도하였다. 팔머의 개념은 우리에게 교리문답과 기독교교육은 근본적으로 일치한다는 것을 보여준다."[11]

팔머를 바라보는 한국 기독교교육계의 서로 다른 평가 — 비판적 시선과 긍정적 해석 사이의 온도 차 — 는 그의 교육학적 입장이 단선적으로 규정될 수 없으며, 오히려 다양한 관점에서 해석될 가능성을 지닌 인물임을 시사한다. 팔머는 단지 시대를 거스른 보수주의자도, 혹은 계몽주의 흐름을 막은 저항 세력도 아니었다. 오히려 그는 격변하던 19세기 중반의 신학적·교육적 전환기 속에서, 신앙 전통을 어떻게 새로운 시대와 연결할 수 있을지를 고민했던 중재자적 위치에 있었다고 볼 수 있다.

이러한 시선은 독일 종교교육학계에서도 점차 힘을 얻고 있다. 최근에는 팔머를 단순히 '보수적' 혹은 '교파적' 인물로 분류하는 데 대해 비판적인 재조명 시도가 이어지고 있다. 프리드리히 슈바이처는 『종교교육 백과사전』*Lexikon der Religionspädagogik*에서 팔머에 대해 언급하며,

11 강문규, "19-20세기에 있어서 독일 기독교교육 수업의 개념이해," 244-46.

그의 이름에 반복적으로 따라붙는 '보수적', '전통주의적'이라는 수식어들이 교육학적 관점에서 과연 타당한지 다시 생각해보아야 한다고 주장한다.[12]

프리드리히 슈바이처는 크리스티안 팔머를 종교교육사 속에서 새롭게 재평가해야 한다고 강조한다. 그 이유는 팔머가 단순히 전통을 고수하는 수구적 인물이 아니었기 때문이다. 앞서 서두에서 언급했듯, 슈바이처는 종교교육의 발전을 '교리문답에서 학문적 종교교육으로의 점진적인 발전 과정'으로 이해한다. 이러한 연속성의 관점에서 본다면, 팔머는 그 발전을 가로막는 단절의 상징이 아니라, 오히려 전통과 학문을 연결하는 가교 역할을 수행한 인물이었다.

팔머는 종교개혁과 경건주의로부터 이어진 신앙교육의 뿌리를 존중하면서도, 그 교육이 새로운 시대의 학문적 요구와 어떻게 대화할 수 있을지를 진지하게 고민하였다. 그는 단지 이론적 주장에 머무르지 않고, 실제로 『기독교 교리문답』1844이라는 저작을 통해 교육학적 실험을 감행하였다. 이러한 점에서 팔머는 전통을 무조건적으로 고수하거나, 반대로 혁신을 무비판적으로 수용한 인물이 아니라, 신앙과 교육, 전통과 현대 사이의 균형과 중재를 시도한 의미 있는 교육자였다.

따라서 팔머에 대한 평가는 보수와 진보, 신학과 교육학이라는 이분법적 틀 안에서 단순히 처리되어서는 안 된다. 그는 19세기 종교교육의 결정적인 변곡점에서, 전통을 변화에 저항하는 방식으로만 유지하려 했던 인물이 아니라, 그 전통을 새롭게 해석하고, 그것을 통해 시대와의 대화를 시도했던 '전통의 중재자'로 다시 읽힐 필요가 있다.

12 Friedrich Schweitzer, "Christian Palmer," in *Lexikon der Religionspädagogik*, Bd. 1, ed. Norbert Mette and Folkert Rickers (Neukirchen-Vluyn: Neukirchener, 2001), 1476.

중재신학의 배경

팔머를 독일 기독교교육 역사에서 주목할 만한 인물로 등장시킨 결정적인 저작은 1844년에 출간된 『기독교 교리문답』이다.[13] 이 책은 당시로서는 독특하게도 '어린이 종교Die Religion des Kindes'를 결코 가볍게 여기지 않는 새로운 형태의 교리문답 교육 패러다임을 제시한다. 다시 말해, 단순히 교리를 주입하는 방식이 아니라, 어린이의 내면과 신앙 감수성을 존중하며 접근하려는 시도를 담고 있었다. 이는 당시로서 매우 참신한 발상이었으며, 전통적인 교리교육과는 궤를 달리하는 중요한 전환점을 보여준다.

팔머의 이러한 교육적 접근을 이해하기 위해서는, 그가 지향했던 '중재'의 의미를 먼저 짚어볼 필요가 있다. 그의 『기독교 교리문답』에는 단순한 타협이나 절충이 아닌, 이른바 '중재신학Vermittlungstheologie'의 핵심 정신이 녹아 있기 때문이다.

'중재'란 단어는 오늘날 일상적으로 사용되지만, 신학의 맥락에서 이 용어가 본격적으로 등장한 것은 19세기 초였다. 1828년, 하이델베르크에서 발간되기 시작한 신학 저널 『신학연구 및 비평』*Theologische Studien und Kritiken*은 "신앙과 현대 과학적 인식 사이의 진정한 중재wahre Vermittlung"를 과제로 내세우며 '중재신학'이라는 개념을 공식적으로 사용하기 시작했다.[14]

중재신학은 기존의 교리 전통과 새롭게 부상하는 사상, 곧 신앙과 지식, 전통과 문화 사이의 긴장을 단절이나 거부의 대상으로 보지 않

13 Christian Palmer, *Evangelische Katechetik* (Stuttgart: J.F. Steinkopf, 1884), 19-20.

14 Erdmann Schott, "Vermittlungstheologie," in *Religion in der Geschichte und Gegenwart* (RGG), Bd. VI, 3rd edition (Tübingen: J.C.B. Mohr, 1958), 1362.

았다. 오히려 이러한 긴장은 신학이 응답해야 할 시대적 요청이자 실존적 과제로 이해되었고, 그 속에서 교리의 본질을 지키되, 시대의 변화에 신중하게 적응하려는 신학적 태도가 요청되었다.

중재신학은 새로운 사상을 무조건 수용하거나, 전통을 무비판적으로 고수하는 입장과는 다르다. 그 중간 어디쯤에서 타협하거나 절충하는 것이 아니라, 두 세계 — 신앙의 고백과 시대의 물음 — 가 만나는 접점에서 신학적 사유를 전개한다. 이러한 사유는 신앙의 본질과 정체성을 보존하면서도, 변화된 시대와 언어 속에서 그것을 다시 표현하고 증언하려는 실천적 노력이었다. 결국 중재신학은 과거와 미래, 교회와 사회, 정통과 현대성 사이의 다리를 놓으려는 신학이었다. 변화에의 개방성과 본질에의 충실성을 동시에 추구하며, 신학이 단지 보존의 기술이 아니라 해석과 소통, 형성의 과정임을 보여주는 접근이었다.

팔머는 이러한 중재신학적 관점에 따라, 교리문답을 통한 신앙교육에 있어서 경건주의와 계몽주의 중 어느 한쪽 입장에 일방적으로 기울지 않는다. 그는 두 전통이 가진 교육적 통찰을 서로 배타적인 것으로 보지 않고, 그 사이에서 신중한 균형과 조화를 모색하려는 태도를 일관되게 보여준다.

중재적 구조 배열: '교회', '어린이종교', '성도의 삶'

팔머의 교리교육은 전통적인 신앙의 내용을 보존하는 것을 분명한 전제로 삼으면서도, 그 전달 방식에 있어서는 계몽주의 교육사상이 제기한 문제의식 — 곧 아동의 자율성, 이해 중심의 교육, 시대적 소통의 필요성 — 을 진지하게 수용하려 한다.

이러한 중재적 관심은 『기독교 교리문답』의 전체 구성에서도 뚜렷하게 드러난다. 팔머는 이 책을 "1. 서설 / 2. 어린이와 종교 / 3. 교회 가르침의 선포 / 4. 교회생활 교육"이라는 네 가지 구조로 나누었으며, 이 구성은 단지 신학적 체계화가 아니라, 교리문답 교육을 어린이의 신앙 발달과 실제 교회생활 안에서 어떻게 실천할 것인가에 대한 깊은 배려를 반영하고 있다. 특히 '어린이와 종교'를 독립된 장으로 제시한 것은, 팔머가 어린이의 종교 감수성과 자율성을 존중하고자 한 계몽주의적 통찰을 품고 있었음을 잘 보여준다.

1. 서설	1) 교회적 기초 2) 사명의 확인 3) 삶으로의 일치
2. 어린이와 종교	4) 종교소질 5) 대상종교 6) 중재
3. 교회 가르침 선포	7) 전통 8) 성서 9) 교리문답
4. 교회생활 교육	10) 청소년예배 11) 어린이 회중예배 참여 12) 예식준비

〈팔머의 기독교 교리문답 전체 구조〉

팔머의 『기독교 교리문답』은 전체적으로 매우 체계적이고도 깊이 있는 구조를 갖추고 있다. 먼저 이 책은 1) "교회적 기초kirchliche Basis", 2)"사명의 확인Feststellung der Aufgabe", 3) "일치화Eintheilung"라는 세 부분으로 구성된 서설Prolegomena로 시작된다. 이 서설은 총 47쪽 분량으로, 팔머가 신앙교육의 전제를 어떻게 설정하고 있는지를 잘 보여준다. 그는 단순히 교리교육을 개론적으로 설명하는 데서 그치지 않고, 교육의 신학적 기반과 목표, 그리고 체계적 구조를 먼저 명확히 설정하고 있다.

그다음으로 48쪽부터 123쪽까지 이어지는 첫 번째 본문 장인 "어린이와 종교Das Kind und die Religion"에서는 4) "종교 소질Die religiöse Anlage", 5)

"대상 종교Die objektive Religion", 6) "중재Vermittlung"라는 세 가지 주제를 다룬다. 이 장은 팔머의 교육관을 가장 분명하게 드러내는 부분으로, 어린이의 종교적 가능성과 신앙 형성 과정을 경시하지 않고 섬세하게 다루려는 그의 교육적 태도를 엿볼 수 있다. 특히 "중재"라는 항목은, 팔머가 신앙과 이성, 교회와 시대 사이의 긴장을 단절이 아닌 연결과 해석의 관점에서 바라보았다는 사실을 보여준다.

이어지는 둘째 장은 『기독교 교리문답』 전체에서 가장 많은 분량을 차지하는 핵심적인 장이다. 124쪽부터 시작하여 무려 545쪽까지 이어지는 "교회 가르침 선포Unterweisung in der kirchlichen Lehre"에서는 7) "전통Die Tradition", 8) "성서Die Schrift", 9) "교리문답Der Katechismus"이라는 세 가지 주제를 다룬다. 팔머는 이 가운데서도 특히 "교리문답"에 대해 296쪽부터 545쪽까지 방대한 분량을 할애하며 자세히 설명한다. 이는 그가 교리문답을 단지 교육 도구가 아닌, 신앙 전승의 핵심으로 보고 있었음을 보여준다.

마지막 셋째 장인 "교회생활 교육Erziehung zum kirchlichen Leben"은 546쪽부터 시작되어 650쪽에서 마무리된다. 이 장에서는 10) "청소년 예배Der Jugendgottesdienst", 11) "어린이의 회중예배 참여Theilnahme der Kinder am Gottesdienst der Gemeinde", 12) "예식 준비Die Zubereitung zum Sakrament"를 중심으로, 신앙교육이 단지 지식 전달에 머무르지 않고 교회 공동체의 삶 속에서 실천되고 통합되어야 함을 강조한다. 특히 어린이와 청소년이 실제로 예배에 참여하고, 성례전 준비에까지 포함되는 교육을 받아야 한다는 그의 주장은 오늘날에도 신선한 통찰로 다가온다.

이러한 전체 구조를 통해 볼 때, 팔머의 『기독교 교리문답』은 단순한 교리 해설서가 아니라, 신학과 교육학이 만나는 자리에서 신앙의 전통을 어떻게 다음 세대에 교육할 것인가에 대한 깊은 성찰과 설계를 담은 종합적 시도라 할 수 있다.

핵심 연결고리: '어린이 종교'

무엇보다 우리가 주목해야 할 점은, 팔머의 『기독교 교리문답』에서 '서설'에 이어 본문 첫째 장이 '어린이와 종교'로 시작된다는 사실이다. 이 장은 특별히 '종교 소질 Die religiöse Anlage', 즉 어린이가 타고난 종교적 능력과 감수성에 대해 매우 자세하게 설명한다. 팔머의 『교리문답』은 전체적인 구성이나 내용 면에서 분명히 교육의 교회성을 강조하고 있다. 그는 신앙교육이 교회의 권위와 전통 위에서 이루어져야 한다는 입장을 명확히 한다. 그러나 그럼에도 불구하고, 본문 첫 장에서 팔머가 강조하고 있는 것은 오히려 어린이가 지닌 고유한 종교적 가능성이다. 이는 단순한 서술상의 배치가 아니라, 그 자체로 중요한 신학적 의미를 품고 있다. 과연 팔머는 무엇을 말하고자 한 것일까?

보통 '서설 Prolegomena'의 일차적인 목적은 저자가 책의 전체 구조와 논지를 독자에게 미리 소개하는 데 있다. 하지만 동시에 서설은 독자들이 오해할 수 있는 개념이나 방향성을 미리 조정하고, 이 책이 담고자 하는 핵심 메시지를 요약적으로 안내하는 역할도 수행한다. 팔머 역시 『교리문답』의 서설을 통해 신앙교육의 출발점을 설명하면서, 첫 부분에서는 교육의 '교회적 기초 kirchliche Basis'를 강조한다. 교육은 교회의 책임 안에서 이루어져야 하며, 그 목적은 결국 학생이 교회적 삶을 살아내는 데 있다는 것이 그의 출발점이다.

하지만 여기에서 멈추지 않는다. 팔머는 곧바로 질문을 던진다. 과연 '교회의 기초'가 어떻게 어린이 혹은 청소년의 '교회적 삶'으로 이어질 수 있는가? 이 둘 사이에는 단순한 명령이나 지시만으로는 연결될 수 없는 간극이 존재한다. 팔머는 이 간극을 메우기 위해, 서설 두 번째 항목인 '사명의 확인Feststellung der Aufgabe'에서 중요한 연결고리를 제시한다. 그것은 바로 교육자가 감당해야 할 '사명'이며, 동시에 신앙과 인격, 전통과 자유 사이를 연결해 줄 수 있는 실천적 중재의 책임이다. 팔머는 이 중재의 사명이야말로 교육자에게 맡겨진 핵심적 역할이라고 보았다. 팔머는 다음과 같이 말한다:

> "교회가 어린이에게 세례를 줄 때, 실증적인 구원Das objektive Heil은 분명히 주어진다. 그러나 삼위일체의 영은 우리가 생각하는 것보다 세심하고 더 발전되었다. 어린이 스스로 자신의 구원을 주관적으로 인식하고subjektiv hierin sein Heil erkennen, 자유로운 사랑으로 그것을 확신하게 한다.
>
> 자기 고유의 신앙을 고백하는 개신교 신앙은, 고유한 자기의식 ― 즉, 개인의 정신적 삶에 뿌리를 두고 있다. 만일 교회가 이러한 과정을 소홀히 여겨, 어린이들의 마음에 확실한 신앙의 씨앗을 심지 못한다면, 교회가 수행하는 모든 교육 ― 어린이 세례를 포함해서 ― 은 결코 열매를 맺지 못할 것이다.
>
> 그러므로 교리 교육 활동의 목적은 '자기 고백'을 끌어내는 데 있다. 고백은 무엇보다도 '이해'를 전제로 한다.
>
> 그러나 이제 우리는, 종교 ― 특히 기독교적이라는 것 ― 이 더 이상 교리 그 자체만을 의미하지 않으며, 삶 전체를 뜻한다는 사실을 인정해야 한다. 그렇기에 교리문답을 배우는 어린이들을 이와 같은 삶으로 인도하는 것, 그리고 이를 위해 '종교적 성향'die religiöse Gemüthsrichtung을 불러일으키는 것, 그것이 곧 우리의 임무다."[15]

팔머는 신앙의 이해 과정을 단순한 지식 습득이 아니라, 교회-고백-삶으로 이어지는 유기적인 연결선 위에서 설명한다. 그는 이 세 요소가 순차적으로 이어질 때, 비로소 신앙이 개인 안에서 살아 움직일 수 있다고 본다. 그리고 이 연결 구조에서 핵심적인 중간 역할을 하는 것이 바로 '어린이 자신의 고백'이다. 팔머는 어린이의 자발적인 신앙 고백 없이는 교회가 제공하는 신학적 기초가 실제 삶으로 연결될 수 없다고 강조한다.

여기서 중요한 것은, 팔머가 '고백'을 단지 외적으로 주어진 교리를 반복하는 행위로 보지 않았다는 점이다. 오히려 그는 참된 고백이란 개인의 내면에서 비롯되는 자율적이고 감정적인 반응이며, 신앙의 길을 걷는 데 있어 필수적인 요소라고 보았다. 그렇기 때문에 어린이의 종교적 감수성, 곧 '종교적 감정'을 자극하고 성장시키는 것은 단순한 교육적 보조가 아니라, 신앙의 삶에 도달하는 데 있어서 반드시 거쳐야 하는 출발점이자 조건이라 할 수 있다.

바로 이러한 이유로, 팔머는 서설이 끝나자마자 본문 첫 장에서 '어린이와 종교'를 주제로 다루며, 어린이의 종교적 성향과 소질에 대해 집중적으로 논의하기 시작한다. 이는 본문의 구조가 우연이 아니라, 팔머의 신앙 교육에 대한 일관된 철학과 신학에 기반하고 있음을 보여준다.

이러한 관점에서 볼 때, 팔머보다 약 300년 후대의 튀빙겐 기독교 교육학자들인 칼 에른스트 닢코Karl Ernst Nipkow, 1928-2014와 프리드리히 슈바이처는 팔머의 『기독교 교리문답』을 보다 정밀하게 해석한다. 이들

15 Christian Palmer, *Evangelische Katechetik*, 18-20.

은 팔머의 서설 구조가 겉으로는 세 부분 — '교회적 기초', '고백', '교회적 삶' — 으로 나뉘어 있지만, 실상은 고백을 교회와 삶을 연결하는 '매개 장치'로 보았기 때문에, 두 부분 — '교회적 기초'와 '교회적 삶' — 으로 읽는 것이 그의 교육적 구조를 더 정확히 이해하는 방식이라고 제안한다.

즉, 고백은 독립적인 항목이 아니라, 신앙 전통과 실천적 삶을 연결하는 다리이며, 그 고백은 전적으로 어린이 개인의 종교적 감수성과 내면적 성숙 위에서 가능하다는 것이 이들의 해석이다. 이러한 해석은 팔머의 교육 사상을 단순한 교리 교육의 틀 안에서가 아니라, 신학과 교육의 긴장을 매개하는 신학적 교육이론으로 재조명하게 만든다.[16]

팔머의 첫 번째 교육 원리: 교육의 교회성Erziehung zur Kirchlichkeit

팔머는 자신의 저서 제목에 '교리문답Katechetik'과 '교육학'을 언급하면서도, 그 앞에 '기독교Evangelische'라는 수식어를 명확히 붙이고 있다. 이 표현은 단순히 교파적 의미의 '개신교'를 넘어서, 교육의 방향과 중심이 복음과 교회에 있음을 강조하는 신학적 선언과도 같다. 당시에도, 그리고 지금까지도 많은 이는 이 제목을 통해 팔머가 교육의 중심을 교회와 교리 교육에 두고 있다는 점을 쉽게 파악할 수 있다.[17]

팔머는 『교리문답』의 서설에서 명확하게 밝힌다. 모든 교리 교육 활동은 그 기원과 목적에 따라, 반드시 신학과 교회의 정신으로 다루

16 Karl Ernst Nipkow and Friedrich Schweitzer, *Religionspädagogik: Text zur evangelischen Erziehungs- und Bildungsverantwortung seit der Reformation Band 2/1: 19. und 20. Jahrhundert. Studienbücher 88.* (Gütersloh: Chr,Kaiser and Gütersloher, 1994), 58-66.

17 Christian Palmer, *Evangelische Katechetik*, 19-21.

어져야 한다는 것이다. 그는 교육을 단순히 기술적·기능적 영역으로 축소하는 것을 경계하며, 교회 교육의 본질적 정체성을 적극적으로 변호하고자 한다. 이는 그저 '신학의 시녀'로서 교육학을 종속시키려는 시도가 아니라, 오히려 교육적 관점에서 신앙교육의 정체성과 방향을 되살리려는 실천적 신학자의 태도라 할 수 있다.

팔머는 특히 당시에 유행하던 일반 교육학의 기법이 오히려 교리문답 교육의 본질을 흐리고 있다고 비판한다. 그는 교리문답 수업에서 일반 교육학의 방법론을 무비판적으로 따라가는 행태를 "복음에는 적합하지 않은, 단지 형식적인 교육기술"이라 일갈한다. 더 나아가, 교회의 교육이 "복음에는 무관심한 채, 단순히 학교 과학이나 교육학적 기술의 일부가 되고 있다"고 격렬히 비판한다.

팔머의 비판은 여기에서 그치지 않는다. 그는 이러한 현실 앞에서도 침묵하는 기독교 교사들의 태도를 비판하며, 그것을 오늘날 표현으로 비유하자면 '샤이-경건주의Shy Pietism'라고 부를 수 있다고 말한다. 그리고 다음과 같이 신랄한 표현을 덧붙인다:

"교리문답을 담당하는 교사들은 언젠가 자신이 가르치고 있는 내용이 실제로 경건주의로부터 시작된 것임을 밝혀야 할 때, 매우 난처해질 것이다. 그래서 그들은 결국 소크라테스를 교육의 수호성인으로 선택하고, 자기 위치를 그리스 세속 지식 아래 종속시키고 말았다."

이처럼 팔머의 교육 비판 속에서 드러나는 원칙은 분명하다. 그는 "신앙 교육의 방향은 교회에서 학교로 가는 것이지, 결코 그 반대가 될 수 없다!"고 단언한다. 또한 종교 교육은 "본질적으로 프로테스탄트 사상에 입각해야 한다"고 주장한다.

팔머는 교리 교육의 정체성을 다음과 같이 정의한다. 그것은 "교회에서 태어나고 세례 받은 어린이와 청소년이, 기독교 교리와 교회의 삶을 이해하며, 회중의 일원으로 성장해 가도록 이끄는 교회의 교육 활동"이라는 것이다. 이는 단지 한 시대의 교육 이상을 말하는 것이 아니라, 지금도 여전히 유효한 신앙교육의 방향성과 정체성을 되묻는 진지한 물음이다.[18]

경건주의에 대한 회상과 재해석

이런 관점에서 볼 때, 팔머가 교육의 모범으로 삼은 인물은 다름 아닌 경건주의자 필립 야콥 슈페너였다. 그는 슈페너가 강조한 대로, 기독교 경건은 반드시 개인이 주체적으로 이해하고 내면화할 수 있어야 한다고 보았다. 교회의 교육은 단순한 정보 전달이나 도덕적 훈련이 아니라, 복음에 근거한 경건한 삶으로 이끌어야 한다는 것이 그의 확고한 입장이었다.

팔머는 특히 경건주의의 교육 신조 중 하나인 '자기 의지를 스스로 꺾을 수 있는' 경건한 어린이를 양육하는 책임은 학교가 아니라 교회에 있다고 강조한다. 그는 어린이들이 진리의 정신으로 스스로 결단하고, 자신의 삶을 변화시킬 수 있게 하는 유일한 동력은 바로 복음이라고 말한다.

이와 같은 팔머의 신념은 다음과 같은 강한 표현에서도 드러난다:

"세상의 죄악이 가득하여 어린이들에게 영향을 미치는 이 시대에, '하지 말라!' Du sollst nicht 라는 하나님의 계명은 어린이들의 내면 의식에 깊이 새겨져야 한다. 그런데 일반적인 학교 수업은 이런 효과를 전혀

18 위의 책, 5, 40.

보증하지 못한다."[19]

이처럼 팔머의 교리 교육에 나타나는 교육 목적은 경건주의의 정신을 계승한 것으로, 복음의 내면화와 삶 속에서의 경건 실천을 핵심으로 삼는다. 그리고 이것이 실현되기 위해서는 교육의 주도권이 반드시 교회에 있어야 하며, 학교 중심의 교육학으로는 도달할 수 없다고 그는 강하게 주장한다.

팔머가 말하는 복음의 내면화와 삶의 실천은 단순한 지식 전달이 아닌, 주체적 인식을 통해 가능하다고 본다. 이 점은 『교리문답』 서설의 두 번째 부분에서 언급된 바와 같이, 개인의 정신세계와 연결된 '고백'을 통해 실현된다. 다시 말해, 어린이가 교회를 통해 배우고 경험한 교리문답과 세례가 그들의 심성 깊은 곳에 뿌리내릴 때에만, 참된 신앙 고백이 가능하다는 것이다.

팔머는 이러한 교육을 단지 교사의 책임으로 한정하지 않는다. 그는 초대교회부터 이어져 내려온 전통 — 가정에서 부모가 자녀에게 신앙을 가르치는 구조 — 를 중요하게 여겼다. 따라서 진정한 경건 교육은 교회와 가정이 함께 감당해야 할 사명이었으며, 결코 국가 교육기관이나 공교육 시스템에 전적으로 위임할 수 있는 일이 아니었다. 팔머는 이를 "스파르타식 국가 교육"이라 표현하며 강하게 비판한다. 어린이의 내면 깊숙한 곳에서 우러나는 신앙과 경건은, 국가가 주도하는 획일적이고 외형적인 교육으로는 결코 길러질 수 없다는 것이다.[20]

19 위의 책, 1-4, 23.
20 위의 책, 20.

교리문답 교육 내용 구성

팔머는 『교리문답』 제2장에서 교회의 교육 내용을 세 가지 핵심 범주로 정리한다. 그것은 바로 1) 전통Die Tradition, 2) 성서Die Schrift, 3) 교리문답Der Katechismus이다. 그는 이 세 가지를 유기적으로 연결하면서, 성서를 통해 기독교 전통을 이해하고, 교리문답을 통해 기독교적 삶의 실천을 지속적으로 숙달해 가야 한다고 강조한다.[21]

특히 팔머는 어린이들이 필수적으로 배워야 할 교육 내용으로 신약성서 이야기 27개, 구약성서 이야기 32개를 엄선하여 제시한다.[22]

신약의 경우, 예수 그리스도의 생애와 사역, 비유와 기적, 수난과 부활, 그리고 교회의 탄생까지를 포괄하는 다양한 이야기들이 포함된다. 예를 들어, 예수의 탄생, 세례, 가나의 혼인잔치, 야이로의 딸과 나인성 과부의 아들 이야기, 십자가와 부활, 승천과 오순절까지 총체적인 복음 이야기가 다뤄진다.

구약성서의 경우, 팔머는 창조부터 족장시대, 출애굽, 왕정시대, 예언자들의 사역에 이르기까지 핵심적인 서사들을 교육 내용으로 제시한다. 아브라함과 야곱, 요셉, 모세, 다윗과 솔로몬, 엘리야와 다니엘, 그리고 요나의 이야기 등은 단지 역사적 사건이 아니라, 하나님과의 관계 속에서 인간이 응답하고 성장해 가는 신앙 여정으로서 제시된다.

특히 주목할 점은, 팔머가 이러한 성서교육 외에도 기독교 청소년을 위한 교회사 교육의 중요성을 강조하였다는 사실이다. 그는 초대교회로부터 종교개혁, 경건주의, 근대 선교운동에 이르기까지 교회의 주

21 Friedrich Schweitzer, "Palmers Katechetik - Zeugnis der Restauration oder Maß für die Zukunft?," 114.

22 Christian Palmer, *Evangelische Katechetik*, 175-77.

요 사건들을 30개 주제로 선별하여 구성하였으며, 이를 세계사적 사건들과 연결하여 제시하였다.

예를 들어, 팔머가 제시한 교회사 교육의 마지막 여섯 항목25번부터 30번까지은 종교개혁 이후의 신앙운동과 교회의 세계화 과정을 다루고 있다. 이 주제들은 단지 과거 사건의 나열에 그치지 않고, 오늘날까지 이어지는 신앙의 실천과 교회의 역사적 책임을 성찰하게 하는 교육적 장치로 기획되었다. 팔머는 이처럼 단순히 성서 이야기와 교리를 전달하는 수준을 넘어서, 교회의 역사 전체를 하나의 신앙 여정으로 이해하도록 돕고자 하였다. 특히 어린이와 청소년들이 신앙의 흐름과 전통, 그리고 시대의 변화를 따라 전개된 교회의 응답과 실천을 깊이 있게 이해할 수 있도록, 교회사 교육을 필수적인 교육 내용으로 구성하였다. 25번부터 30번까지의 교회 역사 주제는 다음과 같다.[23]

25. 말씀과 사랑을 실천한 기독교 교회의 삶. 경건주의자들의 일대기. […] 슈페너, […] 프랑케
26. 작지만 중요한 기독교 교회의 공동체: 진젠도르프, 헤른후트, 보헤미안 형제단, 경건주의자들.
27. 기독교 신앙의 쇠퇴: 볼테르, 프랑스 혁명.
28. 교회성의 재건: 성서 공회, 선교 공의회 1817년 / 1830년 기념식.
29. 종교개혁 이후 지금까지 선교 역사 / 형제 교단의 선교활동 (영국, 바젤)
30. 그리스교회정교회에 대한 단상: 교리와 사용에 관해서

23 위의 책, 153-54.

팔머가 제시한 교회사 목록은, 그가 경건주의와 계몽주의를 어떠한 시선으로 바라보았는지를 명확하게 보여주는 사례이다. 그는 경건주의자들의 삶과 그 정신을 계승한 체코 형제단, 그리고 성서 번역과 세계 선교의 역사에 대해서는 매우 긍정적인 평가를 내린다. 이들은 단지 교회의 일화적 장면이 아니라, 신앙의 전통을 충실히 이어온 '교회의 진정한 유산'으로 간주되었다.

반면, 계몽사상의 대표 인물로 언급된 볼테르, 그리고 프랑스 혁명 시기는 그의 목록에서 "기독교 신앙의 쇠퇴기"라는 제목 아래 분류되어 있다. 이는 팔머가 계몽주의를 단순한 사상적 흐름이 아니라, 교회의 정통성과 신앙의 지속성에 실질적 위협이 되는 요소로 이해했음을 보여준다. 즉, 팔머는 경건주의를 교회의 본래 정통적 흐름으로 보고, 이를 역사 서술의 중심축으로 삼아 교회사를 재구성하고자 하였다.

이러한 시각은 그의 성서교육론에도 일관되게 반영된다. 팔머는 경건주의 성서교육에서 강조되었던 방법 — 즉, 어린이가 나이에 따라 성서를 '매일 한 단어, 한 구절씩' 읽고, 점차 한 장 분량까지 늘려가는 훈련 방식 — 을 그대로 계승한다.[24]

더욱이 그의 교육론의 중심에는 단연 "기독교 교리교육"이 놓여 있다. 책의 제목에서부터 분명히 드러나듯이, 그리고 그가 할애한 지면의 비중만 보아도 알 수 있듯이, 팔머에게 교육은 단지 지식의 전달이나 방법론의 문제가 아니었다. 그는 교육이 시대의 조류에 휩쓸려 개인의 자율성, 가치중립적 윤리, 혹은 형식적 교육 방법론 중심으로 흘러서는 안 된다고 단언한다. 그런 교육은 그의 관점에서 '단편적 지식'

24 위의 책, 296.

혹은 '교육학의 한 조각'에 불과하며, 진정한 신앙 형성과는 거리가 먼 것으로 평가된다.[25]

팔머의 교육 주장은 당시 계몽주의적 교육의 흐름에 정면으로 반하는 것이었다. 당시 교육계는 점차 학교와 교회의 기능을 분리하려는 경향, 즉 교육의 세속화와 종교로부터의 자율성 확보를 중시하고 있었다. 그러나 팔머는 이러한 흐름에 대해 분명한 신학적 반론을 제기한다. 그는 교육이 궁극적으로 지향해야 할 방향은 "교회의 신학에 기초한 세례 교육"이라고 주장하며, 기독교 신앙 안에서만 참된 교육이 가능하다는 전제를 견지한다.

그는 교육이 단지 지식의 중립적 전달이나 인격 함양에 그쳐서는 안 되며, 오히려 "간단명료한 복음적 교리 위에서 그 진리가 승리의 모습으로 드러나야 한다einfachen evangelischen Grundlehren [···] in ihrer siegenden Wahrheit hervortreten"고 강조한다. 나아가 그는 다음과 같이 단언한다. "기독교가 없는 교육, 성서가 없는 기독교, 교회 공동체가 없는 성서는 결국 헛된 증거가 될 것이다."[26] 다시 말하면, 교회는 통합적이고 전인적인 교육이 실현될 수 있는 기초 공동체이다. 따라서 학교와 교회는 교육학적 차원에서 인위적으로 분리되어서는 안 되며, 오히려 상호 보완적 관계 속에서 신앙과 삶, 지식과 인격의 통합을 지향하는 교육이 이루어져야 한다. 팔머는 이러한 관점을 "교육의 교회성Erziehung zur Kirchlichkeit"이라고 표현한다.[27]

25 Friedrich Schweitzer, *Die Relgions des Kindes: Zur Problemgeschichte einer religionspädagogischen Grundfrage* (Gütersloh: Gütersloher, 1992), 217.

26 Christian Palmer, *Evangelische Pädagogik*, Bd. 2, (Stuttgart: J.F. Steinkopf, 1853), 45.

27 Christian Palmer, "Kirche," in *Encyclopädie des gesammten Erziehungs- und Unterrichtwesens*, Bd. 4, Kirche und Muttersprache 1-22, ed. Karl Adolf Schmid (Gotha: Besser, 1865), 15.

팔머의 두 번째 교육원리: 새로운 어린이 이해

팔머가 『개신교 교리문답』에서 주장하는 '교육의 교회성'은 단순히 기독교 신학의 우월성을 강조하는 데 그치지 않는다. 주목할 점은, 그가 계몽주의 교육학의 관점에서 출발하여 '어린이의 종교'를 이해하고 서술하고 있다는 사실이다. 더욱 흥미로운 지점은, 팔머가 이러한 어린이 이해를 일반 교육학의 논리를 옹호하는 데 사용하는 것이 아니라, 오히려 교회 교육의 정당성을 설명하는 데 활용하고 있다는 점이다. 이는 당시까지 누구도 시도하지 않았던 독특하고도 혁신적인 논리 구조로 평가될 수 있다.

팔머는 『교리문답』 본문의 첫 장인 "어린이와 종교Das Kind und die Religion"에서, 어린이가 지닌 '종교적 소질과 성향4. Die religiöse Anlage'을 먼저 설명한다. 그리고 이어서, '대상 종교'로서의 기독교 교리5. Die objektive Religion와 삶의 경험을 연결짓는 '중재6. Vermittlung'를 시도한다. 이 세 가지 개념을 연결함으로써, 팔머는 어린이의 내면에서 출발하여 교회 전통과 신앙 실천에 이르는 교육 여정을 설득력 있게 제시한다.[28]

이 부분에서 우리는 팔머가 신앙 교육을 단지 신학의 영역이나 교회 제도의 문제로만 다루지 않았다는 점에 주목해야 한다. 그는 분명히 교육학적 관심을 지닌 실천가였다. 그러나 팔머에게 있어 기독교교육은, 단순한 교육학적 학습 구조나 기술적 방법론과는 본질적으로 다른 차원의 것이었다. 그것은 교육 과학에 기초한 기계적 전달 방식으로는 결코 다룰 수 없는, 인간 존재의 깊은 내면과 연결된 '신앙 형성'의 문제였다.

28 Christian Palmer, *Evangelische Katechetik*, 48-123.

팔머는 특히 어린이의 정신세계, 다시 말해 '어린이가 세상을 어떻게 인식하고 받아들이는가'라는 질문과, 그 대상인 '종교' 사이에서 어떤 내적 연결이 가능한지를 본질적으로 고민했다. 이는 단순히 교육 방식의 문제를 넘어서, '종교는 과연 외부에서 가르칠 수 있는가?'라는 계몽주의 시대 이후 끊임없이 제기된 근본 질문과 직결되는 것이다. 팔머는 이 질문 앞에서 다시 한 번 깊이 숙고하며, 결국 슐라이어마허가 종교철학에서 사용한 중요한 개념, 즉 "종교 소질배아 die religiöse Anlage" 이라는 용어를 차용한다.

팔머는 "인간의 자연 본성 안에 무한 절대 존재에 대한 갈망과 사랑이 선재하고 있다das in der Menschennatur liegende Bedürfniss, sich mit unbedingter Furcht und Liebe an ein Unendliches hinzugeben"라고 말하며, 인간, 특히 어린이가 가진 종교적 소질, 능력을 분명하게 인정한다.[29] 그리고 그는 이 종교적 소질을 '대상 종교로서의 기독교Die objektive Religion'와 연결시킨다. 팔머에게 이 연결은 단순히 철학적 개념을 설명하기 위한 것이 아니다. 그는 이 개념을 통해 종교철학과는 다른 차원에서, 교회의 교리교육이 왜 필요한지, 그리고 어떻게 가능할 수 있는지를 변호하고자 한다.

> "인간의 종교적 능력은 전적으로 두 가지 주관적 요소, 즉 무조건적 경외심과 무조건적 사랑을 지향하는 정신적 조직기관Organ에 있다. 따라서 이것들은 주체에게 주어지자마자, 경외와 사랑의 무한한 대상에 대한 헌신즉, 종교를 갖는 것의 힘을 구성한다. 그것이 주체적 인간에게 주어진 한, 그 주관의 정신적 조직기관들은 이미 자기 자신 너머에 있는 대상적인 존재, 즉 그들을 향해 서 있는 무한자의 자기 계

29 위의 책, 54.

시를 기대하게 된다. 우리는 인간이 이미 무한한 절대자에 관한 생각을 담고 있다는 것을 인정할 수밖에 없다."[30]

팔머는 종교적 성향성, 무한한 존재에 대한 인간 본연의 욕구, 그리고 무한자에 대한 무조건적인 경외와 사랑을 종교 이해의 기초로 보고 있다. 이러한 팔머의 관점은 분명 슐라이어마허의 종교 이해와 맞닿아 있다. 그러나 팔머가 『어린이와 종교』에서 보여주는 독특한 특징은, 종교철학이 말하는 인간 본연의 '종교적 성향'을 단순한 주관성Subjektivität의 차원에 머무르게 하지 않고, 기독교의 실증성Positivität과 연결되는 실존적 연결고리로 이해한다는 점이다.

팔머는 계몽주의 교육관이 전제하는 인간의 종교성 이해를 일정 부분 인정한다. 그러나 그는 종교를 이해하는 인간의 "조직기관Organ"을 단지 기억이나 수용의 차원에만 두지 않는다. 오히려 그것은 팔머에게 "지적 차원이며, 개인이 스스로 힘써 이해해야 하는 지식"이다.[31] 그렇기에 그는 종교를 이해하는 능력이 "태생적으로 주어져 자연스럽게 머무는 것"이 아니라, "다양한 성장의 과정을 수반하는 것"이라고 강조한다.[32] 이러한 관점에서 팔머가 강조하는 기독교 교리문답의 '수업'은, 바로 그 연결고리인 어린이의 종교적 성향을 자극하고 고취하는 과정이다. 그는 이 과정을 통해 어린이가 기독교의 실증성, 즉 교회와 성서, 신앙의 실재에 대해 열린 신뢰의 감정을 갖도록 돕고자 한다. 팔머에게 있어 교리 수업은 결국 객관적으로 실재하는 기독교 신앙을 어린이가 주관적으로 경험하고 이해할 수 있도록 돕는 역할을 하는 것

30 위의 책, 64.
31 위의 책, 82.
32 위의 책, 55.

이었다.

물론 어린 나이에 모든 것을 완전하게 이해하는 것은 어렵다. 그러나 중요한 것은, 그들이 종교를 이해하는 나름의 방식이 있다는 점을 인정하는 데 있다.[33] 바로 이 지점에서, 어린이의 자연적인 종교적 성향은 대상 종교인 기독교와 연결되며, 그 만남 속에서 기독교교육의 가능성과 필요성이 열리게 된다.

교수학적 중재

팔머에게 기독교는 언제나 객관적이며 실증적으로 존재하는 종교다. 다시 말해, 기독교는 인간 — 특히 어린이 — 의 주관적 감정이나 판단에 따라 생겨나거나 사라지는 것이 아니라, 그 자체로 실재하며, 외부로부터 다가오는 진리다. 물론 이 진리는 인간 안에 잠재적으로 인지되고 지향될 수 있다. 하지만 위에서 언급했듯, 팔머는 이 진리가 인간의 주관적 차원에만 전적으로 의존해서는 안 된다고 본다. 그렇기에 그는 계몽주의 교육 이론처럼 종교를 개인 내면의 자율성에만 기초해서 설명하는 관점을 분명히 비판한다.

팔머는 어린이의 주관성과 기독교의 실증성 사이에는 지속적인 관계가 맺어져야 한다고 주장한다. 그는 어린이가 실증 종교, 곧 기독교와 끊임없이 접촉해야 한다고 보며, 그러한 만남을 통해 어린이의 신앙은 점차적으로 형성되고 자라난다고 이해한다. 이처럼 팔머의 『교리문답』은 단순히 교리를 암기시키는 데 그치지 않고, 어린이의 종교적

33 Friedrich Schweitzer, *Die Religion des Kindes*, 220.

자질과 감수성을 고려하여 기독교 신앙 교육, 특히 성서교육과 교리문답 교육을 새롭게 개선하고자 하는 노력의 산물이다.

여기서 중요한 질문 하나가 생긴다. 어떻게 교수자는 어린이의 주관적 종교 소질과 실증적 종교로서의 기독교 사이를 잘 중재할 수 있을까? 이 질문은 단지 방법론적 고민을 넘어서, 종교와 교육의 본질에 대한 질문으로 이어진다.

팔머는 이 지점에서 루소의 교육관과 분명히 구별된다. 루소는 어린이의 순수성과 자연 상태를 보호하기 위해 외부적 규범, 특히 종교적 전통이 지나치게 개입하는 것을 경계했다. 하지만 팔머는 정반대의 길을 걷는다. 그는 기독교의 실증성이 어린이의 종교 이해 발달에 방해가 되지 않는다고 본다. 오히려 그 반대다. 그는 어린이들이 교리문답, 세례, 성만찬과 같은 교회의 실천을 통해 하나님의 은혜를 경험하게 된다고 말한다. 그리고 그 은혜는 어린이의 자연 의지를 자극하여 성장하게 만들고, 그렇게 성장한 자연 의지는 다시 하나님의 은혜와 기독교 신앙을 더 깊이 이해하게 되는 순환적 구조를 형성한다고 본다.

또한 팔머는 성서교육의 중요성을 매우 강하게 강조한다. 그는 성서가 세상의 본질을 이해하도록 돕는 유일무이한 책이며, 그 안에는 진리에 이르는 길이 담겨 있다고 보았다. 그렇기 때문에 그는 어린이가 성서를 읽을 때 비록 그것을 온전히 이해하지 못할지라도, '비非진리적인 방식'으로 잘못 이해할 가능성은 거의 없다고 주장한다. 이는 성서가 단지 문자적 지식의 전달이 아니라, 어린이의 내면에서 진리를 향해 나아가도록 돕는 방향성을 가지고 있기 때문이다.[34] 이것이 바로 팔머가 제시하는 실증 종교의 가르침에 대한 주관적 이해의 중재점이

34 Christian Palmer, *Evangelische Katechetik*, 73-74, 291.

라 할 수 있다. 기독교 신앙이라는 객관적 진리가 단순히 외부에서 주입되는 지식이 아니라, 어린이의 내면에 이미 존재하는 종교적 감수성과 만날 때 비로소 진정한 신앙 교육이 시작된다고 본다. 이런 만남은 일방적인 전달이 아니라, 이해와 경험, 해석과 결단을 포함한 전인적인 학습 과정이다. 팔머에게 있어 교리문답은 단지 정보를 외우게 하는 수단이 아니라, 신앙의 진리를 어린이 스스로 발견하고 고백하도록 이끄는 교육 여정이며, 그것은 바로 이 '중재'의 지점에서 가능해진다.

이러한 전제 아래, 팔머는 성서 학습의 한 형태인 교리교육을 보다 교육학적으로 재구성하여 수정하는 데 심혈을 기울인다. 그의 교육적 주장에 따르면, 성서교육과 교리문답은 단순한 신앙 전달 방식이 아니라, 어린이의 종교적 소질과 성향을 그들의 발달 단계에 맞추어 세밀하게 조정하고 조직해 나가는 고도의 교육 활동이다. 이것은 단지 신학적 작업에 머무는 것이 아니라, 종교철학과 신학, 그리고 신학과 교육학을 교육의 관점에서 유기적으로 연결하고 중재하는 시도라 할 수 있다. 팔머는 이를 다음과 같이 설명한다: "그러나 교리교육은 교회의 활동을 과학적으로 이해해야 하고, 개념을 찾은 후 그 접점의 순간을 발전시켜야 한다."[35]

위에서 이미 언급한 대로, 팔머의 『교리문답』 3장은 '기독교 전통', '성서', '교리문답'의 세 부분으로 나뉘어 있으며, 이 구분은 단순히 교육의 교회성을 강조하려는 시도가 아니다. 팔머는 이 구성을 통해 세례와 말씀의 선포라는 교회의 핵심 신앙 내용을, 어린이의 나이와 발달 과정에 맞추어 교육학적으로 체계 있게 조직하려 했다.[36]

35 위의 책, 40.
36 위의 책, 5, 44.

팔머는 교육의 첫 번째 단계에서 어린이들이 교회의 전통을 '이야기 형식'으로 자연스럽게 접하도록 제안한다. 이때 이야기는 단순한 정보 전달이 아니라, 어린이의 상상력과 정서에 호소하면서 신앙의 세계에 들어갈 수 있는 문이 된다. 두 번째 단계에서는 어린이가 성서 본문을 '직접 읽는' 활동을 통해 점차 기독교 신앙에 대한 '주체적인 이해'에 이르게 된다고 보았다. 팔머는 이 단계에서 "읽기", "해석", 그리고 "암송"을 효과적인 교육 방법으로 제시한다. 흥미로운 점은, 계몽주의 교육관에서는 암송이 비판받았던 것과 달리, 팔머는 그것을 여전히 중요한 훈련으로 간주했다.[37] 여기에 더해, 팔머는 어린이가 읽어야 할 성서 본문 역시 반드시 그들의 발달 단계와 이해 수준을 충분히 고려하여 선정되어야 한다고 강조하며, 다음과 같은 구체적인 제안을 덧붙인다:

> "성서 수업은 전도서와 누가복음으로 시작해야 한다. 이 본문들이 다른 본문들보다 청소년에게 더 적합하게 설명되었을 뿐 아니라, 오늘의 시대에 가장 적합한 주님의 말씀과 사역을 증언하기 때문이다. [···] 그런 다음 마태복음을 읽어야 한다. [···] 그 이후 요한복음으로 넘어가야 한다. [···] 저학년 시기부터 이런 순서로 신약성서 읽기를 시작한다면, 보통 3~4학년에 이르러 일차적 읽기를 마치게 될 것이다. 그러면 학생들에게는 아직 2~3년의 시간이 더 남아 있을 것이며, 이 시기에는 학생들의 읽기 수준도 더 빠르고 완전해지므로, 이와 같은 읽기 순서는 매우 적절하다고 볼 수 있다."[38]

37 위의 책, 185-87, 286-88.

38 위의 책, 192f.

팔머는 분명 어린이의 발달 단계를 세심하게 고려했다. 우리는 그의 성서교육 순서를 살펴보면서, 아이들의 주관적 종교 이해를 바탕으로 한 교육학적 중재가 결코 소홀히 다루어지지 않았다는 점을 확인할 수 있다. 팔머는 신앙 교육이 단순한 교리 주입이 아니라, 어린이의 인지 발달과 정서적 성숙에 맞추어 이루어져야 한다는 점을 깊이 인식하고 있었다. 이러한 그의 교육적 관심은 아직 발달심리학이 학문적으로 정립되기 이전의 시대였다는 점을 감안하면, 매우 선구적인 통찰이라 할 수 있다.

팔머의 이와 같은 현대적인 교육 접근은 그가 별도로 발간한 『어린이 그림 성경』에서도 잘 드러난다. 그는 특히 어린이 성서에 수록된 삽화, 즉 그림에 대해서도 교육적으로 세심하게 접근해야 한다고 강조한다. 단순히 시각적 흥미를 끌기 위한 장식이 아니라, 그림 하나하나가 아이들의 종교적 감수성을 일깨우고 신앙에 대한 감정적 접촉을 가능하게 해야 한다는 것이다. 팔머는 이런 성서 삽화가 "디저트처럼" 부가적으로 제공되는 것이 아니라, 본질적으로 어린이의 내면에 신앙의 감각을 일깨우는 교육적 목적을 지닌다고 본다. 즉, 시각 자료 또한 신앙교육의 일환으로 이해하고, 이를 통해 어린이의 상상력과 신앙 경험이 조화롭게 자라나도록 유도하려 했던 것이다.[39]

팔머의 『교리문답』은 전체 분량의 약 1/4을 교리문답 설명에 할애하고 있다. 이는 그에게 교리문답이 단순한 학습 내용이 아니라, 신앙교육의 마지막 단계이자 최고의 교육으로 간주되었기 때문이다. 팔머는 루터의 교리문답 구조를 기본으로 삼되, 그 형태를 단순히 답습하지 않았다. 오히려 기존의 교리문답을 교수학적으로 철저히 분석하고,

39 Christine Reents and Christoph Melchior, *Die Geschichte der Kinder- und Schulbibel: Evangelisch - katholisch - jüdisch* (Göttingen: Vandenhoeck & Ruprecht, 2011), 315.

교육적으로 더 효과적으로 전달될 수 있도록 수정하고 개선하는 데 심혈을 기울였다.

이미 방대한 분량에서 짐작할 수 있듯, 팔머가 추구한 교수학적 중재는 결국 교리문답을 통해 완성된다. 다시 말해, 그의 신앙교육 전체는 교리문답이라는 교육 도구를 통해 구체화되며, 이를 통해 신앙의 고백이 실제 삶 속에서 실현되도록 하는 데 그 목적이 있었다. 이것이 바로 팔머가 자신의 저서 제목을 『기독교 교리문답』이라 명명한 깊은 이유라 할 수 있다.[40]

팔머는 교회의 구조를 설명하는 교리문답을 통해, 어린이들의 개인적이고 주체적인 종교 감수성을 성장시키고, 그것을 다시 기독교 신앙과 연결하는 '중재'와 '연합'을 신앙 교육의 최종 목표로 삼고 있다. 그는 학생들이 먼저 기독교 전통을 이야기 형식으로 듣고, 이후 어느 정도 성장하면 성서 본문을 직접 읽고 해석하며, 마지막으로 교리문답 수업을 통해 그 신앙을 내면화하는 단계에 이른다고 본다. 팔머의 『교리문답』이 추구하는 신앙 교육은 이러한 '3단계 맞춤 학습'을 통해, 어린이들이 결국 스스로 기독교 신앙을 이해하고 고백할 수 있도록 이끄는 데 있다.

팔머는 이러한 교육 과정을 "아름다운 병행Schöne Parallele"이라고 극찬하며,[41] "교회의 역사와 전통에 뿌리를 두면서도, 자연적 성장을 따라 나아갈 수 있는" 최적화된 교육과정이라고 설명한다.[42]

40 Friedrich Schweitzer, *Die Religion des Kindes*, 221.

41 Christian Palmer, *Evangelische Katechetik*, 124.

42 Rudolf Fischer, *Religionspädagogik unter den Bedingungen der Aufklärung. Studien zum Verhältnisproblem von Theologie und Pädagogik bei Schleiermacher, Palmer und Diesterweg* (Heidelberg: Quelle & Meyer, 1973), 94, 137.

결론

크리스티안 팔머는 현대 교육학의 흐름으로 서술되는 기독교교육사에서 상대적으로 주목받지 못한 인물이다. 그러나 그의 『기독교 교리문답』은 교육의 교회성을 다시 한 번 강조하고, 신학과 교육학 사이의 균형과 중재에 깊은 관심을 보였다는 점에서 재조명할 필요가 있다. 20세기로 들어서면서, '기독교교육'을 대신하여 등장한 새로운 개념인 '종교교육Religionspädagogik'은 기존의 교리교육을 인간의 발달과 종교적 인간 형성이라는, 보다 포괄적인 차원으로 확장시켰다. 이러한 시각에서 바라볼 때, 19세기 독일 튀빙겐의 기독교교육가 팔머는 교육을 단순히 교회의 전유물로 국한하지 않았다. 그의 『교리문답』에 나타난 교육적 통찰은 교육의 교회성을 강조함과 동시에 기독교의 실증성을 인간의 감정과 경험의 차원에서 연결하고 확장하려는 시도였다.

팔머는 단순한 교회의 대변인이 아니었다. 그는 기독교 교리와 교육학적 방법론 사이에서 '교수학적 중재'를 시도하며, 이론과 실천, 전통과 경험 사이의 조화를 추구하였다. 기독교 신앙과 어린이에 대한 이해는 그의 저서 전반에서 분명히 드러나는 기독교교육의 두 축이며, 이를 내용과 경험 사이의 상호작용으로 풀어내려 했다. 여기서 팔머가 주목한 핵심 요소는 바로 어린이의 '종교성'이었다. 그는 이를 교회의 가르침을 생활 속에서 실천하고 내면화하는 중요한 연결고리로 인식했다. 경건주의의 내면적 신앙 실천 정신을 계승하면서도, 계몽 교육학의 영향 아래 어린이의 종교성을 수용하고자 했던 팔머의 시도는 신학과 교육학이 충돌하던 시대에 의미 있는 균형을 보여준 사례였다.

이향명은 이러한 팔머의 기독교교육을 높이 평가하며, "슐라이어마허를 넘어선다"고 언급한다.[43] 이는 팔머가 경건주의의 전통 속에서 성서의 개인적 이해를 강조하면서도, 계몽주의 교육이 강조하는 어린이의 주체성과 발달을 접목하려는 시도가 신학과 교육의 균형이라는 관점에서 당시로서는 새로운 교육적 해석을 가능하게 했다는 뜻이다.

팔머의 교수학적 중재는 오늘날에도 여전히 유효한 의미를 지닌다. 신학적 실증성과 현대 교육학적 방법 사이에서 균형을 고민해야 하는 오늘날의 기독교교육에 팔머는 중요한 질문을 던진다. 신학과 교육, 교회와 학교, 기독교와 종교 사이의 경계선은 어느 시대에나 긴장과 갈등을 유발한다. 이는 오늘날 한국 기독교교육의 현장에서도 마찬가지다. 예를 들어 국공립학교 종교 과목에서 기독교 정체성을 어떻게 유지할 것인가, 사립학교에서 기독교교육의 자율성과 권리를 어떻게 보장할 것인가, 혹은 창조신앙과 과학 사이의 대화는 어떤 방법으로 가능할 것인가 하는 문제들이 계속해서 논의되고 있다. 교회교육 영역에서는 교회에서의 교육과 사회 일반교육 사이의 간극을 어떻게 좁힐 것인지가 지속적인 과제가 되고 있다.

43 이향명, 『상황중심의 기독교교육』(서울: 한신대학교 출판부, 2001), 17.

학 / 습 / 요 / 약 /

① 크리스티안 팔머는 교리문답을 통해 신학과 교육학의 중재를 시도하며 교육의 교회성을 강조했다.

② 어린이의 종교성을 인정하고, 이를 기독교 실증성과 연결하려는 교수학적 구조를 제시했다.

③ 기독교 전통-성서-교리문답의 3단계 학습을 통해 신앙의 내면화를 도모했다.

④ 경건주의의 내면 신앙과 계몽주의의 발달 이해를 균형 있게 수용하려고 했다.

⑤ 기독교교육은 신학과 인간 경험 사이의 균형으로 발전해야 한다는 통찰을 남겼다.

6장

교회성과 공공성의 충돌
— 1905년 브레멘 학교논쟁[1]

앞 장에서 살펴본 크리스티안 팔머는, 경건주의와 계몽주의가 충돌하던 19세기 독일 종교교육의 전환기 속에서 신학과 교육학의 균형을 모색한 중재자였다. 그는 전통과 변화를 이분법적으로 구분하지 않고, 신앙의 실증성과 인간의 주관적 종교성 사이에서 조화로운 교육학적 접점을 찾고자 노력한 인물이었다.

그러나 팔머의 시대가 지나면서, 종교와 교육, 교회와 학교 사이의 균형은 점차 흔들리기 시작했고, 그 긴장은 다양한 방식으로 표출되며 때로는 공개적인 갈등으로 격화되었다.

이제 본 장에서는 그러한 긴장이 공론의 장에서 본격적으로 드러난 역사적 사건, 1905년 독일 '브레멘 학교논쟁Bremische Schulstreit'을 조명

1 이 글은 안정도, "'브레멘 학교논쟁'(1905)의 기독교교육 갈등요인에 관한 영향사 연구," 『기독교교육 논총』 제74호 (서울: 한국기독교교육학회, 2023), 227-53면에 수록된 논문을 수정·보완한 것이다.

한다. 이 사건은 단순한 지역 교육 행정의 문제가 아니라, 당시 독일 전역의 종교교육 방향과 국가-교회 관계에 심대한 영향을 끼친 상징적 사건이었다.

에른스트 블로흐Ernst Bloch는 한 시대에 발생하는 갈등을 '비동시성의 동시성Gleichzeitigkeit der Ungleichen'이라는 개념으로 설명한다. 이는 하나의 사건 안에 전前시대적 요소, 현시대적 이해, 탈시대적 요구가 중층적으로 충돌한다는 사실을 보여주는 개념이다. 이 관점은 학교 종교교육에서 발생하는 갈등 역시 단일한 원인에서 비롯된 것이 아니라, 시대의 다양한 사상과 이해관계가 응축되어 표면화된 결과임을 잘 드러낸다.

1905년 브레멘에서 발생한 학교논쟁은 그러한 의미에서, 전통과 진보, 신앙과 교육, 교회와 국가가 충돌한 '비동시성의 동시적 충돌'의 대표적 사례라 할 수 있다. 보수적 루터교 전통에 기반한 국공립학교의 종교수업이 진보적 교사단체에 의해 공개적으로 비판받고 제도 개혁을 요구받은 이 사건은, 이후 독일 종교교육사 전반에 정치·법·교육적 함의를 남긴 영향사적 촉발 사건으로 평가된다.

특히 『브레멘 문서』*Denkschrift*는 이후 『츠비카우 테제』*Zwickauer Thesen*와 『뒤셀도르프 테제』*Düsseldorfer Thesen* 등의 후속 선언으로 이어졌으며, 이 논쟁은 단순한 교육 내부의 문제를 넘어서 독일 기본법 제141조, 이른바 '브레멘 조항Bremen-Klausel'의 제정에까지 영향을 미쳤다. 나아가 브레멘 학교논쟁은 오늘날 독일에서 시행되고 있는 가치중립적 성서교육 모형인 『성서 역사 수업』*Biblische Geschichte Unterricht; BGU*의 기원으로 평가되며, 그 영향력은 현재까지도 지속되고 있다.

흥미로운 점은, 이와 유사한 긴장과 충돌의 양상이 한국 기독교교육사 안에서도 반복되어 왔다는 사실이다. 일제강점기의 '개정 사립학교 규칙' 논쟁, 2000년대 초반의 '강의석 사건', 그리고 최근 공교육 내 종교교육 정체성에 대한 논의에 이르기까지, 학교 현장에서의 종교교육은 국가·종교·교육의 복합적 관계 속에서 늘 갈등과 긴장의 중심에 놓여 있었다.

이러한 맥락에서, 본 장에서는 1905년 브레멘 학교 논쟁의 시대적 배경을 먼저 살펴보고, 『브레멘 회보』와 『브레멘 문서』에 나타난 직접적 갈등 요인과 논쟁의 전개 과정을 개괄한다. 나아가 이 사건이 종교교육 관련 헌법 조항과 이후 독일 교육과정에 미친 영향을 분석함으로써, 오늘날 종교교육이 직면한 과제와 통찰을 모색하고자 한다.

배경 이해: 갈등의 축적과 증폭

1905년 브레멘 학교논쟁은 19세기 중반부터 누적되어 온 갈등이 한 사건으로 분출된 대표적 사례라고 할 수 있다. 이 논쟁의 밑바탕에는 근대 전환기에 진행된 정치·종교·사회·교육 전반의 구조적 변화가 자리하고 있었으며, 이러한 변화들은 서로 영향을 주고받으며 갈등을 심화시켰다. 그 주요 요인을 네 가지 흐름으로 정리하면 다음과 같다.

1) 정치적 변화 — 국공립학교 종교교육에 대한 국가의 개입이 점진적으로 확대되고, 그 운영 방침을 국가가 조율하려는 경향이 강화되었다.

2) 종교사적 변화 — 계몽주의와 자유주의 신학의 영향 속에서 종교와 신앙을 바라보는 새로운 관점이 형성되었고, 이는 전통적인 교회 중심 교육과 긴장을 빚었다.

3) 시민사회 변화 — 산업화와 노동운동의 확산 속에서 교사들이 '노동자'로서의 기본 권리를 요구하기 시작하였으며, 이는 교회와 국가의 권위 구조에 변화를 촉발했다.

4) 학교 정체성과 교육과정 변화 — '교회학교'에서 '시민학교'로의 전환 과정에서, 교리 중심의 종교교육 대신 탈脫교리적 성서 역사 수업을 도입하려는 요구가 제기되었다.

1) 정치적 변화: 국가 주도의 교육 정치화

종교개혁 이후 독일의 학교는 분명히 '기독교 학교'로 규정될 수 있었다. 비록 국가가 주도하여 설립한 공립학교라 하더라도, 그 존재 이유와 정당성은 마틴 루터의 '두 왕국 사상Zwei-Reiche-Lehre'과 '만인 제사장설Allgemeines Priestertum' 같은 신학적 원리에 기반하여 확보되었다. 실제로 당시 학교 교육의 중심에는 교리문답을 토대로 한 종교수업이 자리했으며, 목사가 학교 운영과 교육 내용을 감독하였다. 더 나아가 학교의 설립과 운영 전반에서 실질적인 주도권은 교회가 행사하였다.[2]

그러나 19세기에 들어서면서 독일은 정치적·사상적으로 격변을 겪었고, 그 과정에서 학교에 대한 책임과 권한이 점차 교회에서 국가로 이양되었다. 이러한 흐름은 곧 '국가에 의한 교육의 정치화'로 이해될 수 있다. 특히 1794년에 제정된 프로이센 일반국가법Allgemeines Landrecht, ALR은 학교를 "국가의 사업Veranstaltung des Staates"으로 명시하였으며, 각 지역에 다양한 근대적 학교를 설립할 수 있도록 법적으로 규정하였다.[3]

2 양금희, "종교개혁기의 학교, 교회 그리고 국가의 관계에 관한 연구," 『장신논단』 44-4 (2012), 345-72; 정병훈, 박승재, "독일의 교육제도와 과학과목," 『한국교육과학학회지』 6, no.1 (1986), 59-72.

1806년 신성로마제국 해체와 독일 서부의 프랑스 점령이라는 군사·정치적 격변을 경험한 프로이센 정부는, 학교교육을 단순한 지식 전달을 넘어 신민臣民의 복종과 군사·경제 정책 수행을 뒷받침하는 핵심 국가 전략으로 인식하게 되었다. 특히 프랑스 혁명 이후 심화된 사회 이념 갈등 속에서, 교육은 국가 통합과 사회 질서 유지를 위한 불가결한 수단으로 간주되었으며, 이는 선택의 문제가 아니라 필수 과제로 자리매김하였다.[4]

이처럼 국가 차원의 학교 개혁은 점진적으로 추진되었으나, 19세기 초 프로이센의 국공립학교 현실은 여전히 전통적 구조를 크게 벗어나지 못했다. 국왕 프리드리히 빌헬름 1세가 "부모는 자녀를 국가의 학교에 보내야 한다"[5]고 명령한 바 있음에도, 실제 학생들의 출석률은 매우 저조하였다. 학교 운영 역시 대부분 개인의 학비와 열악한 교회 재정에 의존하였으며, 교사 양성을 위한 체계적인 교육과정조차 마련되어 있지 않았다. 결과적으로 실질적인 교육 현장은 여전히 교회의 전통과 관행을 따를 수밖에 없는 상황이었다.[6]

19세기 독일의 격변기 속에서 학교 종교정책의 방향은 위정자들의 종교적·정치적 성향에 크게 좌우되었다. 프로이센 국왕 프리드리히 빌헬름 4세Friedrich Wilhelm IV는 낭만주의 시대의 교육을 받았고, 동시에 전통적인 경건주의Pietismus를 표방한 인물로 평가된다. 그는 "낭만적 반계몽주의의 혼합주의적 이념"을 신봉한 군주였으며, 어떤 역사학자는 그

3 Frank-Michael Kuhlemann, *Modernisierung und Disziplinierung: Sozialgeschichte des preußischen Volksschulwesens 1794–1872* (Göttingen: Vandenhoeck & Ruprecht, 1992), 89.

4 Volkmar Wittmütz, "Die preußische Elementarschule im 19. Jahrhundert," *Europa-Fachportal für die Geschichte Europas*, 2007, https://www.europa.clio-online.de/essay/id/fdae-1436, [2025.10.17 접속]

5 Corpus Constitutionum Marchicarum, Teil I, Abt. I, Nr. XCVII, Sp., 527-29.

6 Volkmar Wittmütz, "Politisch-pädagogisches Denken in der rheinischen Lehrerbewegung um 1800," *Zeitschrift für Pädagogik* 24 (1990), 363-76.

를 두고 "왕관을 쓴 아마추어 신학자", "종교를 국가관의 중심에 둔 마지막 프로이센인"이라고 표현한다.[7]

이러한 평가는, 그가 자유주의 세력에 맞서 국가의 통합과 권위를 유지하기 위해 전통적 교회와 긴밀한 관계를 지속적으로 추구했음을 시사한다. 그는 특히 국공립학교의 교육정책에 꾸준한 관심을 기울였으며, 종교교육을 통해 국가의 통제력을 확보하려 했다. 이러한 맥락에서 1817년 프로이센 정부가 종교·교육·보건성을 신설하고, 1854년 개신교 신학교육 실시 규정을 제정한 사실은, 국가가 교육을 점차 정치화해 가는 흐름이라고 이해할 수 있다.[8]

이 시기 학교와 국가는 긴밀한 관계를 유지하며, 종교를 국가 교육정책의 핵심 수단으로 삼았다. 대표적으로 빌헬름 4세는 3월 혁명März-revolution의 여파가 채 가시지 않은 1849년 2월, 추밀원Geheimrat의 교육 담당자 퍼디난드 스틸을 통해 교육 개입을 본격화하였다. 스틸은 프로이센 전역에서 교원 양성을 책임지는 13명의 교사들을 소집하여, 3월 혁명의 원인을 "그릇된 교사, 그릇된 교육, 그리고 비종교적인 인간 지혜의 오류"로 규정하였다. 이어 그는 국가의 강력한 개입 의지를 담은 새로운 교육법을 마련하기 시작했으며, 이는 종교적 가치와 국가 통제력을 결합하려는 시도의 일환이었다.[9]

이전까지만 해도 교육 관련 법령이 제정되기는 했으나, 실제 학교 운영의 주도권은 여전히 교회에 있었다. 그러나 위정자의 정치적 성향과 급변하는 시대 상황 속에서 종교교육 관련 법령들은 점차 개정되었

7 Christopher Clark, *Iron Kingdom: The Rise and Downfall of Prussia 1600–1947*, 박병화 역, 『강철왕국 프로이센』(서울: 마티, 2020), 592-93.

8 정병훈, 박승재, "독일의 교육제도와 과학과목,"『한국교육과학학회지』 6, no. 1 (1986), 59-72.

9 Heinz-Hermann Schepp, *Die Schule in Staat und Gesellschaft. Dokumente zur deutschen Schulgeschichte im 19. und 20. Jahrhundert* (Göttingen: Vandenhoeck und Ruprecht, 1993), 167.

고, 종교교육에 대한 국가의 '개입과 조율'이 제도적으로 자리 잡기 시작하였다.

이러한 국가의 구체적인 개입은 1850년 1월 31일 공표된 『프로이센 헌법』*Verfassungs-Urkunde des preußischen Staates*에 잘 드러난다. 이 헌법의 일부 조항은 혁명적 계몽주의자들과 전통 교회의 입장을 '조율'하려는 성격을 보인다. 그러나 동시에, 혁명의 사상적 기반이었던 계몽주의와 자유주의가 교육에 침투하는 것을 차단하고, 기독교 전통을 보존하려는 '개입'의 성격도 함께 내포하고 있었다.

역사학자들이 '낭만적 반계몽주의자'라고 평가한 빌헬름 4세의 종교·정치적 성향은, 1850년 헌법의 교육 관련 조항에서도 분명하게 드러난다.[10] 그는 헌법 조문을 통해 교육이 단순한 학문 전수의 장이 아니라, 기독교적 가치와 국가 질서를 보존하는 수단임을 명확히 하였다. 다음은 1850년 1월 31일 공표된 『프로이센 헌법』 중 교육 관련 주요 조항이다.

> 제20조. 학문과 교육에는 자유가 보장되어야 한다. (조율)
>
> 제21조. 청소년 교육은 국공립학교를 통해 충분히 이뤄져야 한다; 부모 또는 대리인은 자녀가 학교 교육을 받게 할 의무가 있다. (개입)
>
> 제22조. 도덕. 과학, 기술 자격이 국가 기관으로부터 입증된 자는 수업 진행, 교육기관 설립·지도의 자유권리가 있다. (개입과 조율)

10 Alexander von Paderberg, *Die Volkschule im Verhältnisse zu Kirche und Staat gegenüber der Verfassungs-Urkunde des Preußischen Staates vom 31. Januar 1850* (Paderborn: Ferdinand Schöningh, 1850), 3-4.

제23조. 모든 교육기관국공립 및 사립은 국가로부터 임명된 담당자에게 감독 받는다; 학교의 교사는 국가 공무원의 권리와 의무가 있다. (개입)

제24조. 공립학교를 설립할 때에는 교단교회와의 관계를 최대한 고려한다; 학교에서의 종교 지도는 해당 종교기관에 일임한다. (조율)

제25조. 지역사회는 학교의 대외 업무를 관리한다; 공립 초등학교 교사는 지방 법원에 참정권을 지닌 이에 한해 임명된다. (조율)

이 조항들은 얼핏 보면 교회와 국가의 분리를 명확히 선언하는, 곧 세속화 과정의 한 사례로 해석될 수 있다. 실제로 1871년 11월 통과된 '학교 감독법Schulaufsichtsgesetz'은 그동안 학교에서 근무하던 성직자 대신 전임 학군 출신의 국가 감독관을 임명하도록 규정하였다. 이에 따라 모든 공립 및 사립 교육기관의 감독과 감독관 임명 권한은 전적으로 국가에 이양되었다.

그러나 이러한 변화를 단순히 세속화 조치로만 이해하는 것은 충분하지 않다. 위정자들의 종교적·정치적 성향과 당시 교육 현실을 고려할 때, 교육에 대한 국가의 강력한 개입은 여전히 기독교 국가를 지향하며, 교육을 통해 정치적 안정을 도모하려는 전략 — 즉 '교육 신민화'와 '교육의 정치화' — 의 흐름 속에서 이해되어야 한다.

그 이유는 명확하다. '학교 감독법'이 제정되었다고 해서 즉시 모든 성직자가 감독관 직위에서 해임된 것은 아니었기 때문이다. 1875년에도 여전히 개신교 성직자 700명, 가톨릭 성직자 135명이 지역 학교 감독관으로서 직무를 수행하고 있었다.[11] 이러한 사실은 '학교 감독법'

이 실제로는 전국적으로 일관되게 시행되지 못했음을 보여준다. 오히려 이 법은 학교 국유화라는 정치적 목표를 달성하기 위해 점진적으로 적용되었으며, 그 과정에서 교회의 교육적 영향력을 축소하려는 국가의 정책적 의도가 분명히 드러났다.

그러나 국가 주도의 교육 신민화 정책과는 달리, 19세기 후반부터는 시민들이 교육 정책 논의에 직접 참여하며 학교 교육을 자체적으로 개혁하려는 움직임이 나타났다. 특히 브레멘에서는 이러한 시민 주도의 개혁 시도가 다른 지역보다 빠르게 전개되었고, 이는 이후 브레멘 학교논쟁으로 이어지는 중요한 배경이 되었다.

브레멘의 경우, 19세기 중반부터 고등 교육 체계 개편을 위한 시민들의 개혁안이 빠른 속도로 추진되었다. 1885년에는 '브레멘 시민'으로 구성된 상원 위원회가 공식적으로 학교 감독권과 교사 임명권을 부여받았으며, 1889년에는 이 시민 상원 위원회가 지역 학교를 직접 관리한다는 내용을 담은 법률이 제정되었다.

이러한 브레멘 교육 위원회 내부에는 서로 다른 입장을 지닌 세 그룹이 공존했다.

① 급진 개혁주의자 — 학교의 정체성을 '근대 시민학교Bürgerschule'로 규정하고, 교회로부터의 점진적 분리를 넘어 완전한 분리를 주장.

② 온건 개혁주의자 — 변화의 방향에는 동의하지만, 속도 조절과 사회적 합의를 중시.

③ 전통주의자 — 학교교육을 실천신학의 연장선으로 이해하며,

11 Christa Berg, Die *Okkupation der Schule* (Heidelberg: Quelle & Meyer, 1973), 7.

여전히 학교를 '세례교육'을 위한 교회의 교육기관으로 간주한 교회 지도자와 신학자들.

이처럼 상이한 입장이 함께 존재하는 상황에서, 시민학교를 지향하는 브레멘 교사들과 전통적인 교회 중심의 교육 신민화 정책은 끊임없는 긴장 관계 속에 놓여 있었다.[12]

2) 종교사적 변화 — 종교에 대해 새로운 관점 형성

독일 종교교육의 발전은 흔히 "교리문답에서 학문적 종교교육학으로의 전환"으로 요약된다. 그러나 이는 단순히 교육 내용이 바뀌었다는 의미에 그치지 않는다. 오히려 이러한 전환은 시대의 사회적 특징과 도전에 대한 구조적 응전이자, 문화 및 종교 언어를 새롭게 재정립하는 근대화 과정으로 이해될 수 있다.[13]

이러한 역사적 발전 속에서, 19세기 과학·사회·문화의 급격한 변화는 국공립학교 종교수업에 대한 비판적 성찰에 직접적인 영향을 주었다. 특히 종교수업의 근대화 과정에서는 두 가지 핵심 질문이 제기되었다.

① 신학적 질문 — "종교는 과연 가르칠 수 있는가?"라는, 이른바 '종교의 교수 가능성 Lehrbarkeit der Religion**' 문제.**

12 Peter C. Bloth, *Der Bremer Schulstreit als Frage an die Theologie: Eine Studie zur Problematik des Religionsunterrichts in der Volksschule des frühen 20. Jahrhunderts* (Dortmund: Münster University, 1961), 26-27.

13 Friedrich Schweitzer and Henrik Simojoki, *Religionspädagogik in Bewegung. Perspektiven für eine kontextuelle Theorie und Praxis* (Gütersloh: Gütersloher Verlagshaus, 2005), 26.

② 교육학적 질문 - 성서 수업의 내용 구성과 교육과정이 일반 교육이론에 비추어 볼 때 교육적으로 정당한가에 대한 검토.

결국 이 시기에 종교는 더 이상 전통적 신앙 전수의 영역에만 머무르지 않고, 교육학적 변증의 대상이자 비판적 사유의 주제로 자리 잡게 되었다. 이와 같은 문제의식을 바탕으로, 페터 C. 블로트Peter C. Bloth는 자신의 박사학위 논문에서 "브레멘 학교논쟁"을 분석하며, 이를 단순한 지역 교육 문제로 보지 않았다. 그는 이 논쟁을 당시 독일 교육사상 전반을 관통하던 헤르바르트주의 교육관, 일원론적 과학관Monismus, 사회민주주의 정치관Sozialdemokratie 등으로 대표되는 '진보' 세력과, 전통적인 교회 중심 교육을 수호하려는 세력 간의 이념적 충돌로 해석하였다.

이러한 배경 속에서, 진보적 교육가들은 국공립학교의 종교수업이 더 이상 종파적 신앙 전통을 반복적으로 주입하는 교리문답식 수업에 머물러서는 안 된다고 주장하였다. 그들은 새로운 시대의 학문적 교육관에 비추어, 학생의 감정을 자극하고 도덕적 세계관을 형성하는 '윤리적 역사 수업'으로 종교교육이 전환되어야 한다고 보았다. 이러한 교육관은 슐라이어마허, 헤르바르트, 디스터벡 등의 종교 이해와 교육이론에 직·간접적으로 영향을 받은 후대 진보 교육가들에 의해 더욱 강하게 주장되었다.

슐라이어마허에 따르면 종교는 '절대적 의존의 감정'이며, 이는 '직관Anschauung'과 '감정Gefühl'에 기초한다. 따라서 그의 종교 이해에서 종교적 가르침은 단지 형태로 제시될 수 있을 뿐, 그 내용 자체는 '사고Denken'와 '행동Tun'을 지향하는 외부적 개입 형태 — 즉 학교 교육과 같

은 방식으로는 온전히 전수될 수 없다.[14]

이와 같은 계몽주의적 종교 이해는 당대 교육사상과도 밀접하게 연결된다. 헤르바르트는 "종교는 인간 존재 안에 내재된 의존의 감정과 지고한 존재에 대한 관계 속에서 발전한다"고 보았지만, 교회가 이를 교육할 경우 "비자발적이고 피상적인 신앙고백"으로 전락할 수 있다고 비판하였다.[15] 따라서 그는 참된 신앙교육은 '도덕' 자체를 중심으로 이뤄져야 하며, 국공립학교의 종교 수업은 '심성 교육Gesinnungsunterricht'을 목표로 하는 도덕 수업Sittlicher Unterricht으로 대체되어야 한다고 주장하였다.

아돌프 디스터벡 역시 계몽정신에 입각하여 "옛 학교는 교회학교였지만, 새로운 학교는 국가학교여야 한다"고 선언하며, 교회교육Kirchenlehre과 일반교육Pädagogik을 급진적으로 구분하였다.[16] 디스터벡의 관점에서 볼 때, 학교에서 이루어지는 신앙고백적 교리 수업은 순수한 교육이론과는 어긋나는 것이었다. 그는 학교 교육이 인본주의적, 합리주의적, 계몽적이어야 하며, 반교조적·반교회적이되 반종교적이지는 않은, 곧 인간 도야/형성Bildung을 지향하는 교육이어야 한다고 보았다.

이러한 계몽주의적 종교·교육관은 브레멘 시민들이 교회 중심 교육을 비판하고 교육 개혁을 요구하는 데 직접적인 영향을 주었다. 특히 주목할 점은, 디스터벡이 약 20권 분량, 총 10,000쪽이 넘는 방대한 문학 논평집을 발간하여, 새로운 시대의 교사·문학가·과학자들에게 계몽주의 교육 사상을 체계적으로 전수했다는 사실이다.[17] 디스터벡은

14 Friedrich D. Schleiermacher, *Über die Religion: Reden an die Gebildeten unter ihren Verächtern*, ed. Carl H. Ratschow (Leipzig: Reclam, 1799), 92-93.

15 윤응진, "기독교교육과 정치: 독일 기독교(종교)교육사 개관," 『한신논문집』 7 (1990), 240.

16 강문규, "19-20세기에 있어서 독일 기독교교육 수업의 개념이해," 『기독교교육논총』 21 (2009), 239-73.

17 Karl-Heinz Günther, "Profile: Friedrich Adolph Wilhelm Diesterweg (1790-1866)," *Prospects* 14

프로이센 의회의 의원이자 교사 훈련 책임자로서 '독일 교사연맹 Deutscher Lehrerverein'을 설립·후원하는 데 중요한 역할을 수행하였다. 이러한 그의 활동은 계몽주의 정신을 이어받은 '진보' 교사·목사·정치가들에게 결정적인 영향을 주었으며, 이들을 중심으로 브레멘 교사들의 '연합운동'이 형성되는 기반이 되었다.[18]

교사들의 정치적 결집: 브레멘 교사연맹 Bremeischen Lehrverein: BLV

브레멘 지역의 학교 교사들은 자신들의 정당한 노동 권리를 요구하며 점차 정치적으로 결집해 나갔다. 1848년 9월 28일부터 30일까지 아이제나흐에서 열린 "독일 평교사 연맹 Allgemeinen Deutschen Lehrervereins" 창립 회의에서는, 교사들이 "평등한 시민적 지위"를 갖는 전문 직업인으로서 충분한 급여와 연금 자격을 보장받아야 한다는 요구가 공식적으로 제기되었다.[19]

당시까지 학교 교사들은 사회적으로 정당한 인정을 받지 못하고 있었으며, 군대 장교나 사병보다도 열악한 대우를 받는 신생 노동 계층에 가까웠다. 이들은 나름의 전문적 지식과 문화적 관심을 가지고 교원 교육을 통해 자질을 갖추어 갔지만, 여전히 성직자나 지방 당국의 통제 아래에 놓인 일종의 '주변인'에 머무르고 있었다. 그럼에도 불

(1984): 423.

18 Peter C. Bloth, *Der Bremer Schulstreit als Frage an die Theologie: Eine Studie zur Problematik des Religionsunterrichts in der Volksschule des frühen 20. Jahrhunderts* (Dortmund: Münster University, 1961), 57-61.

19 Heinz-Hermann Schepp, *Die Schule in Staat und Gesellschaft: Dokumente zur deutschen Schulgeschichte im 19. und 20. Jahrhundert* (Göttingen: Vandenhoeck & Ruprecht, 1993), 167.

구하고, 교사들은 지역 모임을 중심으로 교육을 포함한 과학, 예술, 철학 등 다양한 주제를 다루는 세미나를 자발적으로 개최했고, 때로는 대규모 '교사 대회'를 조직하여 전국적인 관심을 이끌어내기 위해 노력했다.

이러한 사회적 배경 속에서 '브레멘 교사 연맹Bremer Lehrerverein, BLV'의 성장은 단순한 교사 집단의 조직화를 넘어, 도시의 정치·사회적 발전사를 반영하는 중요한 지표로 자리 잡는다. 독일 서부 지역, 특히 브레멘과 같은 신흥 상업 도시에서는 중산층을 중심으로 한 정치 문화가 빠르게 성장하고 있었다. 예컨대 1841년부터 1843년까지 모든 주 의회는 언론의 자유를 보장하라는 결의안을 통과시켰고, 그 결과 다양한 신문이 창간되며 신문 소비가 급증하였다.

이처럼 인쇄 매체의 급속한 확산은 시민들의 사회 참여를 촉진시켰고, 비판적 에너지가 활발하게 분출되는 통로가 되었다. 이러한 분위기 속에서 19세기 독일의 대중 집회 민주주의도 점차 자리를 잡아갔다.[20]

이러한 사회 분위기 속에서 상업 도시 브레멘의 노동자들과 지식인들은 시민의 자유와 권리를 수호하고자 각자의 분야와 직종에 따른 '연맹'과 '협회'를 조직하기 시작했다. 이들은 특히 브레멘 중심가의 랑엔 거리Langenstraße에 위치한 '야코비할레Jacobihalle'를 중심으로 다양한 주제의 공개 강연과 토론회를 개최하였는데, 이른바 '브레멘 컨퍼런스Bremische Konferenz'라 불린 이러한 모임은 단순한 학습 기회를 넘어 시민들의 정치적 결속을 촉진시키는 장이었다.

브레멘에서는 시계공, 정원사, 건축가와 같은 직업 연맹뿐 아니라,

20 Volkmar Wittmütz, "Politisch-pädagogisches Denken in der rheinischen Lehrerbewegung um 1800," *Zeitschrift für Pädagogik 24* (1990), 363-76.

'자연과학 협회Naturwissenschaftlicher Verein'와 '문학 협회Literarischer Verein' 같은 학문적 모임들도 활발히 조직되어 외연을 넓혀갔다. 자연과학 협회에서는 젊은 지식인들이 찰스 다윈과 에른스트 헤켈Eernst Haeckel의 진화론 및 일원론적 세계관을 접하였고, 문학 협회에서는 헨리크 입센Henrik Ibsen, 에밀 졸라Émile Zola, 레프 톨스토이Leo Tolstoy 등의 현대 사실주의 문학을 통해 당대 사회 문제와 교육 개혁의 필요성을 성찰할 수 있었다.

특히 문학 협회에서는 시대의 문학이 던지는 통찰을 교육 현실에 반영하고자 하는 논의가 활발히 이루어졌고, 1893년에는 '청소년저술위원회' 산하에 '교육 분과위원회'가 정식으로 구성되었다. 이러한 도시적 분위기 속에서, 1884년 29명의 교사로 시작된 '브레멘 교사연맹'은 교육, 문학, 경제, 자연과학 등 다양한 분야를 넘나드는 토론과 학술 활동을 주도하면서, 1900년대 초반에는 약 700명의 회원을 가진 대규모 조직으로 성장하게 된다.[21]

한편, 독일 관세 동맹 이후 급속한 산업화로 인해 브레멘은 약 4배에 가까운 인구 성장률을 기록하게 되었다. 도시의 팽창에 따라 초등학교 신설과 사범교육 확대가 시도되었지만, 도시 성장 속도를 따라가기에는 역부족이었다. 이에 따라 교사 부족, 교육시설 미비, 과밀 학급 등 다양한 문제가 표면화되었고, 자연히 '브레멘 교사연맹 컨퍼런스'는 교육 당국에 대한 불만과 비판이 표출되는 장이 되었다.

교사들의 불만은 단지 교육 행정이나 정책의 문제에만 국한되지 않았다. 1848년 독일에서는 국가와 교회의 분리를 명시한 법령이 공표되었지만, 빌헬름 4세 치하의 행정부는 여전히 교회가 학교에 미치는 영향력을 사실상 용인하고 있었다. 실제로 교회는 학교를 자신들의

21 Jürgen Burger, "Reformpädagogik und Sozialismus: Der Bremische Lehrerverein vor dem Ersten Weltkrieg," in *70 Jahre GEW, 190 Jahre Bremer Lehrerverein – Bildungsmagazin* (2016).

"가지기관Pflanzstätte der Kirche"으로 간주하며, 학교 교육을 교회의 연장선상에 놓고 있었다.[22]

당시 많은 교사들은 생계를 유지하기 위해 본래의 교육 업무 외에도 다양한 역할을 수행해야 했다. 예컨대 일부 교사들은 교회의 사찰집사, 음악감독, 오르간 반주자, 장례 지도자, 결혼식 사회자, 심지어 지역 은행 및 우편업무까지 겸하며 부족한 급여를 보충하고 있었다. 이러한 현실은 교사들이 여전히 교회의 경제적 영향력 아래 놓여 있었음을 보여주는 대표적인 사례다.[23] 하지만 신학자나 종교교육자들이 교사를 여전히 '실천신학의 교육자'로 이해했던 것과 달리, 브레멘 지역 교사들은 이러한 전통적 규정에 동의하지 않았다. 오히려 이들은 자신들이 더 이상 '교회의 하인'이 아니며, 독립된 교육 노동자임을 공공연히 주장하고, 브레멘 교사 모임을 통해 이 입장을 결의하였다.

이러한 교사들의 자각과 요구는 점차 정치적 결집으로 이어지며, 실제적인 영향력을 행사하게 된다. 1890년대는 독일 사회민주당SPD, Sozialdemokratische Partei Deutschlands의 성장기로, 1898년 제국 선거에서 67.7%의 득표율을 기록하며 전국 투표수의 삼분의 일을 차지했고, 제1차 세계대전 직전인 1912년 선거에서는 무려 84.5%에 이르는 압도적인 득표를 기록하게 된다.[24]

브레멘의 산업화가 가속화되며 노동 계층이 증가하자, 이러한 진보적 흐름은 교육 영역에도 영향을 미치기 시작했다. '브레멘 컨퍼런

22 Christine Reents and Christoph Melchior, *Die Geschichte der Kinder- und Schulbibel: Evangelisch – katholisch – jüdisch* (Göttingen: Vandenhoeck & Ruprecht, 2011), 241.

23 Friedrich M. Kuhlemann, "Tradition und Innovation: Zum Wandel des niederen Bildungssektors in Preußen 1790-1918," in *Jahrbuch für Historische Bildungsforschung*, Bd. 1 (Weinheim: Juventa, 1993), 64.

24 Christopher Clark, *Iron Kingdom: The Rise and Downfall of Prussia, 1600–1947*, 박병화 역, 『강철왕국 프로이센』(서울: 마티, 2020), 754-55.

스'에 활발히 참여하던 교사들 중 다수가 1863년 창립된 사회민주당에 가입하여 본격적으로 정당 정치에 참여하게 되었고, 이후 사회민주당은 각계 노동조합을 정치적으로 지원하면서 교사들의 활동에도 힘을 실어주었다. 이러한 정치적 연대 속에서 브레멘의 '교육 노동자'로 자리매김한 교사들은 더 이상 단순한 지식 전달자가 아닌, 삶의 실제와 연결된 수업과 현대 아동의 발달을 고려하는 교육학적 접근을 요구하게 되었고, 이를 교육 개혁의 주요 과제로 제시하게 되었다.

교사들이 당원의 큰 비중을 차지하던 독일 사회민주당SPD은 정당 강령의 주요 논제를 '종교'와 '교육'으로 설정하였다. 특히 1891년 에르푸르트 전당대회에서는 "종교는 사적인 영역이다!Religion sei Privatsache" 라는 강령을 공식적으로 선포하였다.[25] 이 강령에 따라 사회민주당은 구체적으로 "종교적 목적을 위한 모든 공적 자금 지원을 전면 폐지할 것"과 "교회를 국가의 공공업무로부터 완전히 분리하여 사적 단체로 간주할 것"을 요구하며, 결과적으로 '학교의 세속화Weltlichkeit der Schule'를 주장하였다.

사회민주당에게 있어 '교육'은 단순한 지식 전달의 문제가 아니었다. 이는 노동자 계층의 일상에서 실질적인 평등을 실현하기 위한 핵심 현안이었다. 이러한 인식은 1903년 드레스덴 전당대회, 1904년 브레멘 전당대회, 1906년 만하임 전당대회에서도 연속적으로 확인되며, '교육'은 당의 주요 의제로 반복해서 상정되었다. 이들 대회에서 논의된 핵심 내용들은 유물론적 역사 이해, 다윈주의 진화론 수용, 경제적 개혁사상, 사회주의적 평등 구현을 위한 교육의 일원화와 같은 주제들이었다.

25 Wolfgang Mommsen, *Deutsche Parteiprogramme. Deutsches Handbuch der Politik* Bd. 1 (München: Lebendiges Wissen, 1960), 349.

흥미롭게도 이와 같은 주제들은 이미 브레멘 교사연맹이 1905년부터 1907년까지 연속적으로 다루었던 의제들과 거의 동일하였다. 이는 당시 브레멘 교사연맹이 사회민주당과 이념적, 실천적으로 긴밀히 연계되어 있었음을 보여주는 대표적 사례라 할 수 있다.

새로운 '시민 학교'와 중립적 '성서 역사 수업'

19세기 중반부터 브레멘의 학교들은 프로이센이 주창하던 근대 교육의 흐름에 따라 새롭게 조직된 '시민학교Bürgerschule'의 성격을 점차 지향하게 된다. 시민학교는 루터교회와 개혁교회 사이의 오랜 분열을 중재하고, 이를 통해 근대 시민사회의 질서를 회복하고자 했던 새로운 유형의 공립학교였다.

브레멘 시민학교의 설립과 초기 운영을 이해하는 데 있어 반드시 언급되어야 할 인물이 있다. 바로 "브레멘의 가장 위대한 시장이자 정치인"이라는 별칭으로 불리는 요한 스미트Johann Smidt, 1773-1857이다. 그는 시민학교의 초석을 놓은 인물로, 브레멘 교육 역사에서 독보적인 영향력을 행사하였다. 1800년, 불과 27세의 나이에 시의원으로 선출된 그는 4년 뒤 장학사로 임명되었고, 1811년에는 교육위원장이 되었으며, 1821년부터는 무려 48년 동안 브레멘 시장으로 재임하였다.

스미트는 학교위원회를 주도하며 브레멘 학교 설립 전반에 걸쳐 절대적인 영향력을 행사했으며, 기본적으로 종교수업에 대해 회의적이고 비판적인 입장을 견지하였다. 그의 주도로 1844년에는 6세부터 14세까지의 아동을 대상으로 한 의무교육이 입법되었고, 1849년에는 브레멘 학교법의 기초 작업을 위한 대의원회의가 조직되었다. 이러한 흐름 속에서 루터교회와 개혁교회의 오랜 갈등을 봉합하려는 목적을 지닌 '시민학교' 설립이 본격적으로 추진되었다.[26]

스미트가 구상한 '시민학교' 설립 계획은 앞서 언급한 '문학 협회'에서 활동하던 요한 카스퍼 헤펠리Johan Casper Häfeli 목사와 요한 루드비히 에발트Johan Ludwig Ewald 목사에 의해 구체적인 형태로 발전하게 된다. 두 사람은 페스탈로찌의 교육사상을 계승한 교육가들이었으며, 브레멘 시민학교 설립에 적극적으로 참여하였다. 이들은 시민학교에서 이루어지는 종교수업 역시 기존의 방식에서 벗어나야 하며, 새로운 종교 이해와 교육학적 관점에 따라 개혁되어야 한다고 주장하였다.

헤펠리와 에발트는 무엇보다 종교수업이 특정 교단의 교리를 가르치는 것이 아니라, 중립적이고 객관적인 방식으로 '성서 역사'Biblische Geschichte를 중심에 두어야 한다고 제안하였다. 특히 에발트는 전통적인 종교수업 방식 — 즉, 방대한 양의 기도문, 성서의 말씀, 교리문답을 암기시키는 방식 — 을 "이해되지 않은 내용을 강제로 주입하는 일"이라고 강하게 비판하였다.

에발트에 따르면, 학생들은 단순한 암기가 아니라 "스토리텔링을 통해 신성한 역사와 생생하게 만나는 경험"을 해야 하며, "쉽게 이해되고 일상 속에서 실천 가능한 '성서 역사'"가 종교수업의 핵심이 되어야 한다고 강조하였다. 이와 함께 그는 학생들이 학교에서 객관적으로 구성된 '성서 역사' 수업을 통해 선한 양심과 악한 양심의 인과관계를 스스로 인식하고 조절하는 "통찰력과 분별력"을 배워야 한다고 주장하였다.

결국 이러한 '성서 역사' 수업은 학생들에게 단지 종교지식을 전달

26 Peter C. Bloth, *Der Bremer Schulstreit als Frage an die Theologie: Eine Studie zur Problematik des Religionsunterrichts in der Volksschule des frühen 20. Jahrhunderts* (Dortmund: Münster University, 1959), 26.

하는 것이 아니라, 흥미롭고 친숙한 이야기 형식을 통해 성서의 구속 역사를 “미래를 향한 인류 역사의 전반적 드라마”로 이해하게 하려는 시도였다.[27]

이러한 주장은 에발트 개인의 의견에만 그치지 않았다. 이미 19세기 중반 이후 브레멘 지역에서는 신앙고백을 배제한 형태의 ‘성서 역사’ 교재가 활발히 개발되어 널리 확산되고 있었다. 특히 디스터벡와 가까운 관계를 유지했던 브레멘 교육 책임자 알베르트 뤼벤Albert Lüben은 브레멘 지역 작가들과 협력하여, 1879년 ‘브레멘 성서 역사 이야기’ 출판을 시도하였다. 이 책은 성서 전체의 내용을 어린이의 발달 단계에 맞는 객관적인 성서 내러티브로 구성하고, 내용을 과감하게 축약하였다.[28] 이러한 편집 의도에는 기존의 정통 교리문답 방식에서 벗어나고자 하는 개혁적 시도뿐 아니라, 어린이 도덕교육의 관점에서 성서에 담긴 외설적이거나 폭력적인 내용을 의도적으로 제외하려는 목적이 담겨 있었다. 동시에, 지면을 줄여 출판 비용을 절감하려는 현실적인 고려도 반영되어 있었다.

이처럼 다양한 이유로 확산되던 브레멘의 객관적 ‘성서 역사’ 수업 요구는 학생들의 도덕적 판단력을 훈련하고자 했던 브레멘 교사들 사이에서 큰 지지를 받았다. 반면, 교육 영역에서 점차 영향력이 약화되고 있었던 교회로부터는 비판과 우려의 시선을 피할 수 없었다. 결과적으로, 19세기 후반부터 브레멘에서 시작된 이러한 ‘성서 역사’ 수업은 오늘날 브레멘 지역에서 시행되고 있는 가치중립적 ‘성서 역사 수

27 Jutta Lott and Andrea Schröder-Klein, “Religion unterrichten in Bremen,” *Theo-Web. Zeitschrift für Religionspädagogik 7* (2006), 68-79, https://www.theo-web.de/zeitschrift/ausgabe-2007-01/7.pdf, [2025.10.17 접속]

28 Christine Reents and Christoph Melchior, *Die Geschichte der Kinder- und Schulbibel: Evangelisch – katholisch – jüdisch* (Göttingen: Vandenhoeck & Ruprecht, 2011), 250.

업 Biblischer Geschichtsunterricht, BGU'의 원형이라 할 수 있다.

브레멘 학교논쟁의 촉발사건

지금까지 살펴본 시대적 흐름 속에서 브레멘의 '학교운동'은 점차 활발해졌고, 마침내 본격적인 '논쟁'으로 확산되었다. 일부에서는 이를 '학교투쟁 Schulkampf'이라 부르지만, 여기서는 '논쟁'이라는 표현을 사용하겠다. 그 출발점은 의외로 단순하고 현실적인 문제에서 비롯되었다.

1892년, 브레멘 교육위원회는 새로운 학교 감독관으로 요한 아우구스트 쾨페 Johan August Köppe를 임명하였다. 그는 1893년 1월 17일 부임하여 1907년까지 브레멘 교육행정의 책임자로 재직했다. 그러나 그의 업무 방식은 극도로 권위적이었다. 교실에 삐딱하게 걸린 시간표나 누락된 서류 하나까지 꼬집어 지적했으며, 때로는 교사들을 학생들 앞에서 조롱하기까지 했다.

특히 문제가 된 것은 그의 종교적 태도였다. 그는 교사들에게 "당신은 삼위일체 하나님을 믿습니까?" "그리스도는 누구입니까?"와 같은 질문을 던지며, 마치 신앙 심문을 하듯 행동했다. 누군가 "예수는 인간이다"라고 답하면 즉시 교육위원회에 보고하여 징계를 요구하였다. 교사들은 쾨페의 이러한 독단적 방식과 과도한 간섭에 깊은 불만을 품었지만, 초기에는 마땅한 대응책이 없었다. 그러나 이 문제가 교사 회의 Konferenz에서 공개적으로 다뤄지면서, 논쟁은 빠른 속도로 확산되었다.[29]

29 Martin Spieß, "Hohe Behörde möge verfügen, daß der Religionsunterricht abgeschafft werde," in *Geh zur Schul und lerne was. 150 Jahre Schulpflicht in Bremen, ed. Schulgeschichtliche Sammlung Bre-*

사실 쾨페의 부임 이전부터 브레멘에서는 기존 종교수업의 개편을 요구하는 목소리가 점차 커지고 있었다. 1895년 2월, '브레멘 교사연합'은 성서교육 개혁을 주제로 한 컨퍼런스를 개최하였고, 이 자리에서 다음과 같은 불만을 쏟아냈다:

"브레멘의 학교는 여전히 설교 중심의 종교 영역이다!"

이는 단순한 불만 표출이 아니라, 시대 변화에 부응하는 새로운 교육으로 전환해야 한다는 명확한 요구였다. 비록 그 자리에서 구체적인 교육과정 개편안이 제시되지는 않았지만, 교사들은 '성서 수업'이 과연 교육학적으로 타당한가라는 문제를 본격적으로 제기하기 시작하였다.

이후 1900년 10월, 요한 힌리치 뮐러Johan Hinrich Müller는 한 모임에서 '저학년 성서 역사 수업'을 주제로 강연을 진행하였다. 그는 구약 수업에서 반드시 가르쳐야 할 내용과 생략 가능한 내용, 그리고 성서 외의 문학작품을 대체 자료로 활용할 수 있는 방법 등을 제안하였다. 이 강연은 훗날 개혁안을 구체화하기 위한 예비 작업의 성격을 띠었다.

뮐러는 1904년 2월 6일, 브레멘 자유사상연맹Freidenker Verein 모임에서도 동일한 주제로 강연을 이어갔다. 그는 다음과 같이 주장했다.

> "성서적 세계관은 학교에서 여전히 '영원한 진리'를 가르친다고 주장하지만, 이는 이미 시대와 어긋난 생각입니다. 오늘날 우리가 아이들에게 가르쳐야 할 것은 신앙이 아니라 '도덕'입니다. 그리고 그 도덕 교육을 위해서는 기독교뿐 아니라, 서로 비교할 수 있는 다양한 종교의 이야기를 함께 가르쳐야 합니다."

men (Bremen: Hauschild, 1994), 43.

이러한 발언은 당시로서는 매우 도전적인 선언이었으며, 브레멘 종교수업 개혁의 흐름을 결정적으로 이끄는 계기가 되었다.[30]

1905년 2월 18일, 브레멘의 초등학교 교사들은 '학교개혁 연맹 Vereinigung für Schulreform'을 결성하였다. 이 연맹은 단순한 친목 단체가 아니라, 기존의 신앙 고백 중심 종교수업을 '성서 역사'를 중심으로 한 세계관 교육으로 전환하기 위한 사전 준비 모임이었다. 이를 위해 교사들은 교육 내용에 관한 설문조사를 실시하고, 그 결과를 토대로 '성서 역사' 수업의 구체적 내용과 방향을 논의하고자 했다.

그러나 이 모임은 단순한 교육과정 논의에서 그치지 않았다. 그동안 교사들 사이에 누적되어 온 학교 감독관 쾨페에 대한 불만 — 그의 독단적인 행정 방식과 종교적 강요 — 이 회의 자리에서 표면화되면서, 논의는 급격히 확산되었다. 결국 이 자리에서는 쾨페의 감독관직 사임 요구와 더불어, 학교 교육 내용의 공식적인 개혁까지 촉구하는 목소리가 터져 나왔다.

이로써 물밑에서 진행되던 교육개혁 움직임은 공식적인 '논쟁'의 단계로 격상되었고, 브레멘 학교논쟁의 본격적인 서막이 열리게 되었다.

1905년 4월 『회보』*Rundschrift* : "종교수업을 대체할 교육자료를 찾습니다!"

1905년 4월, 브레멘 교사들은 새로운 '성서 역사 수업'에 적합한

30 Peter C. Bloth, *Der Bremer Schulstreit*, 43-44.

교수 자료와 이야기 소재를 찾기 위해 전국적인 협조를 요청하는 공고문을 발표하였다. 이 공고문은 독일 민족주의 교육자 빌헬름 슈바너 Wilhelm Schwaner가 발행하던 『민족교육가』*Volkserzieher*의 계간지 『도서친구』*Bücherfreund* 부록 형식인 『회보』*Rundschrift*에 실렸다. 이 호소문의 주요 내용은 다음과 같다.[31]

"학교 안에서 벌어지는 종교교육 논쟁은 아직 끝나지 않았습니다. 아니, 앞으로 더 격렬해질 것입니다. 우리는 실용적이고 현실적인 세계관을 지지하는 사람들로서, 이제 학교 교육과정에서 종교 과목은 과감히 제거되어야 한다고 주장합니다.

그러나 지금의 국가는 여전히 교회의 편에 서 있습니다. 교회가 전하는 종교 사상은 구시대적일 뿐 아니라, 때로는 유치하다고까지 할 수 있는 내용들입니다. 그럼에도 이런 내용들이 여전히 학교 교과서를 채우고 있으며, 이를 배우고 가르치는 교사와 학생들은 고통을 겪고 있습니다.

이 문제를 해결할 유일한 방법은 종교교육을 '중립적인 영역'으로 옮기는 것입니다. 더 이상 학교에서의 성서 수업은 필요하지 않습니다. 그 자리는 다양한 민족의 심금을 울리는 풍부한 이야기들로 채워질 수 있습니다.

종교는 본래 인간 존재의 깊은 생명력에서 나오며, 순수한 감정의 울림에서 자라나는 것입니다. 그러나 지금 학교에서 종교는 단지 '수업 자료'일 뿐입니다. 질문과 대답의 형식으로 다뤄지고, 아이들

31 Meike Sophia Baader, "Kritik des Religionsunterrichtes im Namen der Rettung des Religiösen: Reformpädagogik und Religion um 1900," in *Jahrbuch für Pädagogik* (Frankfurt am Main: Peter Lang, 2005), 179.

은 기계처럼 외워 대답합니다. 종교는 그저 설명과 개념의 틀 안에 갇혀버리고 말았습니다. 이런 방식이 과연 종교의 본질에 부합합니까?

우리는 청소년들에게 진정으로 감동을 줄 수 있는 이야기들을 함께 읽고 싶습니다. 단순히 분석하고 해석하는 것이 아니라, 이야기와 대화하고 공감할 수 있는 수업을 만들고 싶습니다. 종교라는 단어를 마치 수학이나 과학처럼 시간표에 끼워 넣는 것은 얼마나 어리석은 일입니까?

우리는 아이들이 삶 속에서 마주하는 문제들에 대해 생각을 넓히도록 돕고 싶습니다. 그런 점에서 세계문학 속 작가들이 전하는 삶의 이야기들은 성서보다 더 풍성한 가르침을 줄 수 있습니다.

여러분에게 떠오르는 이야기, 시, 주제가 있다면 저희에게 알려주십시오. 함께 새로운 수업을 만들어 갑시다.

— 브레멘 학교개혁 연맹, 1905년 4월 9일"

브레멘 '학교개혁연맹Vereinigung für Schulreform'은 종교교육 논쟁 속에서 매우 독특한 주장을 내세웠다. 그들은 종교를 단순한 교리 암기가 아니라, 개인의 감정과 맞닿고 내면의 성장을 이끄는 형이상학적 영역으로 이해하였다. 따라서 교육은 단지 지식을 전달하는 데 그치는 것이 아니라, 사회 전체의 도덕적 실천에 이바지하는 실제적 작용을 해야 한다고 주장했다.

이러한 입장은 1905년 『브레멘 회보』*Bremer Rundschreiben*에 체계적인 논리로 정리되어 발표되었다. 이 회보는 단순한 선언문이 아니라, 교사들의 철저한 준비와 고민이 담긴 호소문이었다. 무엇보다, 당시까지 분산적으로 존재하던 교사들의 불만과 문제의식을 하나의 흐름으로 통합하여 공론화한 최초의 문서였으며, 구체적인 교육 현실 분석과 함께 실천 가능한 대안까지 제시한 논의의 장이었다.

특히 주목할 점은, 이 회보가 단지 몇몇 개인의 의견으로 작성된 것이 아니라는 사실이다. 발표 이전에 약 80명의 교육 전문가가 사전 자문과 검토에 참여했으며, 그 자문 그룹에는 『어린이의 세기』*Das Jahrhundert des Kindes*로 유럽 사회에 깊은 영향을 미친 엘렌 케이Ellen Key, 독일 민족주의 교육주의자로 알려진 헤르만 리츠Hermann Lietz, 과학주의적 일원론Monismus을 주장한 생물학자이자 교육사상가 에른스트 헤켈, 그리고 '독일 윤리문화협회Deutsche Gesellschaft für ethische Kultur' 등이 포함되어 있었다.

이처럼 『브레멘 회보』는 교육계 내외부의 광범위한 사상적 자문을 거쳐 발표된, 매우 이례적이고 준비된 문서였다고 할 수 있다.

1905년 5월 『브레멘 문서』*Denkschrift*: "종교수업인가 아닌가?"

1905년 당시 브레멘에는 총 581명의 교사가 근무하고 있었다.[32] 그 해 5월 1일, 그중 약 425명의 교사들이 브레멘 중심부 '야코비할레'에 모였다. 이들은 학교에서 전통적으로 진행되어 온 종교수업을 계속 유지할 것인지, 아니면 새로운 방향으로 개혁할 것인지를 두고 진지한 논의를 시작했다. 이날의 논의는 단순한 의견 교환이 아니라, '종교수업의 폐지 가능성'을 공식적으로 다룬 첫 번째 회의였다.[33]

32 Hans Wulff, *Geschichte und Gesicht der bremischen Lehrerschaft: Gestalten und Generationen aus hundert Jahren (1848-1948)*, Bd. 1 (Bremen: Hans Krohn, 1950), 416.

같은 해 5월 22일, 이들은 브레멘 지역 학교를 장악하고 있던 감독관 요한 아우구스트 쾨페에 대한 공식 고발장을 교육위원회에 제출하였다. 오랫동안 쌓여 있던 감독관에 대한 불만이 마침내 수면 위로 드러난 것이다.

이 고발의 연장선에서, 사회민주당 소속 교사 빌헬름 홀츠마이어Wilhelm Holzmeier는 "종교교육인가, 아닌가?Religionsunterricht oder nicht?"라는 도발적인 제목의 문서를 작성하였다. 이것이 바로 이후 '브레멘 문서Bremer Denkschrift'로 알려진 문서다. 이 문서에서 홀츠마이어는 기존의 신앙고백 중심 종교수업 폐지를 공식적으로 주장하며, 새로운 교육 방향을 제안했다.

같은 해 9월 4일 열린 세 번째 회의에서, 이 '브레멘 문서'는 찬성 273표, 반대 43표라는 압도적인 결과로 통과되어, 교사들의 입장을 공식적으로 대변하는 문서로 채택되었다.[34]

이 '브레멘 문서'는 이후 독일 종교교육 논쟁에서 중요한 참조 문서로 자리 잡았으며, 종교와 교육, 그리고 국가와 교회의 관계를 둘러싼 논의에 큰 영향을 미쳤다. 그 핵심 내용은 다음과 같이 요약할 수 있다.

> "'학교는 국가의 사업이며, 종교는 사적인 것이다!'
> 이 두 명제는 오늘날 현대 국가에서 지켜져야 할 기본 원칙이다. 국가는 학교에 대한 감독 책임을 가지며, 모든 교사는 국가가 인정한 공적인 교육기관에 소속되어 근무한다.

33 Jörg Burger, "Reformpädagogik und Sozialismus. Der Bremische Lehrerverein vor dem Ersten Weltkrieg," in *70 Jahre GEW – 190 Jahre Bremer Lehrerverein* (Bremen: GEW, 2016).

34 Peter C. Bloth, *Der Bremer Schulstreit als Frage an die Theologie: Eine Studie zur Problematik des Religionsunterrichts in der Volksschule des frühen 20. Jahrhunderts* (Münster: Universität Münster, 1961), 53.

국가는 어떤 개인에게도 특정한 신앙을 강요할 수 없다. 또한 교파적 신앙과 무관하게 모든 시민은 동일한 권리를 누려야 한다. 이는 개신교인, 가톨릭교인, 유대인, 비종교인 모두에게 동일하게 적용된다.

이 원칙은 단순한 제도적 규정이 아니라, 신앙과 양심의 자유를 보장하는 헌법적 약속이자 민주 사회의 핵심 가치이다."

'브레멘 문서'는 교육의 기본 원칙으로 두 가지를 제시한다. 하나는 1794년 프로이센 헌법이 밝힌 "학교는 국가의 사업이다"는 선언이고, 다른 하나는 1891년 독일 사회민주당이 채택한 "종교는 사적인 것이다" Religion sei Privatsache 라는 강령이다. 이 두 원칙에 따르면, 공립학교에서의 종교수업은 국가가 보장하는 '신앙과 양심의 자유'에 위배된다고 본다.

'브레멘 문서'는 나아가, 기존의 종교수업이 시대의 변화와 시민의 요구를 따라가지 못한 채 점점 외면당하고 있는 현실을 비판하였다. 그리고 이러한 상황을 극복하기 위해, 특정 종교 교리를 가르치는 수업이 아니라 모든 학생이 공감하고 참여할 수 있는 '도덕'과 '윤리' 중심의 새로운 수업이 필요하다고 주장한다.

"과학의 발전과 지식의 확장에 따라, 종교 사회가 오랫동안 지켜온 신앙의 기본 원칙들은 더 이상 시민 사회의 넓은 영역에서 받아들여지지 않는다. 그 이유는 이 신앙 원칙들이 형이상학적 세계관과 결합된 전통적 종교 구조에 기반하고 있기 때문이다. 이러한 구조는 오늘날의 '사고와 이성' Wissen und Denken, 즉 합리적이고 경험적인 인식 방식과는 더 이상 맞지 않는다.

오늘날 사회가 추구해야 할 교육의 이상은 특정한 신앙 고백이 아니라, '자연적인 삶의 조건'과 '문화적 발전' 속에서 형성되는 사회 지향적인 도덕과 윤리이다."

'브레멘 문서'는 학교 수업이 지향해야 할 교육의 이상을 계몽주의 Aufklärung가 강조하는 '사고와 이성'과, 사회 지향적인 '도덕과 윤리'에서 찾는다. 이러한 원칙에 비추어 볼 때, '성서 수업' — 여기서 성서는 특정 신앙의 경전이라는 의미를 지닌다 — 은 계몽주의가 추구하는 교육 원리와 근본적으로 조화를 이루지 않는다고 비판하였다.

"성서나 기독교의 역사는 오늘날 교육이 지향하는 윤리 수업의 기준에 부합하지 않는다. 성서 수업은 교육학적 관점에서 자연 세계의 내재적 법칙 Naturgesetze과 정확한 인과관계 Kausalität에 기초해야 하지만, 실제로는 그러한 원칙을 따르지 않는다. 오히려 성서 수업은 계획적이고 체계적인 도덕 교육 planmäßige sittliche Lehre을 방해하는 요소로 작용한다."

이러한 문제 제기는 결코 진보적 교사들만의 목소리가 아니었다. '브레멘 문서'는 종교수업의 한계에 대한 비판이 기독교 내부, 특히 교사 집단 안에서도 제기되고 있음을 분명히 지적한다. 앞서 살펴본 바와 같이, 이미 브레멘 지역의 여러 목사들조차 시민학교 설립을 지지하고, 종교수업의 대안으로 '성서 역사' 수업에 깊은 관심을 보였다.

이는 단순한 이념적 반발이 아니라, 시대 변화에 따른 교육적 반성과 대응이었다. 이러한 흐름 속에서, 당시 브레멘의 많은 기독교 교사들도 전통적인 교리 중심 종교수업의 한계를 인식하였으며, 교육 내용의 개혁 필요성에 공감하며 브레멘 학교논쟁을 지지하고 있었음을 알 수 있다.

> "종교수업의 폐지는 이미 기독교 내부에서도 진지하게 논의되고 있던 사안이다. 실제로 브레멘 교사연맹은 '객관적인 종교수업' Objektiver Religionsunterricht 을 시도하며, 전통적인 교리 교육에서 벗어나려는 노력을 기울이고 있었다. 많은 기독교 교사들도 이러한 흐름에 동의하며, 성서 수업에 대해 '양심의 자유'에 따른 암묵적 지지를 보내고 있었다. '브레멘 문서'는 이 점을 강조하며, 기존의 성서 수업은 어린이에게 교육적으로 적절하지 않다고 비판한다. 성서는 본래 성숙한 신앙을 위한 신앙 서적이지, 어린이에게 강요하는 교육 Zwangunterricht 의 수단이 되어서는 안 된다는 것이다."

'브레멘 문서'는 종교수업이 폐지될 것을 전제로 다음과 같은 교육 개혁 사항을 결론으로 제안한다. 이러한 제안은 당시 교육 현장의 비판과 이상을 집약한 결과물로, 교과 내용과 수업 방식, 그리고 학교와 교회의 관계에 대한 근본적인 재구성을 담고 있다.[35]

> "1. 종교수업의 시행은 부모가 그 자녀를 위하여 원하는 경우에 한해 개별적인 종교수업 기관에 위임할 수 있다.
> 2. 윤리수업은 지금까지의 종교수업과 더 이상 연계하지 않는다.

35 Karl Ernst Nipkow & Friedrich Schweitzer, *Religionspädagogik: Texte zur evangelischen Erziehungs- und Bildungsverantwortung seit der Reformation*, Bd. 2/1 (Gütersloh: Gütersloher Verlagshaus, 1994), 178-179; Peter C. Bloth, *Der Bremer Schulstreit als Frage an die Theologie: Eine Studie zur Problematik des Religionsunterrichts in der Volksschule des frühen 20. Jahrhunderts* (Dortmund: Diss. Münster, 1961), 135-36; Olaf Kliss, *Schulentwicklung und Religion: Untersuchungen zum Kaiserreich zwischen 1870 und 1918* (Stuttgart: Kohlhammer, 2005), 256.

3. 윤리수업은 지금 읽기 교재에서 다뤄지는 것처럼 일반적인 세계관과 생활교육을 지향해야 한다.

4. 윤리수업은 저학년, 중급학년의 학생의 정신·도덕 단계에 적합해야 하고, 문학적으로 출중한 세계 문학 자료가 활용되어야 한다.

5. 이러한 제안과 연관되어 학교 교과과정은 나머지 교과시차를 다음과 같이 활용해야 한다.

   a. 저학년[Klasse VIII und VII]에게는 아동의 지적 능력에 맞게 조정되고, 그들의 실생활과 연계되어 선정된 동화문학을 통해 세계관 형성 수업이 이뤄져야 한다.

   b. 중등학년[Klasse VI und III]에게는 문학수업과 연계된 윤리수업이 제시되어야 한다. 나머지 조정된 과외 시간들은 종교단체에 의해 추가될 수 있다.

   c. 교재내용의 선택은 윤리 수업에서 고려해야 할 요소를 기반으로 편집되어야 한다.

   d. 고등학년[Klasse II und I]에서는 법을 이해하는 조직적인 윤리수업이 이뤄져야 한다.

   e. 고등학년[Klasse II und I]에서는 일반적인 종교 역사 수업이 시행될 수 있다.

브레멘 교사연맹, 브레멘, 1905년 9월

서명: Chr. Maas, F. Gansberg, W. Holzmeier, Magda Böttuer, Adele Ehlers”

'브레멘 문서' 이후의 흐름과 영향

1905년 '브레멘 문서' 발표 이후, 브레멘 지역의 종교수업 논쟁은 단순한 교육 내부의 갈등을 넘어 정치적·제도적 여파로 확산되었다. 교사들이 기존의 신앙고백 중심 종교수업을 비판하고 개혁을 요구하자, 교육 당국은 이를 '집단적 반란'으로 간주하고 대표 서명자였던 네 명의 교사를 징계하려 하였다. 그러나 이 사건의 발단이 되었던 권위적 감독관 쾨페 역시 결국 해임되면서, 논쟁은 단순한 개인의 문제를 넘어 교육 구조 전반의 문제로 확장되었다.

이후 브레멘의 교사들은 단순한 항의에서 그치지 않고, 교육개혁을 위한 조직적인 활동을 이어갔다. 1910년 4월, 교육위원회는 기존의 교장 중심 학교 운영 체제를 폐지하고, 교사 참여형 이사회 중심 운영 방식을 도입하기로 결의하였다. 이는 『브레멘 문서』가 단순한 성명서가 아니라, 학교 제도의 변화를 실질적으로 이끌어낸 사건임을 보여주는 대표적 사례였다.

『브레멘 주 헌법』1947으로 이어진 제도적 변화: "종파적으로 연결되지 않은 일반적인 기독교"

브레멘 논쟁의 영향은 제2차 세계대전 이후에도 이어졌다. 1947년, 브레멘 주가 새 헌법을 제정하는 과정에서 종교수업의 방향을 두고 기독교민주연합CDU과 사회민주당SPD이 첨예하게 대립하였다. CDU는 신앙고백 중심의 교회 주도 종교수업을 회복하려 했고, SPD는 교회의 개입을 전면 배제한 '중립적 성서 역사 수업'을 고수하고자 했다. 이러한 대립 끝에, 브레멘 주 헌법 제32조가 다음과 같이 제정되었다.

> "브레멘의 국공립학교는 종파적으로 연결되지 않은 일반적인 기독교에 기초한 성서 역사 수업을 제공한다. 이 수업은 이에 동의한 교사에 의해서만 이루어질 수 있으며, 종교 단체는 학교 외 시간에 법적 허가 아래 신앙고백 교육을 실시할 수 있다."[36]

이 조항은 교회가 학교 종교수업에 직접 개입하지 못하도록 하면서도, 기독교 전통은 유지하되 특정 교단의 교리를 강요하지 않는 중립적 방식의 수업을 제도화한 것이다.

『독일기본법』[1949]과 브레멘 조항: "정규 교과이지만… 다른 법률 조항이 존재하는 주에서는…"

1949년, 독일은 제2차 세계대전 이후 새 헌법인 『독일기본법』*Grundgesetz*을 제정하였다. 이 헌법에는 종교와 교육에 관한 두 가지 핵심 조항이 포함되었다. 제4조는 '종교의 자유'를 보장하고 있으며, 제7조는 학교 종교수업에 대해 규정한다. 특히 제7조 3항 1문은 다음과 같이 선언한다:

> "종교수업은 비종파적 학교를 제외한 국공립학교의 정규 교과목

36 Lott, J. & Schröder-Klein, A., "Religion unterrichten in Bremen," *Theo-Web. Zeitschrift für Religionspädagogik* 7 (2006), 68-79.

이다." Art. 7 Abs. 3 Satz 1 GG

이 조항은 국공립학교에서 종교수업이 필수적으로 시행되어야 함을 의미한다. 그러나 이 내용은 2년 전인 1947년에 제정된 『브레멘 주 헌법』 제32조와 충돌하였다. 브레멘 헌법은 교회의 참여를 배제하고, '비종파적 성서 역사 수업'을 채택한 지역 학교 제도를 명시하고 있었기 때문이다. 이러한 법적 충돌을 해소하기 위해, 『독일기본법』에는 단 한 줄짜리 특별 예외 조항이 추가되었다. 그것이 바로 제141조이다.

"제7조 3항 1문은 1949년 1월 1일 기준으로 다른 법률 조항이 존재하는 주에는 적용되지 않는다." Art. 141 GG

이 조항은 『브레멘 주 헌법』처럼 이미 자체적인 교육법을 갖추고 있던 주州에 대해서는, 『독일기본법』 제7조의 종교수업 의무 조항이 적용되지 않도록 하였다. 이로써 브레멘은 독일 연방 안에서 유일하게 '정규 교과 과목으로서의 종교수업'에서 벗어날 수 있게 되었다.

이 특별 조항은 브레멘 대표로 참여한 사회민주당 의원 아돌프 엘러스Adolf Ehlers의 주도로 삽입되었다. 공식 명칭에는 '브레멘'이라는 단어가 포함되어 있지 않지만, 오늘날까지도 "브레멘 조항Bremen Klausel"이라 불린다.

엘러스 의원의 이 조치는 '브레멘 문서'가 요구한 학교와 교회의 분리, 그리고 탈교리적 '성서 역사 수업'이 헌법적으로 보장될 수 있는 법적 근거가 되었고, 그 결과 브레멘은 이후에도 독일에서 독자적인 종교교육 모델을 유지할 수 있었다. 이처럼 제141조는 단 한 줄의 문장이지만, 강력한 나비효과를 일으킨 독일 헌법사 속의 중요한 전환점이었다.

"브레멘 조항 Art. 141 GG"의 강력한 법적 효과

『독일기본법』 제141조, 이른바 "브레멘 조항"은 그 내용만 보아도 브레멘의 학교교육 상황을 고려하여 삽입된 조항임이 분명하다. 그러나 이 짧은 한 줄의 법 조문은 이후 매우 강력한 법적 효과를 발휘하게 된다.

1960년 10월, 브레멘 개신교회 Bremische Evangelische Kirche 는 브레멘 주 헌법재판소에 헌법소원을 제기하였다. 이들은 『독일기본법』 제7조 3항과 1959년 제정된 『브레멘 사립학교법』 제17조 1항 — "허가받은 대안학교 Ersatzschule 에 한해서는 […] 일정한 교사 인력을 투입할 수 있다" — 를 근거로 삼아, 브레멘 공교육 체계 안에서 종파적 배경을 지닌 교사를 종교수업에 투입하려 하였다.

그러나 1971년 1월 13일, 브레멘 헌법재판소는 이 청구를 기각하였다. 재판부는 『기본법』 제141조, 즉 "브레멘 조항"을 결정적 근거로 제시하였다. 판결 요지는 다음과 같다.

> "① 『브레멘 주 헌법』 제32조에 명시된 '종파에 연관되지 않는 성서 역사 수업 Biblischer Geschichtsunterricht' 조항은 여전히 유효하다. 여기서 '종파'는 개신교뿐 아니라 다양한 형태의 교회 조직 전체를 의미한다.
>
> ② '일반적인 기독교 기초에 근거한'이라는 표현은 개신교나 가톨릭 등 특정 교파를 지칭하는 것이 아니라, 종파를 초월한 기독

교 문화적 기반을 뜻한다."

따라서 법원은 브레멘 개신교회의 주장을 받아들이지 않았으며, 선교적 목적이나 특정 신앙고백을 기반으로 한 종교수업은 공립학교 내에서 허용될 수 없다는 원칙을 재확인하였다. '성서 역사 수업' BGU 은 모든 학생을 위한 공통 수업이므로, 철저히 종교적 중립성과 개방성을 지켜야 한다는 점을 분명히 한 것이다.

결과적으로, 1905년 브레멘의 교사들이 제기했던 주요 주장 — 교회로부터의 교육 자율성, 비종파적 수업, 성서 이야기 중심 수업 — 은 거의 모두 헌법과 판결을 통해 반영되었다. 그들의 이해와 요청은 단순한 선언으로 끝나지 않고, 법적 조항과 교육제도의 실제 구조 속에 자리 잡게 된 것이다.

"브레멘 조항"의 장기적 영향: 객관적 성서교육의 법적 기반

1905년 '브레멘 학교논쟁'에서 제기된 객관적 종교교육의 요구는 오늘날 독일 일부 지역의 교육과정 속에 반영되어 지속되고 있다. 실제로 독일 대부분의 주정부는 『독일기본법』 제7조 제3항에 따라, 신앙고백적 종교수업을 공립학교에서 정규 과목으로 운영하고 있다. 종교수업뿐 아니라 일반 교육과정 자체도 기독교적 가치와 전통에 근거하여 구성되어 있으며, 교육의 목적과 방향 역시 기독교 정신에 뿌리를 두고 있다.

예를 들어, 독일 남서부 바덴뷔르템베르크 주는 『주 헌법』 제12조 제1항을 근거로, 2016년 개정 교육과정에서 교육 목적을 다음과 같이

규정하였다:

> "학생들은 하나님에 대한 경외심, 기독교적 이웃 사랑과 만인의 형제애 안에서, 조국에 대한 충성, 도덕적·정치적 책임, 직업과 사회 유지, 자유민주적 태도를 위한 교육을 받아야 한다."[37]

이처럼 하나님에 대한 경외나 기독교적 사랑이 '도덕'이나 '정치적 책임'보다 먼저 명시된 것은, 독일 교육의 뿌리가 여전히 기독교 정신에 있음을 잘 보여준다.

그러나 이러한 주류 흐름과 달리, 신앙고백적 종교교육을 지양하고 보다 중립적인 수업을 지향하는 소수 지역들도 존재한다. 대표적으로 함부르크는 "모두를 위한 종교Religion für Alle"라는 이름으로 간종교적 종교수업을 운영하고, 브란덴부르크는 "생활태도-윤리-종교Lebensgestaltung-Ethik-Religionskunde, LER"라는 교과를 통해 윤리와 종교를 통합하여 가르친다. 그리고 브레멘은 1905년 종교자유운동의 연장선상에서, 현재까지도 교파적 신앙고백 대신 비종파적·탈교리적 '성서 역사 수업'을 공립학교 종교수업의 기본 형식으로 운영하고 있다.[38] 이처럼 함부르크, 브란덴부르크, 브레멘 등 소수 주의 종교 교과과정은 『브레멘 주 헌법』과 『독일기본법』 제141조, 이른바 "브레멘 조항"의 법적 영향을 크게 받은 결과라 할 수 있다.

이러한 중립적 성서교육이 제도화된 지역에서는 신앙교육과 입교교육이 다른 지역과는 확연히 다른 형태로 운영된다. 예를 들어, 일반

37 Bildungsplan der Grundschule, *Bildungsplan 2016. Evangelische Religionslehre*, Ministerium für Kultus, Jugend und Sport Baden-Württemberg, 2016, https://bildungsplaene-bw.de/,Lde/LS/BP2016BW/ALLG/SEK1/REV, [2025.10.17 접속]

38 강영택 외, 『종교교육론: 학교에서의 기독교적 종교교육』(서울: 학지사, 2013), 119.

적으로 독일 김나지움에서는 8~9학년 학생들이 정규일과 내에서 입교교육을 받는다. 그러나 브레멘에서는 입교교육이 '방과 후 선택수업Arbeitsgemeinschaft, AG' 형식으로만 가능하다. 이러한 제약으로 인해 입교교육 참여율은 전체 학생의 약 30% 수준에 그친다.[39] 또한 브레멘 지역의 4개 기독교 사립학교 역시 공교육 수준의 종교적 중립성을 엄격히 요구받는다. 학생 선발 과정에서의 종교 차별 여부, 수업 내용의 중립성 등은 교육청에 의해 철저히 감독되며, 사립학교라 하더라도 『브레멘 교육법』에 따라 중립성이 지속적으로 보장되어야 한다.

더욱이 2005년 이후에는 기존의 성서 역사 수업조차도 성서를 중심으로 한다는 이유로 비판을 받으며, 이를 대체할 수 있는 '철학'이나 '이슬람 종교수업'의 도입이 점차 확대되고 있다. 이러한 흐름 역시 『브레멘 문서』가 제시했던 비종교적 공교육의 이상을 계승하는 결과라 할 수 있다.

39 Jürgen Lott and Andreas Schröder-Klein, "Religion unterrichten in Bremen," *Theo-Web. Zeitschrift für Religionspädagogik* 7 (2006), 68-79.

결론: 브레멘 학교논쟁의 역사적 의미와 오늘의 기독교교육에 주는 시사점

1905년 '브레멘 학교논쟁'은 단순한 지역 교육정책의 갈등을 넘어, 19세기 말 독일 사회에 누적되어 온 종교·교육·정치·사회문화의 변화가 한꺼번에 표출된 전환점이자 긴장이 응축된 지점이었다. 특히 이 논쟁은 경건주의와 계몽주의, 교회와 국가, 교리문답 중심의 전통 종교교육과 근대적 도덕·윤리교육이라는 여러 차원의 긴장이 교차한 대표적 사건으로, 근대 종교교육의 변화를 상징한다.

경건주의는 내면의 신앙과 실천을 중시하며 오랫동안 교리문답 교육의 핵심을 형성해 왔다. 반면, 계몽주의는 인간 이성과 자유, 객관성과 과학의 발전을 강조하며 전통 신앙교육의 형식과 내용을 근본적으로 재검토하도록 요구했다. 이러한 두 흐름의 충돌은 브레멘에서도 그대로 나타났으며, 브레멘 교사연맹은 '교회로부터 독립된 도덕 중심의 성서 역사 수업'을 주장하였다. 이는 곧 교리문답적 신앙고백 교육과 계몽주의적 세계관 교육의 긴장을 현실 정치와 교육 현장에서 표출한 것이다.

브레멘 교사들의 주장은 "종교는 사적인 것이며, 학교는 국가의 사업"이라는 명제로 요약된다. 이 입장은 종교교육의 탈교리화, 교육의 세속화, 그리고 학교의 교회로부터의 자율성을 강하게 요구하였다. 이러한 주장은 단순한 비판에 그치지 않고 '브레멘 문서'와 '브레멘 조항'을 통해 제도화되었으며, 이후 독일 헌법 체계 속에서 일부 지역에서는 여전히 법적 효력을 유지하고 있다.

결국 브레멘 논쟁은 교회와 교육, 신앙과 이성, 고백과 도덕, 전통과 근대가 충돌하고 중재되는 교육사적 분수령이자 영향사적 사건으로 평가될 수 있다.

이러한 역사적 맥락은 오늘날 한국 기독교교육의 현실과도 깊이 맞닿아 있다. 한국 사회 역시 기독교 정체성과 교육의 공공성, 신앙고백과 일반 교육의 경계 설정을 두고 지속적인 긴장을 경험하고 있다. 따라서 브레멘 사건이 주는 시사점은 다음과 같다.

첫째, 신앙고백 없는 종교교육이 가능한가라는 질문이다. 브레멘의 사례는 성서를 교육 콘텐츠로 활용하되 신앙고백을 배제한 '성서 역사 수업'을 제안하였지만, 이는 오늘날에도 철학적·교육학적 논쟁이 지속되는 주제다.

둘째, 교회의 분열과 사회적 신뢰의 약화는 교육개혁의 흐름 속에서 교회의 영향력을 줄이는 핵심 요인이 되었다. 이는 곧 교회가 공적 책임과 연대를 어떻게 회복할 것인가라는 과제를 던진다.

셋째, 교육정책의 한 문장이라도 그 영향력은 세대와 제도를 넘어간다. '브레멘 조항'이 100년이 넘도록 법적 효력을 유지하며 작동하는 현실은, 기독교교육의 제도적 기반 마련이 얼마나 중요한지를 강하게 일깨운다.

물론 브레멘 사건이 일어난 독일적 맥락과 오늘날 한국의 국공립학교 종교교육 현실은 차이가 있다. 그러나 이 사건이 드러낸 갈등의 구조 — 전통과 계몽, 고백과 중립, 교회와 국가의 긴장과 조율 — 는 오늘날 종교교육의 핵심 논제들과 여전히 맞닿아 있다.

따라서 우리는 브레멘 학교논쟁을 교리문답에서 종교교육으로, 고백에서 대화로, 교회 중심에서 교육학 중심으로 이동하는 중재의 역사로 이해할 필요가 있다. 이 연구가 급변하는 사회 속에서 기독교교육이 어떤 정체성과 방향성을 가져야 하는지를 성찰하는 계기가 되기를 기대한다.

학 / 습 / 요 / 약 /

① 브레멘 교사연맹은 기존의 신앙고백 중심 종교수업에 반대하며 '성서 역사' 중심의 중립적 수업을 요구하였다.

② 학교 감독관 쾨페의 권위적 감독은 교사들의 집단적 반발을 불러일으켜, 종교수업 개혁을 둘러싼 공론화의 촉발점이 되었다.

③ 교사들은 '브레멘 문서'를 통해 "종교는 사적 영역, 학교는 국가의 사업"이라는 원칙을 선언하며 종교수업 폐지를 주장하였다.

④ 이 논쟁은 1947년 브레멘 주 헌법, 1949년 독일 기본법 제141조브레멘 조항으로 이어지며 법적·제도적 영향력을 남겼다.

⑤ 브레멘 사건은 경건주의와 계몽주의, 교리문답과 중립적 도덕교육의 긴장 속에서 종교교육의 구조적 전환점으로 평가된다.

나가는 글

다시 묻는 신앙교육
— 역사에서 오늘을 보다

1. 역사적 여정의 회고

신앙교육의 역사를 따라가는 일은 단순한 과거 탐방이 아니다. 그것은 마치 강줄기를 거슬러 올라가 근원을 찾는 여정과 같다. 그 여정 속에서 우리는 오늘날 교회교육이 서 있는 자리와 방향을 새롭게 확인하게 된다. 기독교교육사상의 발자취를 따라가면, 고대 교회의 세례후보자 교육Katechumenat에서부터 종교개혁기의 교리문답 교육, 경건주의와 계몽주의의 긴장, 그리고 20세기 공·사 영역의 논쟁에 이르기까지, 시대마다 다른 표정과 목소리로 신앙교육이 살아 움직였음을 확인할 수 있다.

고대 교회의 교육은 무엇보다 신앙과 삶의 일치를 목표로 했다. 세례를 준비하는 사람들은 단순한 교리 지식을 배우는 것에 그치지 않고, 공동체 안에서 기도와 예배, 섬김과 훈련의 삶을 익혔다. 이 시기의 교육은 '지식 전달'보다는 '신앙 형성'이 중심이었다. 다시 말해, 신앙은 암기되는 것이 아니라, 공동체 안에서 살아 있는 관계 속에서 배우고 체득되는 것이었다. 그리스도인의 정체성은 교회라는 몸 안에서 길러졌고, 교육은 곧 공동체 생활이었다.

중세로 넘어오면서, 신앙교육은 점차 제도화되고 성례전 중심으로 구조화되었다. 회당교육과 수도원의 학교, 교회당에서의 가르침은 성례를 준비시키고, 신앙의 기초를 형성하는 역할을 했다. 그러나 이 시기에는 교육의 주도권이 사제와 수도자에게 집중되었고, 평신도 가정의 역할은 제한적이었다. 신앙교육은 여전히 중요한 과제였지만, 점차 '교회 권위에 의해 전달되는 지식'의 성격이 강해졌다.

16세기 종교개혁은 이러한 흐름에 거대한 전환점을 마련했다. 마틴 루터는 교리문답을 단순 암기의 도구로 사용하지 않았다. 그는 문답서를 부모와 목회자가 가정과 교회에서 함께 사용하도록 하면서, 신앙교육을 가정의 일상으로 회복시키고자 했다. 루터의 소교리문답과 대교리문답은 종교개혁의 신학적 핵심을 간결한 문답 형식으로 담아내면서, 말씀과 신앙의 직접적 연결을 가능하게 했다. 이는 교회의 신앙고백을 다음 세대가 이해하고 자기 언어로 고백하게 하는 시도였다.

17세기 경건주의Pietismus는 종교개혁이 놓은 신학적 토대 위에 심장 뛰는 신앙을 다시 불어넣으려 했다. 필립 야코프 스페너와 아우구스트 헤르만 프랑케는 교회교육이 단순히 교리 지식의 전달에 머물러서는 안 된다고 보았다. 그들은 '경건서적 읽기', '소그룹 성서공부', '실천적 사랑의 행위'를 통해 교육의 전인적 성격을 강조했다. 특히 프랑케의 고아원과 학교는 신앙과 사회봉사가 결합된 교육 모델을 제시하며, 신앙교육의 사회적 책임을 일깨웠다.

18~19세기에 접어들면서 계몽주의Aufklärung는 교육 전반에 새로운 도전을 던졌다. 프리드리히 슐라이어마허는 이성과 감성, 계몽과 경건의 긴장을 통합하려 했다. 그는 종교를 "절대의존의 감정Gefühl der schlechthinnigen Abhängigkeit"으로 정의하며, 종교가 단지 가르쳐지는 지식이 아니라, 삶 속에서 경험되고 응답되는 내적 사건임을 강조했다. 그의 종교교육론은 지적 훈련과 정서적 형성이 결합된 교육을 지향했다. 이는 오늘날 기독교교육이 여전히 붙잡아야 할 핵심 통찰이기도 하다.

20세기 초 독일에서 일어난 브레멘 학교논쟁1905은 종교교육의 공적 위치를 둘러싼 치열한 갈등을 보여준다. 교회와 국가, 신앙과 학문, 공교육과 종교교육의 경계가 논의되며, 종교교육이 교회의 울타리를 넘어 사회와 소통해야 하는 필요성이 부각되었다. 이 논쟁은 종교교육이 단지 교회 내부의 문제로만 남을 수 없음을 분명히 했다. 동시에, 공공성과 신학성이라는 두 축을 어떻게 조화시킬 것인가 하는 과제를 우리에게 남겼다.

이렇게 살펴본 역사 속 신앙교육은 언제나 긴장과 변화 속의 연속성을 드러낸다. 여기서 말하는 긴장은 단순한 갈등이나 충돌이 아니라, 서로 다른 가치와 지향이 교차하며 형성되는 역사적·구조적 역동성을 의미한다. 신앙교육은 결코 고정불변의 틀 속에 머물지 않았다. 그것은 각 시대가 직면한 신학적·사회문화적 질문에 응답하면서, 교육의 본질을 훼손하지 않기 위해 자기 해석self-interpretation과 자기 재구성self-reconfiguration을 반복해 온 역사였다.

이러한 긴장은 주로 이원적 구조 속에서 드러났다. 경건과 계몽, 삶과 신앙, 전통과 변화와 같은 범주는 역사 속에서 끊임없이 서로를 견제하고, 동시에 서로를 필요로 했다. 예를 들어, 경건은 종종 내면성과 체험의 깊이를 제공하지만, 계몽적 비판이 부재하면 신앙은 배타성과 비합리성에 갇히기 쉽다. 반대로, 계몽적 이성은 보편성과 공공성을 확장시키지만, 경건의 정서적·실존적 차원이 결여되면 신앙교육은 차갑고 건조해질 수 있다. 이러한 상호 보완과 긴장은 곧 신앙교육의 통전성 Integrität 을 형성하는 핵심 동력이다.

이론적으로 볼 때, 이러한 균형은 변증법적 과정에 의해 유지된다. 한쪽 극이 절대화될 때 다른 극이 이를 견제하며, 그 상호작용 속에서 새로운 교육 형태가 창출된다. 이 과정은 헤겔적 의미에서의 변증법 — 정 thesis, 반 antithesis, 종합 synthesis — 과도 유사하지만, 기독교교육의 경우 종합은 단순한 절충이 아니라, 신앙의 본질을 재해석하며 시대적 요구를 수용하는 창조적 변용이다. 다시 말해, 신앙교육의 발전은 긴장을 소거하는 데 있는 것이 아니라, 긴장을 의도적으로 유지하며 생산적으로 전환하는 데 있다.

'삶과 신앙'의 긴장 또한 유사한 구조를 가진다. 신앙이 삶의 현실과 유리될 때 교육은 추상화되고, 삶이 신앙적 성찰 없이 흘러갈 때 교육은 방향성을 잃는다. 역사 속 신앙교육은 이 둘을 대립 항목으로 두기보다, 상호 규정적 범주로 이해하려 했다. 예를 들어, 신앙은 삶을 비추는 해석의 틀을 제공하고, 삶은 신앙을 검증하고 구체화하는 장이 된다. 이 관계는 해석학적 순환 hermeneutische Zirkel 처럼, 서로를 반복적으로 해석하고 심화시키는 구조를 가진다.

또한 '전통과 변화'의 관계 역시 단절이나 대체의 논리가 아니라 계승과 재구성의 논리로 이해된다. 전통은 단지 과거를 보존하는 기계적 저장고가 아니라, 현재를 위한 의미 자원 meaning resource 이며, 변화는 전통을 폐기하는 혁신이 아니라 그 의미를 새로운 맥락 속에서 재전유

re-appropriation하는 과정이다. 따라서 교리문답, 회당교육, 가정예배, 주일학교, 신학대학의 교과과정은 각각의 시대에 형성된 교육 모델이면서도, 오늘날 교육자가 비판적으로 수용하고 창의적으로 변용해야 할 살아 있는 유산이다.

결국 역사적 여정을 회고한다는 것은 단순히 과거의 방식을 복원하는 일이 아니다. 그것은 오늘의 교회교육이 무엇을 계승하고, 무엇을 새롭게 해석하며, 무엇을 변용해야 하는지를 식별하는 작업이다. 고대의 세례교육에서 공동체성과 체험을 배우고, 종교개혁에서 말씀 중심의 가정 신앙교육을 배우며, 경건주의에서 전인적 형성을 배우고, 계몽주의에서 비판적 성찰을 배우고, 현대의 논쟁에서 공공성과 신학성의 균형을 배우는 일은, 바로 이러한 식별의 과정이다.

따라서 신앙교육은 단절이 아니라, 끊임없는 대화 속에서 이어져 온 역사다. 그리고 이 대화는 시대마다 다른 형태로 우리에게 다가와 묻는다.

"지금 우리는 무엇을 믿고 있으며, 그 믿음을 어떻게 다음 세대에 전하고 있는가?"

이 물음에 응답하는 일은 과거를 반복하는 것이 아니라, 그 과거가 품고 있던 통전적 균형의 원리를 오늘의 언어와 맥락 속에서 재현하는 것이다. 그렇게 할 때, 신앙교육은 여전히 살아 있는 현재진행형의 역사로 남을 수 있다.

2. 핵심 주제의 도출: 긴장-균형-중재-발전

기독교교육의 역사를 긴 호흡으로 성찰할 때, 우리는 단순한 시대별 변화를 넘어서는, 보다 깊은 구조적 흐름을 발견하게 된다. 각 시대의 신앙교육은 고유한 사회·문화적 맥락 속에서 전개되었지만, 그 밑바탕에는 공통적으로 반복되는 네 가지 핵심 동력이 자리한다. 그것은 긴장Tension, 균형Balance, 중재Mediation, 그리고 변혁Transformation이다. 이 네 요소는 개별적으로 고립된 개념이 아니라, 서로 맞물려 상호작용하며 기독교교육의 성격과 방향을 형성해 온 역사적·이론적 축이다.

긴장Tension

긴장Tension은 기독교교육의 생명력을 자극하는 토양이다. 여기서 말하는 긴장은 단순히 피하거나 제거해야 할 갈등이 아니라, 서로 다른 가치·신학·교육적 접근이 부딪히며 새로운 가능성을 열어가는 창조적 긴장이다. 역사 속 기독교교육은 언제나 이러한 긴장의 장에서 성장해 왔다. 경건과 계몽, 신앙과 이성, 전통과 변화, 교회성과 공공성 사이의 부딪힘은 교육 내용을 재정립하게 하고, 교육 방법을 혁신하게 하며, 교육의 본질에 대한 근본적인 질문을 끊임없이 던지게 했다. 긴장은 교육자가 자기 전통을 절대화하지 않으면서도 그 핵심을 지키도록 만드는 역동적 힘이다.

역사적으로 이러한 긴장은 다양한 형태로 나타났다. 신학과 문화의 긴장 속에서 초대교회는 유대교 전통을 지키면서도 헬레니즘 철학의 언어와 개념을 전략적으로 수용하여 신앙교육을 전개했다. 경건과 계몽의 긴장 속에서 18~19세기 유럽의 교육자들은 내면적 신앙과 실천을 강조하는 경건주의와, 합리성과 비판적 사고를 중시하는 계몽주의 사이에서 새로운 교육관을 모색했다. 또한 교회성과 공공성의 긴장은 종교개혁 이후 공립학교의 확산과 함께 부각되었는데, 이 과정에서 신앙교육은 교회의 정체성을 지키는 동시에 사회적 합의와 보편적 교육 목표를 수용해야 하는 이중 과제를 안게 되었다.

결국 기독교교육에서 긴장은 교육의 한계를 드러내는 장애물이 아니라, 교육을 더 깊고 통전적으로 성숙시키는 자극제다. 긴장을 회피하거나 단순히 해소하려는 태도는 교육의 깊이를 얕게 만들지만, 긴장을 인식하고 해석하며 그 안에서 창조적 해법을 모색하는 노력은 교육의 지속 가능성과 통전성을 심화시킨다. 이런 점에서 긴장은, 과거와 현재, 그리고 미래의 기독교교육을 잇는 역동적 원리이자 교육자의 성찰과 실천을 동시에 요구하는 필수적인 요소라 할 수 있다.

균형 Balance

균형Balance은 긴장이 무질서와 분열로 흐르지 않도록 조율하는 원리다. 기독교교육은 언제나 이성과 감성, 교리적 확고함과 실천적 유연함, 교회 전통과 시대적 변화 사이에서 균형을 추구해 왔다. 이러한 균형은 단순히 중간 지점을 찾는 절충이 아니라, 서로 상충하는 가치가 공존하고 상호 보완하도록 만드는 창조적 조율이다. 균형을 잃으면 교육은 한쪽으로 기울어 경직되거나, 반대로 정체성을 잃고 희석된다. 역사 속 건강한 신앙교육은 늘 이러한 균형의 감각 위에 세워졌다.

이 균형은 구체적으로 여러 영역에서 요구된다. 이성과 감성의 균형에서 기독교교육은 신앙을 단순한 지적 동의로 축소하거나 감정적 경험에만 국한하지 않는다. 사도 바울이 "마음을 새롭게 함으로 변화를 받으라"롬 12:2고 한 말씀은 인식과 정서, 의지가 함께 변화하는 전인적 교육을 지향한다. 전통과 혁신의 균형에서 전통은 정체성과 방향성을 제공하지만, 변화를 거부하면 생명력을 잃는다. 전통을 재해석하고 그 속에서 새로운 실천을 모색하는 균형은 교회교육을 '살아 있는 유산'으로 유지시킨다. 또한 교회성과 공공성의 균형에서 종교교육은 교회 공동체의 신앙을 형성하는 동시에 사회의 공적 가치에 기여해야 하며, 이는 사회적 신뢰와 공적 담론 속에서 복음의 설득력을 높인다.

결국 균형은 단순한 중립이나 양비론이 아니라, 상호 긴장의 동시적 수용과 재조율이다. 기독교교육자는 자신의 사역을 어느 한 극단의 재현이 아니라, 다양한 가치가 공존하며 상호 비추는 장으로 설계해야 한다. 이러한 균형 감각은 변화하는 시대 속에서도 교육의 정체성을 지키면서도, 복음을 오늘의 언어와 맥락 속에서 살아 있게 만드는 핵심 역량이다. 균형이야말로 기독교교육이 지속 가능성을 확보하는 데 필요한 숨은 구조적 힘이다.

중재 Mediation

중재Mediation는 기독교교육자가 감당해야 할 고유한 소명이다. 교육자는 단순한 지식 전달자가 아니라, 서로 다른 영역을 연결하는 다리 놓는 사람이다. 신앙의 유산을 세대와 세대 사이에서 이어주고, 성서의 진리를 오늘의 문화와 상황 속에 번역하며, 교회의 복음을 공적 담론의 장에서 설득력 있게 제시하는 일은 단순한 교수 기술을 넘어서는 사역이다. 역사적으로 신앙교육이 세월을 넘어 지속될 수 있었던 것은, 바로 이러한 중재자의 역할을 성실하게 수행한 교육자들의 헌신 덕분이었다.

이 중재의 사명은 크게 세 방향으로 나타난다. 첫째, 세대와 세대를 잇는 중재에서 교육자는 한 세대의 신앙을 단순히 복제하듯 전수하는 것이 아니라, 다음 세대의 언어와 세계관에 맞게 해석하고 재구성하는 번역자 역할을 한다. 둘째, 신앙과 삶을 잇는 중재에서 교육자는 성서의 가르침과 일상의 경험을 통합하며, 야고보서의 "행함이 없는 믿음은 죽은 것"이라는 경고가 현실 속에서 살아 움직이도록 돕는다. 셋째, 교회와 세상을 잇는 중재에서 교육자는 교회의 복음을 '내부 언어'에만 머물지 않게 하고, 사회 문제와 문화 담론 속에서 공적 언어로 발화되게 한다.

중재는 단순한 절충이나 양보가 아니라, 본질을 보존하면서도 표현과 방식에서 창조적으로 변용하는 행위다. 기독교교육자는 언제나 두 세계, 두 세대, 두 언어 사이에 서서 그 간극을 메우는 사명을 감당해 왔다. 그리고 이러한 중재적 사역은 교육의 생명력을 유지하게 할 뿐 아니라, 복음이 시대와 문화 속에서 끊임없이 새롭게 들리도록 만드는 핵심 동력이다.

변혁 Transformation

변혁은 기독교교육의 변화를 가능하게 하는 창조적 변용의 과정이다. 변혁은 과거와의 단절을 뜻하지 않는다. 오히려 깊이 뿌리내린 전통 위에 새로운 해석과 실천을 덧입히는 행위다. 역사 속 신앙교육의 변혁은 교육 형식·내용·방법의 재구성을 통해 이루어졌다. 세례후보자 교육이 주일학교와 신학교라는 제도적 형태로 확장되었고, 암송 중심의 교리문답은 참여형·경험형 학습으로 변모했지만, 그 핵심 목표

— 하나님의 말씀과 삶의 변화를 연결하는 일 — 은 변함없이 유지되었다.

변혁의 본질은 계승과 혁신의 통합에 있다. 전통은 신앙교육의 정체성과 방향성을 제공하지만, 그대로 반복될 때는 시대와의 접점을 잃는다. 반대로 혁신이 전통과의 연결을 끊을 때, 교육은 뿌리를 잃고 부유하게 된다. 기독교교육의 변혁은 이 양극단을 넘어서, 전통을 비판적으로 계승하면서도 시대의 언어와 필요를 반영하는 새로운 교육 구조를 창출한다. 이 과정에서 교육자는 과거의 형태를 그대로 복원하기보다, 그 속에 담긴 의미를 오늘의 맥락 속에서 재해석하는 신학적 상상력을 발휘해야 한다.

결국 변혁은 단순한 진보progress나 개혁reform의 차원을 넘어, 신앙의 본질은 보존하면서도 그 표현과 방법을 시대에 맞게 변환하는 영속적 과제다. 이는 단회적 사건이 아니라, 세대마다 반복되는 창조적 순환이며, 교육 현장을 새롭게 숨 쉬게 하는 동력이다. 변혁의 길 위에서 기독교교육은 과거와 현재, 그리고 미래를 잇는 살아 있는 전승의 사명을 감당하게 된다.

이 네 요소는 단선적으로 이어지는 단계가 아니라, 순환적 상호작용 속에서 기능한다. 긴장은 균형의 필요를 낳고, 균형은 중재를 가능하게 하며, 중재의 과정 속에서 변혁이 이루어진다. 그리고 변혁은 다시 새로운 긴장을 불러온다. 이러한 순환은 기독교교육을 살아 있는 역사로 유지시키며, 시대마다 다른 언어와 방식으로 복음을 교육 현장에 새롭게 심는다.

따라서 기독교교육의 과제는 단순히 과거의 모범을 반복하거나, 현재의 요구를 즉흥적으로 반영하는 것이 아니다. 그것은 긴장을 인식하고, 균형을 유지하며, 중재자의 사명을 감당하고, 변혁을 지향하는 통전적 사역이다. 이 네 가지 원리는 과거를 관통해 온 역사적 토대이자, 오늘과 내일의 기독교교육이 굳게 붙들어야 할 방향이다.

결국 이러한 원리를 이해한다는 것은, 단지 역사를 아는 데 그치지 않고 역사를 읽어내는 눈을 가지는 일이다. 역사 속 긴장과 균형, 중재와 변혁을 식별할 줄 아는 눈이 열릴 때, 우리는 기독교교육을 시대의 변화 속에서도 생명력 있게 이어갈 지혜를 얻게 된다.

3. '오래된 미래'로의 기독교교육 역사

21세기의 교회교육은 여전히 긴장과 균형의 한가운데 서 있다. 디지털 기술의 일상화, 탈종교화와 다원주의, 세대 간 가치관의 급격한 차이는 교회교육의 형식과 내용, 그리고 사명을 전면적으로 재검토하게 만든다. 오늘 우리는 디지털 세대의 영적 이해를 어떻게 도울 것인가, 탈종교화 시대에 신앙을 어떻게 전수할 것인가, 공공성과 신학성을 어떻게 함께 세워갈 것인가라는 질문 앞에 서 있다. 이 질문들은 결코 새로운 것이 아니다. 형태와 맥락은 달라졌지만, 본질적으로는 역사 속에서 여러 번 반복되어 온 과제들이다. 그래서 우리는 과거를 돌아본다. 역사는 단순히 과거의 기록이 아니라, 오늘과 내일을 비추는 오래된 미래이기 때문이다.

역사 속 기독교교육은 언제나 긴장 속에서 성장했다. 초대교회는 유대교와 헬레니즘 문화의 긴장 속에서 복음을 해석했고, 종교개혁은 교회의 전통과 성서의 권위 사이에서 교육의 방향을 새롭게 세웠다. 경건주의와 계몽주의는 내면의 경건과 합리적 이성의 균형을 모색했고, 근현대의 종교교육 논쟁은 교회성과 공공성의 경계에서 교육의 정체성을 다듬었다. 이 긴장의 역사 속에서 균형은 부딪힘이 무질서로 흐르지 않게 하는 원리였다. 균형은 단순한 절충이 아니라, 서로 다른 가치가 상호 보완하며 공존할 수 있도록 만드는 창조적 조율이었다.

이러한 긴장과 균형의 맥락 속에서 기독교교육자는 늘 중재자의 역할을 감당해 왔다. 세대와 세대를 잇고, 신앙과 삶을 연결하며, 교회와 세상을 이어 주는 다리를 놓는 사명은 단순한 지식 전달을 넘어서는 헌신이었다. 그리고 그 중재의 자리에서 기독교교육은 늘 변혁Transformation의 과정을 거쳤다. 변혁은 전통과의 단절이 아니라, 그 뿌리 위에 새로운 해석과 실천을 덧입히는 창조적 변용이다. 세례후보자 교육이 주일학교와 신학교로 발전했고, 암송 중심의 교리문답이 참여형·경험형 학습으로 변모했지만, 하나님의 말씀과 삶의 변화를 연결하는 본질은 변하지 않았다.

오늘의 기독교교육 과제는 바로 이 긴장-균형-중재-변혁의 역동 속에서 실현된다. 역사는 이를 단선적인 순서로 제시하지 않는다. 긴장은 균형을 낳고, 균형은 중재를 가능하게 하며, 중재 속에서 변혁이 이루어진다. 변혁은 다시 새로운 긴장을 만들어 내며, 이 순환이 기독교교육을 살아 있는 역사로 유지시킨다. 따라서 오늘의 교회교육은 과거의 모범을 그대로 복제하거나 현재의 요구에만 즉흥적으로 반응하는 것이 아니라, 역사를 읽어내는 눈을 가지고, 그 속에서 길을 찾는 사역이다.

역사는 오래된 미래다. 그 미래를 향해 나아가는 길 위에서, 우리는 과거로부터 지혜를 얻고, 현재 속에서 복음을 새롭게 전하며, 미래를 향해 세대를 세우는 일을 계속해야 한다. 긴장과 균형의 역사는 끝나지 않았다. 그것은 오늘도, 그리고 내일도, 기독교교육 속에서 계속

된다.

4. 교육 신학적 선언과 소망

신앙교육은 결코 교회만의 사역에 한정되지 않는다. 그것은 하나님께서 창조와 구속의 역사 속에서 인간을 빚고, 공동체를 세우며, 삶을 가꾸어 가시는 거룩한 동행Holy Companionship이다. 신앙교육의 장은 예배당 안에만 있지 않고, 가정의 식탁, 일터의 한가운데, 그리고 사회의 다양한 현장에까지 이어진다. 초대교회가 "기억하라"는 말씀 속에서 단순한 회상을 넘어 복음을 현재 속에 재현하고, 제자들이 예수의 가르침을 '되살려' 삶의 현장에서 실천했던 것처럼, 오늘의 교회교육 역시 과거의 유산을 현재의 삶 속에 새롭게 구현해야 한다. 이것은 단순한 과거 재현이 아니라, 과거 속에 담긴 복음의 본질을 오늘의 언어와 방식으로 번역하여 삶에 스며들게 하는 창조적 사역이다.

신앙교육은 또한 하나님과의 관계 속에서 인간이 전인적으로 형성되는 영적 빚음의 과정이다. 이는 지식의 습득을 넘어, 존재의 변화와 공동체적 성숙을 지향한다. 교육자는 단순한 전달자가 아니라, 세대와 세대, 신앙과 삶, 교회와 세상을 잇는 중재자이며, 그 사역의 궁극적 목표는 복음이 각 사람의 삶 속에서 '살아 있는 말씀'이 되게 하는 것이다. 따라서 신앙교육은 교회의 울타리를 넘어, 하나님 나라의 확장과 인류 공동선의 형성에 기여하는 공적 사명을 지닌다.

역사는 우리에게 끊임없이 묻는다.

"당신은 어떤 긴장을 붙잡고, 어떤 균형을 세우며, 어떤 다리를

놓고 있는가?"

이 질문은 과거의 교육자들에게 주어졌던 물음이자, 오늘을 살아가는 우리에게도 동일하게 주어지는 물음이다. 기독교교육의 긴장과 균형, 중재와 변혁의 역사는 끝나지 않았다. 그것은 시대의 변화를 맞이하면서도 본질을 붙잡고, 복음을 새로운 세대와 문화 속에 심어 온 사람들의 손을 통해 이어져 왔다.

이 책이 걸어온 길이 마침표가 아니라, 새로운 물음과 실천의 출발점이 되기를 바란다. 우리가 역사를 배우는 이유는 단순히 과거를 알기 위함이 아니라, 그 안에서 오늘과 내일을 살아갈 지혜와 용기를 얻기 위함이다. 그러므로 우리는 다시 묻는다.

"지금, 여기에 살아 숨 쉬는 신앙교육은 무엇인가?"

그 질문에 대한 대답은 단 한 번의 결론이 아니라, 매일의 교육 현장에서, 그리고 매 세대의 삶 속에서 고민하며 계속 써 내려가야 할 이야기다.